经全国职业教育教材审定委员会审定
"十四五"职业教育国家规划教材

大学生
职业生涯规划

（第二版）

主编◎鲁学军

编委◎封　兰　贺园亚　张　琴
　　　王　凯　庞　静　官小燕

南京大学出版社

图书在版编目（CIP）数据

大学生职业生涯规划 / 鲁学军主编. -- 2 版.

南京 : 南京大学出版社，2024. 8.（2025.8 重印）-- ISBN 978 - 7 - 305 - 28411 - 3

Ⅰ. G647.38

中国国家版本馆 CIP 数据核字第 2024ZM6913 号

出版发行　南京大学出版社

社　　址　南京市汉口路 22 号　　　　邮　　编　210093

书　　名　**大学生职业生涯规划**
　　　　　DAXUESHENG ZHIYE SHENGYA GUIHUA

主　　编　鲁学军

责任编辑　王小兰　　　　　　　编辑热线　（025）83305645

照　　排　南京私书坊文化传播有限公司

印　　刷　南京鸿图印务有限公司

开　　本　718mm×960mm　1/16 开　　印张　14.5　　字数　260 千字

版　　次　2024 年 8 月第 2 版

印　　次　2025 年 8 月第 3 次印刷

ISBN　978 - 7 - 305 - 28411 - 3

定　　价　45.00 元

网址：http://www.njupco.com

官方微博：http://weibo.com/njupco

官方微信号：njupress

销售咨询热线：（025）84461646

前　言

就业既是国计，也是民生。习近平总书记在党的二十大报告中指出："就业是最基本的民生。强化就业优先政策，健全就业促进机制，促进高质量充分就业。"高校毕业生就业更是就业工作的重中之重，事关广大群众切身利益，事关社会和谐稳定。当前，中国特色社会主义进入了新时代，高校毕业生人数再创历史新高，更具个性、独立、开放的"00后"成了就业的新主体，实现高校毕业生更充分更高质量就业，对高校毕业生就业工作提出了更高要求。

为帮助大一新生更好地规划职业发展、提升职业发展能力、度过宝贵的大学时光，开展职业生涯规划教育显得尤为重要。编者借助教育学、管理学、职业规划与职业发展等相关经典理论，结合在校大学生职业生涯规划教育现状，在参考国内外有关资料的基础上编写了这本教材。本书旨在引导大学生增强职业生涯规划意识，正确认识自我和职业环境，合理制定职业生涯目标，恰当进行职业学习，为成为社会主义事业的合格建设者和可靠接班人而努力奋斗。

本书分六大模块进行编写，分别是经营我的大学、发现我的优势、探索我的职业、决策我的生涯、提升我的素养和管理我的行动。每个模块设置了"案例故事导入""课堂活动""拓展阅读""课外实践与作业""补充知识链接"等特色板块，多维度、全方位地解读大学生职业生涯规划理论。本书以立德树人统领全篇，用新时代中国特色社会主义思想贯穿全书；模块结构清晰明了，行文生动活泼，体系严谨，逻辑性强；实践案例贴近学生，职业探索中的所困所思所悟大部分来自在校学生,更易引起学生共鸣,激发学习兴趣。

在本书编写过程中,我们参阅了同行的部分研究成果和资料,在此表示衷心的感谢。由于编者水平有限,书中不足之处在所难免,真诚欢迎广大读者提出宝贵意见,以便我们对教材进行修订与完善。

编　者

Contents

目　　录

经营我的大学

·本章学习目标·

旨在帮助大一新生探索、思考读大学的意义，迅速完成从高中到大学心理和角色的转换，学会在学习、时间、人际和情绪等方面进行自我管理，尽早确定学业目标，并清晰地规划学业发展。

案例故事导入

一位大学毕业生的困惑

辛辛苦苦奋斗高中三年，终于成功考上了大学，可是我发现：现在的我反而没有了目标，非常迷茫和困惑……而且，身边很多同学谈恋爱、玩游戏、上网……

当我高三的时候，我发现读技校的中学同学找到了非常不错的工作；当我大二的时候，我的初中同学当上了老板；当我毕业的时候，我却发现当前大学生的就业形势严峻，要找到一份满意的工作是那么的困难，也许接下来迎接我的将是毕业即失业的尴尬……

于是，我很郁闷，当初那么拼命考上大学是为了什么？今天是什么原因让被称为"大学生"的自己沦为就业的"困难户"？

一位大二学生的内心"独白"

进入大学后才发现，大学生活依然像高中一样紧张，大家你追我赶，处处充满竞争的火药味，本想好好放松一下的我就这样被大家带着往前走。时间如白驹过隙,转眼间,大学生涯已经过了 2/3,我对未来仍是茫然无措的。还记得刚入学的那一刻,内心对前途、未来充满憧憬和幻想,然而,现在一切的憧憬和幻想都被残酷的现实击碎,现在的我反而不知道自己的方向究竟在哪儿,也不知道该如何去努力。眼下,就业压力也越来越大,本以为考上大学就可以找份好工作,但面对如此严峻的就业形势,我真不知道该怎么办。

习近平总书记在党的二十大报告中强调:"深入实施人才强国战略。培养造就大批德才兼备的高素质人才,是国家和民族长远发展大计。"这表明,如果没有规模宏大、结构合理、素质优良的人才队伍,中华民族伟大复兴的中国梦就难以顺利实现。高中阶段大家的奋斗目标几乎都是考取一所理想的大学,因为大学阶段是人生最美好的时期,可以让我们有更多的机会和更好的条件获取知识、提升素质、培养能力,实现个人理想,从而更好地服务社会和完善人生。踏入大学大门后,我们的目标是否依旧明确坚定呢? 我们是否能清晰回答"为什么上大学"及"我们未来的路在哪里"等问题呢?

现在,不少同学的思维就是读完了小学读中学,读完了中学读大学,可读完了大学接下来该干吗呢? 很多同学从来都没有思考过这个问题,因为父母和老师不再给他们树立明确的目标了,这导致很多同学仅把读大学作为自己唯一的目标,却忘记了去考虑未来的就业问题。

当还未成年时,我们成长与发展的道路一般都由父母及老师左右和安排,我们只要努力就可以了,至于要达到什么目标,根本不需要自己去操心。然而当我们上了大学之后,突然要自己决定未来人生和职业前程时,我们往往六神无主、不知所措了。

现实中,很多同学无法说清楚自己为什么要上大学,自己想要从大学得到什么。或许你可以罗列出很多个上大学的好处:拿一个文凭、找到一份工作、建立关系网、锻炼能力、培养自己的兴趣和爱好、追求美好的未来、寻找浪漫的爱情……

🎙 **课堂活动**

1. 我的地盘我做主——团队建设:

(1)同学们报数或者依据学号顺序就座,相邻 4—6 个人组成一个小组,选出组长、记录员、发言人等角色。

(2)组内每个成员分享以下信息:姓名、个人兴趣爱好及优缺点。

（3）每组用 A4 纸记录以下内容：组名、标志和口号；我们通过课程希望……；我们准备付出……，然后签上每个成员的名字。

（4）每组选派代表在全班进行分享。

2. 我为什么要上大学：

（1）_____

（2）_____

（3）_____

3. 我未来的路在何方：

（1）我要去哪里？

（2）为什么我会选择去那里？

（3）我打算怎么去？

第一节　懵懂的你——体认大学的意义

蔡元培先生说过：“大学者，‘囊括大典、网罗众家’之学府也。”如何尽早适应大学学习、生活的新环境，如何把自己的大学生活装点得更加精彩，这是大学生应该慎重思考的问题。

一、你的人生大转盘

大学生活与中学生活有着显著的不同，比如说：老师讲课快，信息量大，下课即走；远离父母，自主支配生活费用；集体住宿，个人私密空间小；课余时间多，老师不再强迫学习；学生社团多，活动丰富多彩；学生干部职位多，个人能够得到很多锻炼机会等。

每年就业招聘高峰期前，很多大学毕业生都开始四处撒网寻求面试机会。随着时间推移，就业高峰期渐渐远去，有的毕业生抛出这样的问题：“为什么命运这么不公平，周围的同学都找着工作了，我却一直没有着落？大学究竟给我带来了什么？早知道这样，我还不如不读大学呢。”

那么，大学究竟能给我们带来什么？

（一）一个新起点

进入大学，我们终于卸下高考的重担，第一次开始真正追逐自己的兴趣、梦想;第一次独立生活;第一次有机会在学习理论的同时亲身实践,更重要的是这一次不再由家人安排生活、学习的一切,而是让我们有足够的自由,处置生活和学习中遇到的各类问题,支配所有属于自己的时间。大学是一个新起点,在我们人生如此关键的阶段里,我们应当认真把握这种种的"第一次",让它们成为未来人生道路的基石。大学是能力修正最佳时机,大学生拥有大量可控时间,因此,大学里你可以努力为自己编织生活梦想,明确奋斗的方向,奠定事业的基础。

(二)一个新的成长舞台

进入大学,新的学习、生活、人际环境为我们带来了充满希望和挑战的新生活。通过这样一个舞台,我们可以获取创新能力、竞争能力、思辨能力、学习能力、人际交往能力、适应能力、执行能力等诸多能力。那么,如何有效地掌握和提升这些能力呢?我们可以通过积极参加校内、校外各项实践活动来完成。

(三)一种大学精神

"海纳百川,有容乃大。"大学博大精深的人文气息,浓郁的学术氛围,深深浸润着朝气蓬勃的莘莘学子。大学精神主要体现为自由精神、科学精神、民主精神和创新精神,它们彼此相互关联、互相促进。大学精神或庄严、或幽远、或神圣,给学生以文化和智慧的熏陶,给大学注入了生命活力。大学不仅仅是教学楼、图书馆、运动场、林荫大道等建筑群落,也不仅是人才的集散地,还是促进大学生世界观、人生观、价值观成熟的智慧宝库,更是开启人生智慧的金钥匙。大学可以潜移默化地滋润我们的精神、信念和信仰,让我们经历一种无形的洗礼和熏陶。它的影响无声却巨大,并持续终生,这也是大学生与高中生在人文素养方面普遍区别明显的重要原因。

大学精神有利于我们的全面发展,培养高素质的创新人才。大学精神能促使生活在其中的个体受到潜移默化的影响,在思想观念、心理素质、行为方式、价值取向等方面与主导文化产生共鸣,从而实现对人的心灵、精神、性格的塑造。

拓展阅读

"大学是什么"之大家说

所谓大学者,非谓有大楼之谓也,有大师之谓也。

——清华大学终身校长 梅贻琦

大学者，"囊括大典、网罗众家"之学府也。

——北京大学原校长　蔡元培

大学的本质是求真育人。求真就是研究学术，追求真理；育人就是培养真才实学的人才。

——教育学家　顾明远

大学是传授普遍知识的场所，是一切知识和科学，事实和原理，探索和发现，实验和思索的高级保护力量。它描绘出理智的疆域，在那里对任何一切既不侵犯也不屈服。

——英国思想大师　约翰·纽曼

大学不在训练人力，而在培育"人之独立性"。大学教育在知识以外，更应重视德性的问题。

——美国教育家　赫钦斯

教育的主要目的不在于解释意义，而在于去敲那心的门。

——泰戈尔

二、 寻找个人成长顾问

每个人心中都有自己的一所大学。在那里，你想要的或许是丰富的文化知识；或许是天马行空的思维方式；或许是一方安静的书桌；或许是和同龄人一起的青春共鸣……

大学较之中学，无论活动范围还是活动内容都更为广阔、丰富，这为同学们的个性发展提供了足够的空间和良好的条件。同学们可以充分利用这些有利因素，展示自己的才华，并在实践中不断发展、完善自己。

（一）大学生活的独立性

中学生无论在别人眼里还是在自我意识中，都被认为是一个未独立的未成年人，进入大学后，社会、学校、家庭开始以成年人的标准来要求我们，教师和家庭的直接干预大为减少，各方面的自由度增加，我们开始逐步成为独立的社会人。不论衣食住行还是学习交友，乃至认识人生和社会，都要依靠自己的知识、能力去判断、思考、选择和行动。大学生活的这些变化是对大学生的考验和锻炼，它可能会使人感到迷茫、难以适应，但它也为培养自立、自律、自强的精神，为促进大学生成长成才提供了广阔的天地。

⚙ **故事分享**

李同学的"独立"

　　李同学是一名新生，入学报到时一切正常，但是在军训的时候突然给辅导员打电话，说自己不参加军训了。辅导员通过与该生及其家长多次沟通交流，确认该生是独生子，由于平时家长对他宠爱有加，长此以往养成了李同学做事全凭自己意愿的习惯。在明确不是出于个人身体原因，也不是与同学发生矛盾的前提下，辅导员与李同学家长进行深入沟通交流，确立了辅导员、班干部、家庭、学生本人四方共同努力的工作方式。最终，李同学顺利完成军训，也树立了自立自强的思想观念，为他顺利完成大学学业奠定了基础。

（二）大学生活的群体性

　　上大学前，与谁打交道，是以自己的好恶为评价标准的。成年人则不同，做任何事情都要与他人打交道，建立关系是生存的保障。因此，大学生要改变人际交往的态度，学会交流、沟通，理解他人。这就要求大学生要适应集体生活，学会关心别人，克服以自我为中心的思想，学会与各种不同性格的同学和睦相处，培养自己的交际能力。要知道，社会越发展，科技越进步，人际关系越复杂，就越需要有很强的协调与交往的能力，这是高素质人才必备的基本素质之一。

⚙ **故事分享**

小宇的烦恼

　　小宇是家里的独子，父母对他倍加呵护。从小学到高中，小宇都是走读生，从未有过集体生活。上大学了，小宇宿舍里住着六个人，小宇觉得特别不习惯，总觉得他们的每一个动作、每一种做法都是故意跟自己过不去：自己晚上八九点钟上床睡觉时，其他五位同学却在宿舍里打开电脑做课程设计、绘图、听音乐、看电影，而自己中午与父母、朋友聊天时，其他五位同学却在床上午休。小宇觉得他们是在故意挑衅自己，于是出现矛盾。入学后的一个学期，小宇开始不跟其他五位同学讲话，对宿舍讨论的一些问题也从不参与。这五位同学都是学生会成员，人缘特别好，小宇觉得他们会在学生中挑拨离间，总觉得背后有人在对自己指指点点,甚至还觉得班里的其他同学、学院里的同学也都跟自己过不去,有意疏远自己。从大二开始,小宇整个人都郁郁寡欢,觉得大家都不理解自己,学习成绩也因此一度下滑⋯⋯

三、探究你的专业与职业

"做正确的事情"永远比"把事情做正确"重要。高考填志愿时,都会面临一个重要的选择——专业。成功不一定是靠专业知识,但选择一个正确的、适合自己的专业,会让自己走对路、做对事。选择专业是跨出职业生涯道路的第一步,应当结合自己的兴趣、理想、价值观和天赋来考虑自己的发展定位。假设姚明没有选择打篮球,而是和普通家庭的孩子一样读完大学再出来找工作的话,恐怕NBA 就会失去一位超级巨星。所以,选择往往大于努力,强迫自己做不喜欢的事情,将会付出巨大的机会成本,可能平庸地度过一生。如果不想人生留下遗憾,就应该在全力以赴之前慎重选择。

📖 故事分享

李开复的决定

在父亲的影响下,李开复在美国哥伦比亚大学一开始选择的是法律专业。在 20 世纪 80 年代的美国社会中,律师是收入多、地位高、前途好的理想职业。但是到了大二,李开复发现自己并不喜欢这个专业。他在接触计算机之后,疯狂地喜欢上了这个专业,每天废寝忘食地编程,随后便放弃法律专业转入计算机专业。实际上,这是李开复最重要的一个决定。因为选择了计算机专业,其数学天赋得以淋漓尽致地发挥;因为选择了计算机专业,强烈的兴趣激发了他极大的热情,为他带来了持久的动力,让他敢于大胆尝试,积极主动地争取成功的机会。结果他在计算机领域取得了辉煌的成就:第一个开发出"非特定连续语音识别"系统,开发出击败人类的国际象棋世界冠军——"奥赛罗"人机对弈系统,成为卡内基·梅隆大学计算机系的助理教授,2000 年又成为美国电气和电子工程师协会的院士。如果没有改学计算机,那么今天的李开复也许只是一个不快乐、不成功、不知名的小律师。

第二节　散漫的你——学会自我管理

祝贺你走进大学，开启人生新的旅程。大学，这个无数高中生仰望的未来，无数毕业生们再也回不去的青葱记忆，一切是那么新鲜，朝气蓬勃，恰如一张大大铺开的白纸，充满了无限的可塑性与创造性。

你用了12年的光阴奋力拼搏来到这里，开始领略象牙塔的无尽美好。很多萌新和你一样，对未来充满了期待。然而，很快散漫和无序的生活状态就渐渐使你忘却了心底的渴望。曾经也有很多人和你一样，匆匆释放了长久以来负累深重的学习压力，茫然失去了自我的方向，冲动地放飞自我，开始"游戏"人生，虚度了美好的年华。

所以，亲爱的你，请一定要把握好那些可以让自己变得更加美好的时光，不要在散漫中迷失自己，你需要学会自我管理。

一、 你的"地盘"你做主——学习管理

学习管理也叫学业管理。学习管理是大学生最基本、最重要的自我管理。大学的学习与中学时代相比已经发生了明显的变化：学习的内容相对深奥和广博，在学习方法上不仅要明确"学什么"，更要掌握"怎么学"；学习环境相对自由独立，培养自学能力是关键；学习态度上须由"要我学"转到"我要学"。

个人的学习力，不仅包含他的知识总量，即个人学习内容的宽广程度；也包含他的知识质量，即学习者的综合素质、学习效率和学习品质；还包含他的学习流量，即学习的速度及吸纳和扩充知识的能力；更重要的是看它的知识增量，即学习成果的创新程度以及学习者把知识转化为价值的程度。

学习力包括三个要素：一是学习动力，指自觉的内在驱动力，主要包括学习需要、学习情感和学习兴趣。二是学习毅力，即学习意志，指自觉地确定学习目标并支配其行为克服困难，实现预定学习目标的状态。它是学习行为的保持因素，在学习力中是一个不可或缺的要素。三是学习能力，指由学习动力、学习毅力直接驱动而产生的接受新知识、新信息并用所接受的知识和信息认识问题、分析问题、解决问题的智力，主要包括感知力、记忆力、思维力、想象力等。相对于学习而言，它是基础性智力，是产生学习力的基础因素。

拓展阅读

清华大学原校长顾秉林给毕业生的忠告

清华大学原校长顾秉林曾对毕业生说过这样一段话:未来的世界是方向比努力重要,能力比知识重要,健康比成绩重要,生活比文凭重要,情商比智商重要!

一、方向比努力重要

未来的世界,充满了不确定性和风险性,谁能够在有限的时间里尽早地做出正确的方向选择,那么谁就将成为这个领域的领头羊、专家或者权威;现在是讲究成绩的时代,公司、企业、政府需要的是有能力且能与企业同方向共发展的人,而不是一味努力但却南辕北辙的人。有很多东西是先天决定的,只有充分发挥自己的潜能,而不是总与自己的弱点对抗,这个人才能出类拔萃。方向不对,再努力,再辛苦,你也很难成为你想成为的那种人。

二、能力比知识重要

知识在一个人的构架里只是表象的东西,就相当于有些人可以在答卷上回答如何管理企业,如何解决棘手的问题,但是在现实面前,他们却显得毫无头绪,不知所措。他们的知识只是知识,而不能演化为能力,更不能通过能力来发掘他们的潜力。现在很多企业都在研究能力的模型,从能力的角度观察应聘者能否胜任岗位。当然,高能力不能和高绩效直接挂钩,能力的发挥也是在一定的机制环境、工作内容与职责之内的,没有这些平台和环境,再高的能力也只能被尘封。

三、健康比成绩重要

成绩只能代表过去。进入一个工作单位,就预示着新的竞争,新的起跑线,没有健康的身心如何应对变幻莫测的市场环境和人生变革?如何应付工作压力和个人成就欲的矛盾?而且在现代社会,拥有强健的身体已经不是最重要的了,健康的身心越来越被人们关注。处理复杂的人际关系,承受痛苦与折磨,缓解压力与抑郁,这些都将成为工薪族乃至学生们常常面对的问题。为了防止英年早逝、过劳死,还是要多注意一下身体和心理的健康投资吧!

四、生活比文凭重要

当这个社会看重文凭的时候,假文凭就成为一种产业,即使是有能力的人,也不得不弄个文凭,给自己脸上贴点金。比起生活,文凭还重要吗?很多人找女友或者男友,把学历当作指标之一,既希望对方能够给他(她)伴侣的温暖与浪漫,又希望他(她)知识丰富,学历相当或更高,在事业上蒸蒸日上。我想说,你找的是伴侣,不是合作伙伴,更不是同事。生活就是生活,这个人适合你,即使你是博士,他(她)斗大的字不识一个,那也无所谓,适合就和谐融洽,人比文凭更重要。很多成功人士在回首过往的时候都说自己太关注工作和事业了,最遗憾的是没有好好陪陪父母、爱人、孩子,情到深处往往还伤心落泪。何必呢,早意识到这些,多给生活一些空间和时间就可以了。

五、情商比智商重要

在新的世纪,情商将成为成功领导者最重要的因素之一。"9·11"事件中,在许多员工和自己的亲人因恐怖袭击丧生的时刻,某公司CEO让自己镇定下来,把遭受痛苦的员工们召集到一起,告诉他们:今天不用上班,就在这里一起缅怀逝去的亲人,并一一慰问他们和亲属。在那个充满阴云的星期,他用自己的实际行动帮助了自己和他的员工,让他们把悲痛转化为努力工作的热情,在许多企业经营亏损的情况下,他们公司的营业额却成倍上涨,这就是情商高的领导力量,是融合了自我情绪控制、高度忍耐、高度人际责任感的艺术。

要成为卓越的成功者,不一定智商高才可以获得成功的机会,如果你的情商高,懂得如何去发掘自己身边的资源,甚至利用有限的资源扩展新的天地,滚雪球似地积累自己的资源,那你也将走向卓越。

二、 时间都去哪儿了——时间管理

在一切资源中,时间是最稀有的资源,又是最易损失、最易流逝的资源。时间具有不可替代性、不可逆转性和公平性。在同样的时间里,有的人获得了成功,有的人一无所获。凡是有志于创新立业的人,对时间都有极强的责任心。

时间管理技能被称为当今职业人三大核心技能之一,是一个人职业化素养的重要体现。时间管理就是使用技巧、技术和工具帮助人们完成工作,实现目标。时间管理并不是要把所有的事情做完,而是更有效地运用时间。时间管理的目的除了要决定你该做什么之外,另一个很重要的目的是决定什么事情不该做。时间管理不是完全的掌控,而是降低变动性,它最重要的功能是事先的规划,并作为一种提醒与指引。时间管理是大学生高效学习的非常重要的技能。在外部压力骤减的大学时代,如何管理自己的时间决定着大学生活的成败。

　　大学生提高时间管理技能,要养成良好的习惯,要善于协调两类时间:一是他控时间,比如学校安排上课、实验等的时间;二是自控时间,即属于自己自由支配的时间。提高时间管理技能的具体方法有:善于制订长期计划并编写"每日必做表",做到时间的高效立体支配;养成使用备忘录的好习惯;学习回避干扰的技巧,提高效率;立即行动,养成绝不怠惰和拖延的习惯;养成时时检查改进自己的时间支配效率的习惯等。

拓展阅读

时间管理"决胜五招"

　　科学合理地使用时间,对大学生尤为重要。然而,在我们周围,时常会看到一些同学或上课迟到,或寒暑假没有规划,得过且过,或零散时间不懂得充分利用等现象,这些都是没有进行时间管理的表现,是对宝贵时间、年轻生命的浪费。那么,大学生应该怎样加强时间管理呢?

　　一、做好大学三年总体规划

　　通过向老师或高年级学生咨询,提前了解大学三年每学期具体的教学任务和教学进度,保证自己在制订计划时与学校的教学任务不相冲突。大家应当主动关注教学计划,每学期安排了哪些课程,避免盲目学习,浪费时间。有些同学不清楚教学具体安排,自己报名参加了一些培训和社会实践,结果二者发生冲突,打乱了计划,影响了成绩,最终也没有达到培训或实践的目的。

　　二、分清"重要"和"紧急"的事情

　　有些大学生总是在抱怨时间很紧张,整天忙忙碌碌,却又不知道在忙些什么事情。这种"忙"只是一种假象,应当属于盲目的"盲"。

　　原因就在于分不清"既重要又紧急"和"紧急但不重要"的界限,二者的区别在于,这件事是否有助于你完成某种对你很重要的目标。

　　三、抓住"零碎"时间

　　有些大学生总认为学习需要某个环境,却忽视了身边很多可以利用的"零碎"时间。比如每天清晨起床可以背外语单词,去教室的路上可以听英语,中途下课可以阅读时事新闻,中午午休前可以阅读一些课外书籍,晚上睡觉前可以回忆整理一天学习的内容,思考知识之间的联系等。同学们只要善于利用这些零碎的时间,将会收获许多意外的惊喜。

四、决战周末

如果问"周末你在做什么",你会怎么回答呢?是否就这样把周末浪费掉了:睡觉、逛街、看电影、打游戏、上网聊天……大学的学习相对轻松了很多,上课时间玩,课余时间也玩,将来在职场上怎么"玩"下去!很多职场成功人士经过休息调整后,会选择学习。在别人"玩"的时候学习,进行职业能力培养,拓展自己的知识面,只有这样,才能在激烈的人才竞争中脱颖而出。

五、合理利用寒暑假

寒暑假时间加起来近三个月,如果能充分利用,对于大学生个人的发展将产生巨大的影响。有的大学生选择去农村义务服务,体验基层社会生活;有人去打工,增加社会经验;有人参加培训,提升职业技能;有人读书,丰富自己的知识……这些都是值得提倡的。不过,还要注意:不管做任何事情,都不能盲目,要参照自己的职业目标有的放矢,集中力量,合理规划,统筹兼顾。

三、 谁是你的伯乐——人际管理

人际关系就是人们在生产或生活过程中所建立的一种社会关系,属于社会学的范畴。常用来指人与人交往关系的总称,也被称为"人际交往",主要包括亲属关系、朋友关系、同学关系、师生关系、雇佣关系、战友关系、同事关系、上下级关系,等等。

人际交往是一门艺术,拥有成熟的人际交往技巧,将会让我们的大学生活更加多姿多彩,而且会让我们的未来之路更加畅通。人际交往管理一般包括建立人际关系的能力、影响他人的能力、团队合作与协调的能力、倾听与沟通的能力、冲突处理的能力,等等。大学时期,人际关系的主体主要有父母、同学、朋友、老师、恋人等,用心经营好大学的人际关系,将有助于收获温暖的亲情、纯真的友情、深厚的师生情等。

拓展阅读

经营人脉资源的六大原则

一、互惠原则

互惠即利人利己。利人利己是一种双赢的人际关系模式。世界之大,人人都有立足的空间,他人之得不必视为自己之失。豁达的胸襟源于厚实的个人价值观与安全感,由于相信有足够的资源,所以不怕与人共名声、共财势,从而开启无限的可能性,充分发挥创造力,拥有宽广的选择空间。但是,有些人喜欢使用二分法,以为利人则必损己,利己则必损人。于是,为了一己之利,便置他人利益于不顾,最后却往往落得一个损人害己、两败俱伤的下场。利己损人,世上多少争斗;利人利己,人间无限芳春。

互惠原则讲求利人利己,绝不是世俗的"互相利用"。利己的原始动机是在帮助别人的利他行为中得到心理满足,对方给予自己的帮助只是自己利他行为的客观报偿,也就是说,利己的目的不是要索取什么,而是从给予中获得安慰。

二、诚实守信原则

在人际交往中,一般人都喜欢与诚实、直爽、表里如一的人打交道。因此,在人际交往中应切记诚实守信的原则。马克思就曾说过:"友谊需要忠诚去播种,热情去灌溉,原则去培养,谅解去护理。"墨子说:"言必信,行必果。"子夏说:"与朋友交,言而有信。"(《论语·学而》)信用是处理人际关系的必守信条,故对双方谈判要守信用,做生意双方成交要守信用,上、下级讲话要讲信用,甚至连父亲对刚懂事的儿子讲话也要讲信用。我国历史上有个著名的故事,曾子的儿子吵闹不休,曾妻就骗他说:"等你父亲回来,杀猪给你吃。"曾子回家听到妻子告诉他这件事后,果断持刀把猪杀了。显然,曾子是在培养儿子的信用意识。

信用的心理作用是给对方以安全感,人际关系是以互相吸引为前提的,而这种吸引很重要的一点是双方必须在交往中达到心理上的安全感。因此,约定的聚会,要按时出席;承诺的任务,要力争完成;朋友托办的事,答应了就要办到;借别人的款项、物品,要如期归还。这些不是无关紧要的小节,而是会影响到个人信誉和人际关系的大问题,切不可掉以轻心。

三、互赖原则

集思广益的合作威力无比。许多自然现象告诉我们:全体大于部分的总和,不同植物生长在一起,根部会相互缠绕,土质因此改善,植物比单独生长时更为茂盛。两块砖头所能承受的力量大于个别承受力的总和。这一原理也同样适用于人类。只有敞开胸怀,以接纳的心态尊重差异,才能众志成城。

"红花亦需绿叶来陪衬。"任何事业,都不是个人独力所能够完成的,有赖于同仁的互助合作,因此,我们要树立"合则两利,分则两害"的意识。共同努力,一起来担负责任,才能共策共力,达到真正互依互赖的境界。

四、分享原则

分享是一种最好的建立人脉网的方式,你分享的越多,得到的就越多。世界上有两种东西是越分享越多的:一是智慧、知识,二是人脉、关系。正如萧伯纳所说:我有一个苹果,你有一个苹果,交换一下每人还是一个苹果;我有一个思想,你有一个思想,交换一下每人至少有两个思想。同理,你有一个关系,我有一个关系,如果各自独享则每人仍是一个关系,如果拿来分享,交流之后则每人拥有两个关系。

你分享的东西是对别人有用有帮助的,别人会感谢你。你愿意与别人分享,有一种愿意付出的心态,别人会觉得你是一个正直的人,愿意与你做朋友,愿意与你打交道。

五、坚持原则

坚持不放弃的人,才能有更多思考的时间,更明确屡败屡战的信念,从而赢得更多成功的机遇。在经营和开发人脉资源的过程中,很多人缺乏坚持的韧性,主要表现为一是"三天打鱼,两天晒网",一曝十寒;二是遭到拒绝之后,没有勇气坚持下来,结果错失"贵人"相助的良机。

坚持,可以让我们在困惑时柳暗花明;坚持,可以让我们在人脉资源中游刃有余;坚持,可以让我们在贵人助力的竞争中脱颖而出!正是由于夸父坚持不懈地追日,才拥有了现时的光明!"古之立大事者,不惟有超士之才,亦必有坚韧不拔之志。"这正是胜利者对成功经验的高度概括,因为他们深知对前途失去信心的人,永远也享受不到成功的喜悦,唯有不断奋斗,坚持到底,辛勤耕耘人脉的沃土,才能构建广袤的人脉天地网络,实现"振臂一呼,应者云集"的大成人生。

六、用"心"原则

心与脉管相连,脉管为血液循环的隧道。《素问·平人气象论》说:"心藏血脉之气。"藏之于心的这种"气",就是推动血液循环的动力。现代医学亦认为心脏是血液循环的动力器官,在机体的整个生命活动期间,心脏都在不停地跳动,不断地将静脉流入心脏的血液以一定的压力射入动脉血管中,推动血液循环,这与中医学的"心主血脉""诸血皆归入心"的认识有一致之处,同样深刻地说明了心脏在血液循环中的动力作用。

心与脉管相通,心气推动血液在脉管中循行,所以心气的强弱可以从脉象上反映出来。例如,心血充盈,心气旺盛,则血脉运行畅通,其脉象和缓有力、节律均匀为之正常。反之,心气虚弱,推动无力,则血脉运行不畅。"心主身之血脉",血有营养周身的作用,脉为血液运行的隧道,但受心所统率,在心气推动下发挥作用。

上述所说的是在人的生理血脉系统运行中,心的主导和推动作用。同样的道理,在人脉资源的经营中,我们只有以心换心,用诚心、真心、爱心才能换来心心相印的人脉脉动效果。

四、 掌控你的负面情绪——情绪管理

心理学研究发现人们的生活环境改变后,会出现这样那样的不适应,产生这种那种的情绪问题,有此种反应不足为奇。我们在意识到这点后就应及时调整自己的心理,避免异常情绪产生破坏性后果。对于刚入校的新同学而言,如何调适自己的负面情绪呢? 下面是给大家的几点建议:

(一) 及时完成认同过程

每个人都在一定的社会单位中生活,如家庭、学校、工作单位等,承认并意识到自己在这个单位内,愿为搞好这个单位出力,这便是认同感。我们看到部分大学新生入学很长时间了,仍把自己当成"校外人",似乎学校的发展与他们毫无关系。缺乏认同感正是影响他们情绪的重要根源之一。事实证明,成员有共同的奋斗目标,有共同的责任感,才是搞好一个单位的基础。

有些大学校园内的生活、教学设施还不能完全满足学生的需求,加上大家都是初来乍到,一时的混乱现象在所难免,有时问题还可能很突出。如果我们能以主人翁的态度对待这一切,有些问题完全可以大家自己动手解决,如清洁卫生问题、宿舍秩序问题。另一些问题可以采取谅解、协商的态度解决,如生活设施问题、伙食问题。这时应尽量发挥学生会和班委会的积极作用。

请记住,多一份认同感,多一份风格;多一份建设性,多一份成熟。

(二) 扩大自己的视角

大学之前,我们很多同学的活动范围一般都是从家到学校,从学校到家,活动范围较窄。进入大学后,过去由父母承担的责任,现在要自己承担了。许多大学生缺乏心理准备,心理承受力是相当脆弱的,因此很容易出现心理落差,更严重的会出现心理障碍。某高校一学生,入学仅几个月便有了弃学的念头。因为他不能接受与舍友之间的经济落差,引发对人生的失望,便想逃避当下的生活。

但逃避不是解决问题的办法。

作为当代大学生,我们更应该明确自己的角色定位,找准自己的目标和方向。

第三节 迷茫的你——规划学业发展

一、谁的大学不迷茫

千里之行,始于足下。人的成功也不是一蹴而就的,大学生涯是人一生中最为关键的阶段之一。从入学的第一天起,大学生就应当对大学的学习有一个正确的认识和规划。

(一)大一探索期

关键词:观念·兴趣·基础

大一这一年,要树立怎样上大学、如何利用大学的观念,这是思维方式层面的问题,是第一位的,会影响日后三年大学怎样度过。打好基础,学好英语、计算机、专业基础课程,万丈高楼平地起。

从职业规划发展的角度来讲,大学一年级应了解自己的兴趣、性格、职业技能和职业倾向,为确定职业目标奠定基础。如果自己尚不明确,可以利用相关测评工具帮助自己进行自我认知。

(二)大二定向期

关键词:环境·职业·方向·实践·能力

大学二年级处于生涯规划中的定向期。这一阶段,角色转换已顺利完成,对大学生活也已经基本适应。经历了一年的大学生活之后,大家对自己有了一个较为全面客观的了解,同时,对社会环境、社会需求、所学专业、职业方向等方面也有了较为详尽的了解。这时我们就需要结合对自我和环境的了解,根据社会对未来职业发展的要求,确定自己未来职业的发展方向,围绕未来职业发展方向建立合理科学的知识结构,培养相应的能力。

能力往往是从实践活动中得来的。大学生在获得理论知识储备之后,应积极参与相关的社会实践,以检验自己、塑造自己,找到下一步要弥补的差距。

(三)大三提升期

关键词:职业·岗位·证书·实习·入职

大学三年级进入生涯规划的分化期,重点是确立未来职业目标,完善和提高自己的各项实践能力,提升自我的职业素养。

通过职业生涯人物访谈、职业一日体验、实习等方式深入了解职业。从行业、专业出发,寻找与之相对应的职业,职业确定后,岗位就会明确,了解职业资格证书并根据其要求去准备考取相应证书。你要根据以往三年的努力,根据所确定行业、职业和个人求职倾向性,确定一些毕业后求职的单位,然后逐个单位进行分析,最后确定几个合适单位。

同时根据以前的准备,针对企业的岗位设置撰写简历,然后投递简历,为入职迈出关键的第一步。

二、 职场拼搏也挺好——选择就业

就业求职是大部分毕业生的就业走向,也是涵盖范围最广的就业形式。在就业求职前期要对职业、待遇、地区等因素综合考虑,以其中的一个或两个为重点,而不要(也难以)面面俱到。择业期望值应适中,拓宽就业领域,实事求是地认识自己,更多从自身实际、发展空间考虑,学会权衡,勇于放弃,为满足主要标准要勇于放弃一些次要标准。作为刚踏出校门的毕业生,就业的一个重要标准是凡事有弹性,追求均值最大化,达到能够锻炼自己,对后继发展有裨益即可。

拓展阅读

学业规划成就:我的就业之路

懂得发挥自己的能力,做值得做的事情。

马佳慧,女,江苏苏州人,2014 年被某校数理学院数学与应用数学专业录取,现就职于中国太平洋财产保险股份有限公司苏州分公司,负责产品设计类工作。大学之初,学过职业生涯规划课程后,她懵懵懂懂地对自己的学业、职业做了规划,唯一清晰坚定的是毕业后即就业的念头。通过与师兄师姐的接触,她积极参加集体活动,并将掌握的策划、公关、设计等广告学专业知识运用到活动策划中,获得各方好评;同时她也发掘了自己在管理方面的能力,及时总结,深觉若以后从事行政管理类工作的话需要一定的协调能力、人际交流能力等,于是主动寻找契机,利用假期时间在家乡一些公司从事行政方面的实习工作。大二时,适逢学院招学工助理,经过严格的初试、面试环节,她有幸成为学工助理,主要负责资料分发、通知传达、会议布置等行政工作;同时,因首次处于仿真工作环境,接触到了如何妥善处理与领导、与同事、与学院其他职能部门老师及助理、与任课教师、与学生之间的关系等问题,这极大提高了她的协调能力、管理能力以及问题处理能力,为之后顺利在公司谋得行政方面的工作打下了坚实的基础。进入毕业时期,在提升求职技能的同时,她还充分利用建立的人脉关系,凭借在专业中学到的策划、设计能力以及实习时获得的协调、管理能力,经过严格的初试以及多轮面试,顺利就业,并从事自己感兴趣的策划、管理类工作。

大学有很多很多值得去做去思考的事情,而毕业后的工作选择与专业并非一定需要专业对口,我们在大学里需要为就业准备的就是努力从专业学习中获得机会,释放并锻炼具有自身特色的能力。

三、升学路漫漫——专转本（以江苏省为例）

以下内容以江苏省2024年普通高等学校"专转本"工作相关要求为例。

（一）选拔对象及方法

1. 选拔对象分三类

（1）列入国家普通高校招生计划,经省招生部门按规定程序正式录取的,在本省各类普通高校的专科三年级在籍学生（含普通高校对口中职学校毕业生单独招生学生、2021年春季入学的面向社会人员开展全日制学历教育招生学生）。

（2）经设区市招生部门按照规定程序正式录取的,在本省各类学校的五年一贯制高职的五年级在籍学生。

（3）普通高职（专科）录取后（五年一贯制高职转段后）及在校期间从江苏省应征入伍,退役复学后的三年级在校学生（五年一贯制高职应为五年级在校学生）,以及普通高职（专科,含五年一贯制高职）毕业当年从江苏省应征入伍,退役一年内的毕业生（含服役期间取得毕业证的毕业生）,经有关单位严格按照规定的标准和程序审核后,可参加江苏省相关高校的退役大学生士兵免试"专转本"招生。

2. 针对上述三类选拔对象采取三种选拔方法:普通高职（专科）学生"专转本"实行全省统一考试选拔;五年一贯制高职（高师）学生"专转本"由接收院校组织考试,择优录取,实施方案另行印发;退役大学生士兵免于参加文化课考试,须参加由接收院校组织的职业技能综合考察,实施方案另行印发。

3. 获 2022 年、2023 年、2024 年江苏省职业院校技能大赛高职组省赛一等奖或国赛二等奖以上普通高职(专科)在校学生,以及 2022 年、2023 年江苏省职业院校创新创业大赛省赛一等奖或国赛铜奖及以上普通高职(专科)在校学生(创意组限团队成员前 3 人中的项目负责人或专利第一发明人,创业组限团队成员前 3 人且有股权的核心成员)可录取本科,须参加全省统一的"专转本"考试。因赛事时间晚于专转本录取时间等客观原因造成的特殊情况,另行研究。

(二)录取与培养

1. 全省统一考试结束后,由省教育厅按专业大类、统考科目分别划定录取资格线,有关本科院校根据公布的计划和考生志愿,从高分到低分顺序录取,省教育考试院负责组织录取和监督。对不符合接收院校对专科阶段所学专业要求的考生,学校不予录取。

2. "专转本"新生凭专科毕业证书和录取通知书等材料按规定时间到本科院校报到,并办理入学手续。未在报到前取得专科毕业证书的"专转本"学生,接收院校不得为其办理入学手续。

3. "专转本"学生统一编入本科三年级学习。接收院校单独为"专转本"学生组建班级,单独制定培养方案,不得插班学习。

4. "专转本"学生学费与接收院校同专业同年级学生实行相同标准。

5. 接收院校要全面总结近年来"专转本"工作,针对"专转本"学生实际情况,确定培养目标和培养要求,不断完善人才培养方案,确保人才培养质量。

备注:以上相关规定仅供参考,请以各省市当年政策为准。

四、 世界那么大,我想去看看——出国留学

随着经济全球化和世界经济一体化的趋势不断增强,我国改革开放不断深入,出国留学已成为越来越多高校毕业生的选择,也有部分毕业生参与国际人才竞争,到境外的公司或企业工作。

面对国内严峻的就业压力,留学日益受到大学生青睐。留学需要经过调查、申请、做准备(学业、经济、各种材料的准备)等阶段,对于准备留学的学生来说应及早准备,以提高成功率。一般在大二时应通过托福或 GRE 或 GMAT 考试。经过大学两年的学习,已拥有一定的专业基础知识,可以根据职业兴趣,选择以后将要攻读的专业,并且利用课余时间看一些专业书籍,参与相关课题研究。到了大三,就可以准备材料,投递资料,等待录取。准备留学的毕业生应有这样的

思想准备：国外条件固然优越，然而生活当中总有各种各样的艰辛，亲人和朋友又不在身边，只有本人知道其中滋味。下面就出国的相关事项做简单介绍：

（一）明确出国动机

出国留学应与自身职业生涯规划紧密相连，出国是为自己的职业发展提高起点，若仅仅为体验国外生活不一定需要通过留学达到。

（二）选择具体的目标

有了理性的出国动机，下一步便要选定自己的目标，包括国家、学校和专业。学校在相关领域的声誉和排名是至关重要的，攻读者还需考虑学校和专业优势，以及地理位置。显然，经济发达的地区有更多的实习和就业机会。

（三）申请护照

由申请人出示有关证件及材料到当地公安机关出入境管理部门申办。申请人凭居民身份证、户口簿或其他户籍证明，即可向本人户口所在地的公安机关领取公民因私事出国（境）申请审批表。

（四）申请签证

中国公民申办外国签证的途径很多，主要由本人亲自办理护照和有关申请签证的材料，到所留学或工作的国家驻华使馆申请或者是委托签证代办机构代办。

五、 我要当老板——选择创业

国家积极鼓励大学生自主创业。高校毕业生自主创业不但可以缓解自身的就业压力，也是发挥自己主观能动性与聪明才智的良机。大学生自主创业也是符合时代要求的就业方式，可以给别人提供就业机会和岗位，较易形成有自主产权、有竞争力的新型企业。针对高校毕业生创业热潮，教育部门已经将创业教育放在更加重要的位置，开设创业课程，倡导创业的观念，关注和关心大学生创业，鼓励大学生在校期间尝试创业，至此创业成为高校毕业生就业的一个新"风向标"。

在当今中国的教育体制下，自主创业成为大学毕业生重要的就业方式，究其原因，主要有以下两点：首先它可以增强大学生的操作能力、组织能力、协调能力、心理承受能力和社会适应能力；其次创业成为解决大学生就业的一个比较现实的选择。现代大学生创业，已经不仅仅是为了获取财富，更为重要的是可以承担更多的作为社会人，作为受过高等教育的青年群体所应承担的社会责任。

创业之路固然诱人，但创业之路也极为艰辛，在这条前景光明的道路上，大

学生是否能够"杀出重围",成为成功的创业者,仍需做多方准备:

(一)创业心理准备

尽管许多学校和地方政府对毕业生自主创业予以鼓励和积极支持,并提供了许多有利条件,但是创业之路艰辛,创业过程中会遇到各种困难和挫折,对此,创业者要做好充分的心理准备,只有具备不怕吃苦、不畏艰难、不怕失败的心理准备,才能在遇到困难和挫折时正确应对。同时认真分析失败的原因,总结教训,继续努力,才能真正练就坚强的创业心理。

(二)项目选择的准备

准创业者们应对现阶段国家政策进行认真学习和领会,结合自身条件对创业项目做初步选择。这其中,拟选择的创业项目要有发展前景;要根据专业特长和地区的社会需求状况选择;对所选的项目进行细致认真的市场调查。同时应指出的是,大学生创业选择个体经济活动较为合适,因为个体经济有较强的灵活性,形式多样,主动性强,易于根据市场的变化进行调整。

(三)创业资金的准备

选择好创业项目之后,准创业者要通过各种途径筹措资金,所谓"巧妇难为无米之炊",没有资金是无法进行创业的。大多数大学生创业者没有足够的资本创办新的企业,必须寻找外部资本的支持,可以通过以下途径筹措:自有资金、集资、银行贷款、政府资助以及合伙等。从经验上看,家庭和亲戚朋友的资金是大学生创业最常见的资金来源。

(四)相应的经营管理能力的准备

创业是一个系统工程,不仅需要创意,还需要创业者具备较高的创业素质,如进货渠道与方式、产品营销、消费者定位、人力资源管理以及战略管理等方面的知识,只有掌握这些知识,并具有熟练应用这些知识的能力,才能真正为创业提供良好的基础。

拓展阅读

学业规划成就:我的创业理想

王朝,男,江苏南京人,2015年进入某校音乐学专业学习;2019年毕业后自主创业成立泰州碧莹文化艺术产业发展有限公司。刚踏进大学校园,被问及毕业后有何打算时,他觉得颇为可笑:才入学怎么就能计划到毕业后的事情呢?每天也就是随着大流,上着基础课、专业课。大二上学期,在舍友建议下他选择了学院开设的公共课《创业实训》,初次接触了大学生创业这个话题,随着课堂的深入学习与各种互动环节的参与,他渐渐发现了自己身上所具备的一些创业素质与能力。一学期的课程结束后,他对创业的兴趣有增无减,于是与舍友商量,凭借专业知识,创立了设计团队,开始接手校内一些活动的策划、广告牌设计、宣传牌设计等工作,因资金限制,他还未参与到制作中去,也没有任何盈利可言。在得知学校创业园正在招聘创业项目后,他们设计团队联合其他专业的几名同学报名参加,经过层层筛选与考验,通过了学校的审核,获取了一定的创业基金,成立了"王朝传媒",主要致力于数码影像制作、视频形象包装、平面设计、网站设计、活动策划、广告传媒等视觉领域。项目开展期间,他在参与学院各项学生活动的设计以及制作工作的同时,开始尝试对外经营。经营中遇到各种难题,如与客户的沟通交流不畅、设计制作成品不符合社会实际需求、产品交货滞后、团队成员理念冲突等,他们一一面对,一一处理,这些问题的顺利解决在培养他们创业能力的同时,也更加坚定了他们毕业后创业的决心。

六、 我要去当兵——去部队建功立业

2019 年 4 月全国大学生征兵工作网络视频会议中,教育部、中央军委国防动员部均强调各级兵役机关要深入贯彻习近平强军思想,聚焦强军目标抓征兵,着眼部队急需选人才,推动新时代大学生征兵工作转型发展。据统计,自 2015 年以来,中国大学生入伍人数出现突飞猛进的势头,仅仅四年的时间,大学生参军的人数从原来的 20 万增长到了 107 万。

从 2013 年开始,征兵工作由冬季改为夏秋季,每年从 4 月份开始。接下来就大学生征兵做简单介绍。

(一)兵役登记

当年 12 月 31 日前年满 18 周岁的男性公民,应当按照法律规定履行兵役登记义务。已经进行过兵役登记,有参军意向的可直接参加网上应征报名。

(二)入伍基本条件

征集服现役的公民必须热爱中国共产党,热爱社会主义祖国,热爱人民军队,遵纪守法,品德优良,决心为抵抗侵略、保卫祖国、保卫人民的和平劳动而英勇奋斗。征兵政治审查的内容包括:应征公民的年龄、户籍、职业、政治面貌、宗教信仰、文化程度、现实表现以及家庭主要成员和主要社会关系成员的政治情

况等。

男性普通高等学校在校生为年满 17 至 22 周岁、大学毕业生放宽到 24 周岁。

女性普通高等学校在校生和毕业生为年满 17 至 22 周岁。

公民应征入伍要符合国防部颁布的《应征公民体格检查标准》和有关规定。其中，有几项基本条件：

身高：男性 160 cm 以上，女性 158 cm 以上。

体重：男性不超过标准体重的 30%，不低于标准体重的 15%；女性不超过标准体重的 20%，不低于标准体重的 15%。

标准体重＝(身高－110)kg

视力：大学生右眼裸眼视力不低于 4.6，左眼裸眼视力不低于 4.5。屈光不正，准分子激光手术后半年以上，无并发症，视力达到相应标准的，合格。

内科：乙型肝炎表面抗原呈阴性，等等。

（三）高校毕业生应征入伍流程

（1）网上报名预征：有应征意向的高校毕业生可在征兵开始之前登录"全国征兵网"（网址为 https://www.gfbzb.gov.cn)进行报名，填写、打印《应届毕业生预征对象登记表》和《高校毕业生应征入伍学费补偿国家助学贷款代偿申请表》（以下分别简称《登记表》《申请表》），交所在高校征兵工作管理部门。

（2）初审、初检：毕业生离校前，在高校参加身体初检、政治初审，符合条件者确定为预征对象，高校协助兵役机关将《登记表》和《申请表》审核盖章发给毕业生本人，并完成网上信息确认。初审、初检工作最晚在 7 月 15 日前完成。

（3）实地应征：高校应届毕业生可在学校所在地应征入伍，也可在入学前户籍所在地应征入伍。

（4）组织高校应届毕业生在学校所在地征集的，结合初审、初检工作同步进行体格检查和政治审查，在毕业生离校前完成预定兵，9 月初学校所在地县（市、区）人民政府征兵办公室为其办理批准入伍手续。政治审查以本人现实表现为主，由其就读学校所在地的县（市、区）公安部门负责，学校分管部门具体承办，原则上不再对其入学前和就读返乡期间的现实表现情况进行调查。

（5）在入学前户籍所在地应征入伍的，高校应届毕业生 7 月 30 日前将户籍迁回入学前户籍地，持《登记表》和《申请表》到当地县级兵役机关参加实地应征，经体格检查、政治审查合格的，9 月初由当地县（市、区）人民政府征兵办公室办理批准入伍手续。

拓展阅读

学业规划成就：部队建功立业

青春中那些闪亮的时刻，它神奇就神奇在发生时，你毫不在意甚至备受它的煎熬，但是回过头来一想，却觉得那些暗淡的、难熬的岁月都是往后人生的一笔宝贵的财富。

盛镇明，1998年12月生。某校计算机科学与技术学院的2019级学生，曾于2016年9月至2018年9月服役于东部战区陆军第72集团军某旅。服役期间表现良好，圆满地完成了多项任务。先后获得个人嘉奖一次、排集体三等功一次、优秀义务兵称号。

2016年12月2日，他在韦岗革命烈士纪念碑前被授予列兵衔。那一天他和战友们第一次背着战斗携行具，从营地出发，20公里的路途，步行了三个多小时。也正是那一天，他成了一名真正的人民解放军战士，那一天离他18周岁的生日正好还差1天。每天荷枪实弹执勤，精神要保持高度的集中，从白天到黑夜，从酷暑到严冬，三尺的哨台从来没有缺少过他和战友们的身影，两年的时间，1800个小时，你如果问他，青春该有什么样的模样？那么，他会很认真地告诉你，青春就应该站成一堵墙，无畏雨雪和风霜。每个人都会有暗淡无光的日子，有时候会觉得自己找不到该去的方向，但只要坚持自己的信仰，人生的黎明一定会到来。

退伍时指导员说："永远不要忘记自己曾经是个兵。"无论身处何时，他都时刻提醒自己曾经是个军人。

补充知识链接

让高职学生成人又成才

高职教育是高等教育的重要组成部分，数以亿计的高素质劳动者是国家发展和社会进步的人才保障。培养德智体美劳全面发展的社会主义建设者和接班人，高职院校责无旁贷。具体而言，就是要通过教育，让高职学生成人又成才，把他们真正锻造成经济社会发展所急需的、职业岗位特质明显的、"心中有爱、眼中有人、肚中有货、手中有艺"的新人。

心中有爱，就是要厚植爱国主义情怀，教育引导学生热爱和拥护中国共产党,立志听党话、跟党走,立志扎根人民、奉献国家。爱是人类最深层、最持久的情感,学生心中有爱,才能做出正确的选择、承担应有的责任,才能把自己的理想同祖国的前途、把自己的人生同民族的命运紧密联系在一起。基于此,学校更应将思想政治教育摆在首位,坚持立德树人,把培育和践行社会主义核心价值观融入教书育人全过程,引导学生树立共产主义远大理想和中国特色社会主义共同理想,让学生成为有大爱大德大情怀的人。

眼中有人,就是要让学生树立起正确的人生价值观,扣好人生第一粒扣子,明白什么是"大写的人"。这其中包括很多,比如尊重他人,引导学生在包容理解中达成和谐的人际关系;比如善于合作,让学生明白成功需要集思广益、共同奋斗;比如懂得感恩,感恩时代给我们奋斗的机会,感恩父母对我们无私关爱等等。而要让学生眼中有人,首先教师要眼中有人,教师应该把自己的温暖和情感倾注到每一个学生身上,用欣赏增强学生的信心,用信任树立学生的自尊,如此方能让学生"亲其师信其道"。

肚中有货,就是要夯实专业基础,让学生求真学问、练真本领。所谓"腹有诗书气自华""玉不琢,不成器;人不学,不知道",知识是每个人成才的基石,在学习阶段一定要把基石打深打牢。对于高职学生来说,一方面要按照职业教育规律和学生成长规律,构建"能力本位+"的课程体系,提升他们的职业能力,让他们拥有立足社会、服务社会、贡献社会的资本;另一方面要构建荣誉体系,激励学生个性发展,为他们的未来职业和幸福人生打下基础。

手中有艺,就是要崇尚工匠精神,有精湛的一技之长。今日职业院校的学生,将来走向社会,就是各行各业的技术技能人才,更是中国制造业的生力军。因此,引导学生树立敬业、精益、专注、创新的精神,培养学生对职业敬畏、对工作执着、对产品负责的态度,很有必要。要将精益求精印在学生心上,就要把工匠精神融入人才培养的全过程,可以通过大学第一课、专业引导课、大师公开课等,激发学生对技艺的兴趣;通过创新创业课、技能拔尖课、工匠培育课等,磨炼他们的技术、唤起他们的自信。

培育"四有"新人,高职教育任重道远。期待高职院校以树人为核心、以立德为根本,培养出社会需要的人才;期待高职学生学到真本领,用勤劳和智慧创造美好人生。

——来源:孙兴洋,《人民日报》,2019 年 1 月 20 日

📝 **课外实践与作业**

1. 开展"畅想我的大学"新生主题班会,班会目的:(1) 促进班级交流,增强班级凝聚力;(2) 促进同学们对大学三年的思考,规划有意义的大学生活;(3) 初识人际关系,建立对他人的信任。

⚙️ **情景模拟**

模拟招聘面试时自我介绍环节的场景

在以下岗位中任选一个类型,进行自我介绍,练习口头表达能力,时长控制在 3 分钟左右。

(1)企业综合事务类(主要面向行政、人力资源、法律、财务、管理等专业);

(2)市场营销和服务类(主要面向营销、服务、管理等专业);

(3)生产技术类(主要面向信电、软件、平面设计、冶金化工、工程技术、农林畜牧等专业)。

发现我的优势

旨在引导学生探索自我世界，重点探索自我价值观、兴趣类型、性格和职业相关技能，通过有效探索进一步澄清自我，找到自己的优势。

案例故事导入

2020 年 7 月，尼玛央吉毕业于湖南益阳职业技术学院。毕业后，她一度担心自己找不到工作。得知黄石市援藏工作队正在山南招聘高校毕业生到黄石就业后，她觉得这是一个很好的就业机会，就立马报了名。

2020 年 11 月，包括尼玛央吉在内的山南籍高校毕业生填完区外就业意愿单后，前往湖北省黄石市开启了就业体验之旅。其间，尼玛央吉认真聆听各企业、单位负责人讲解，详细了解各项规章制度和薪资待遇，经过填报个人信息、面试筛选等环节，最终收到了大冶市尹家湖幼儿园的录用通知。

入职以来，为了给学生讲好每一堂课、画好每一幅画、跳好每一段舞，尼玛央吉充分利用业余时间，认真查阅书籍和网络资料，遇到不懂的问题就向同事请教。经过半年的实践，尼玛央吉的工作能力得到了领导和同事的认可。

"刚开始，尼玛央吉对幼儿园工作不熟悉，但是经过努力，现在她可以独立给小孩讲故事，也能独立跟学生家长沟通了，她的进步非常快。我们还经常一起吃饭，聊各自家乡的习俗、特产，相处得很融洽。"同事朱丽霞说。

刚入职时，为了让学生适应她的授课方式，尼玛央吉耐心地与孩子们沟通交流,尽量与孩子们多互动。课余时,她还会跟孩子们一起玩耍,陪他们一起看漫画书。渐渐地,孩子们开始称她为"仙女老师""央央老师",他们之间的关系也变得越来越密切,这坚定了尼玛央吉做好工作的信心和决心。

尼玛央吉说:"学生们除了给我起亲切的称呼外,还在端午节等节日给我送他们自己制作的小礼物。礼物虽小,但反映了学生对我的爱,让我在异乡找到了家的感觉。"

——《西藏日报》,2021 年 9 月 7 日

人各有志,"志"体现在职业选择上就是职业价值观。简单地说,就是对职业及职业活动好坏对错的判断。它是一种具有明确目的性、自觉性和持续性的职业选择态度和行为,对个人的职业目标和择业动机有着决定性的作用。职业价值观一旦形成,就相对比较稳定。

第一节　你想做什么——澄清职业价值观

一、什么才是最重要的

(一)价值观的含义

价值观是关于价值的观念,就是人对事物好坏对错的判断。"好坏对错"包括得失、荣辱、成败、福祸、善恶等。不管什么时候,当你说某样东西对你很重要或者对你意义重大时,你都是在陈述一种价值观。

价值观会推动并指引一个人做出决定、采取行动。当一个人建立了"上大学比高中毕业去工作、挣钱更重要"的价值观念时,就会努力学习以考取大学;而当一个发现某种机遇的大学生认为休学创业比继续学习更重要时,就会选择暂时放弃学业;当我们认为学习新东西比安稳更重要时,我们会选择成长性更好、发展更快的单位而不是规模大、成长平缓的单位。价值观决定着我们的各种选择,从用餐、购物到求职就业,我们各种决定的背后都有价值观在起作用。

习近平总书记在二十大报告中指出,要"广泛践行社会主义核心价值观"。社会主义核心价值观是凝聚人心、汇聚民力的强大力量。社会主义核心价值观是社会主义核心价值体系的内核,体现社会主义核心价值体系的根本性质和基本特征,反映社会主义核心价值体系的丰富内涵和实践要求,是社会主义核心价

值体系的高度凝练和集中表达。培育和践行社会主义核心价值观是实现中华民族伟大复兴中国梦的精神动力,是巩固马克思主义在意识形态领域主导地位的必然要求。当代大学生要树立对马克思主义的信仰、对中国特色社会主义的信念、对中华民族伟大复兴中国梦的信心,真正成为社会主义核心价值观的深入学习者、坚定信仰者、积极传播者和模范践行者。

(二)职业价值观的内涵

职业价值观是一个人对职业以及自己职业行为结果的意义、作用、效果和重要性的评价及看法,体现了职业的属性、功能及职业活动对主体需要的满足关系。不同的职业能满足人的不同价值需求。比如,科研工作可以满足人的成就、声望等价值需求,但不能满足管理权力、多样性等价值需求;自由撰稿能满足人的审美、独立自主等需求,但不能满足安全、同事关系等价值需求。如果对创造性要求比较高,那么与设计、建筑、广告创意、艺术等有关的工作可能会符合要求。

课堂活动

你心目中的"好"工作是怎样的? 在一分钟内尽可能地写下你对"好"工作的理解。

提示:在这个练习中,同学们可能会写:能够发挥特长、符合自己的兴趣、有挑战性、自由、发展空间大、稳定、社会地位高、赚钱多、压力适度、工作环境好、假期多⋯⋯当你在陈述"好"工作的标准时,就是在陈述你的职业价值观。

(三)职业价值观的类型

职业内涵的丰富性,使它给我们提供了宽广的价值领域,既可体现于生产过程,也可蕴含于分配领域;既有显性的、表层的,也有内隐的、深层的。由于我们大学生职业经历的局限,比较容易体会、认同分配领域的、表层的价值因子,而事实上,往往正是那些内隐的因子会长期影响我们的职业感觉。舒伯将职业价值因子概括为 15 种类型:

1. 利他主义:为了他人的福利做贡献。
2. 美的追求:制作美丽的物品并将美带给世界。
3. 创造:发明新事物、设计新产品或产生新思想。
4. 对智力的激励:独立思考,了解事物怎样运行和作用。
5. 成就感:获得做好工作的成就感。

6. 独立自主：以自己的方式做事，或快或慢，随自己所愿。

7. 声望地位：有地位、受尊敬，能引发别人的敬意。

8. 管理的权力：计划并给别人安排任务。

9. 经济报酬：报酬高，能拥有想要的事物。

10. 安全：不太可能失业，即使在经济困难的时候也有工作。

11. 工作环境：在怡人的环境里工作。

12. 与上级关系：在一个公平并能与之融洽相处的管理者手下工作，和老板相处融洽。

13. 同事关系：与喜欢的人接触并共事。

14. 生活方式：按照自己所选择的生活方式生活并成为自己所希望的人。

15. 多样性：在同一份工作中有机会尝试不同种类的职能。

二、 怎样找到最重要的

故事分享

王宇已经大三了，很快就要面临毕业找工作的问题：是找一份收入一般但稳定且福利好的工作，还是找一份薪水较高但挑战很大且极不稳定的工作？

张昊也在考虑找工作的问题。他看到学长在一家外企工作，表面上风光无限，其实累得要命，"996"是常态。他很纠结：是否一定要找一份收入很好但很累的工作？

李想是一名数学师范生，想到毕业后就要做一名数学老师，她很纠结。虽然她觉得做一名老师挺好的，但又不满足于就做一个老师，想尝试更多的可能性。

"鱼与熊掌，我要的到底是什么？或者哪个是鱼，哪个是熊掌？""什么是好工作？""在哪项工作中我能真正开开心心地投入并实现自己的价值？"，类似的困惑大多源于我们许多同学没有澄清职业价值观。价值澄清学派认为利用问题和活动来教学生评价的过程，而且帮助他们熟练地将评价过程应用到他们生活中，可以称之为价值澄清。

职业价值观的澄清可以利用正式评估与非正式评估两种方式。

（一）正式评估

职业价值观的心理测评目前使用较多的是宁维卫在 1990 年修订，舒伯编制的《职业价值观量表》,现已在一定范围内使用,其修订的职业价值量表包含 60 个项目,涉及 15 个职业价值观。

补充知识链接

舒伯《职业价值观量表》

一、职业价值观量表测评

请仔细阅读表 2-1,并在每题前方填上 1—5 的数字,代表该选项对你的重要性。其中 5 代表非常重要,4 代表很重要,3 代表重要,2 代表不太重要,1 代表不重要。

表 2-1　舒伯《职业价值观量表》

题号	分值	题　目	题号	分值	题　目
1		能参与救灾济贫的工作	19		必须不断学习才能胜任
2		能经常欣赏完美的艺术品	20		工作不受他人干涉
3		能经常尝试新的构想	21		常觉得自己辛劳没有白费
4		必须花精力去深入思考	22		能使你更有社会地位
5		在职责范围内有充分的自由	23		能够分配调整他人工作
6		可以经常看到自己的工作成果	24		能常常加薪
7		能在社会中扮演更重要的角色	25		生病时能有妥善照顾
8		能知道别人如何处理事务	26		工作地点光线通风良好
9		收入能比相同条件的人高	27		有一个公正的主管
10		能有稳定的收入	28		能与同事建立深厚友谊
11		能有清静的工作场所	29		工作性质常会变化
12		主管善解人意	30		能实现自己的理想
13		能经常和同事一起休闲	31		能够减少别人的苦难
14		能经常变换职务	32		能运用自己的鉴赏力
15		能成为你想成为的人	33		常需构思新的解决方法
16		能帮助贫困和不幸的人	34		必须不断地解决工作难题
17		能增添社会的文化气息	35		能自行决定工作方式
18		可以自由地提出新颖想法	36		能知道自己的工作绩效

（续表）

题号	分值	题　目	题号	分值	题　目
37		能让你觉得出人头地	49		需对事务深入分析研究
38		可以发挥自己的领导能力	50		可以自行调整工作进度
39		可使自己存下很多钱	51		工作结果受到他人肯定
40		有好的保险和福利制度	52		能自豪地介绍自己的工作
41		工作场所有现代化的设备	53		能为团体拟定工作计划
42		主管能采取民主领导方式	54		收入高于其他行业
43		不必和同事有利益冲突	55		不会轻易被解雇或裁员
44		可以经常变换工作场所	56		工作场所整洁卫生
45		常让你觉得如鱼得水	57		主管学识和品德让你敬佩
46		能常帮助他人解决困难	58		能够认识很多风趣的伙伴
47		能创造优美的作品	59		工作内容随时间变化
48		常需提出不同的处理方案	60		能充分发挥自己的专长

二、职业价值观量表计分

表2-2　职业价值观量表计分和解释

得　分	对应题目	职业价值观
	1、16、31、46	利他主义
	2、17、32、47	美的追求
	3、18、33、48	创造发明
	4、19、34、49	智力激发
	5、20、35、50	独立自主
	6、21、36、51	成就满足
	7、22、37、52	声望地位
	8、23、38、53	管理权力
	9、24、39、54	经济报酬
	10、25、40、55	安全稳定

（续表）

得　分	对应题目	职业价值观
	11、26、41、56	工作环境
	12、27、42、57	上司关系
	13、28、43、58	同事关系
	14、29、44、59	多样变化
	15、30、45、60	生活方式

（二）非正式评估

下面介绍几个常用的非正式评估的方法，帮助我们澄清价值观。

1. 价值交换活动

以 6—8 人为一个小组，在小组内进行价值交换活动，具体操作如下：

（1）请大家认真阅读舒伯给出的 15 种职业价值因子，找出 5 个你最认可的价值因子，并思考选择这些价值因子的原因。

（2）将选出的这 5 个价值因子分别写在 5 张小纸条上，在纸条的反面给每条价值因子下定义，即达到什么样的水平才满意。

（3）按照重要性 1—5 分（1 表示不重要，5 表示非常重要）给这些价值因子赋值，思考这样赋值的原因。

（4）如果不得不放弃其中一条，你会放弃哪一条？将准备放弃的这一条与小组内其他一名同学交换，保留别人送给你的，放在一边。

（5）如果你不得不继续放弃剩下四条中的一条，你会放弃哪一条？再次与小组内另一名同学交换。

（6）如果再放弃一条、两条……继续下去（每次找一名不同的同学交换），直到最后一条，这是否是你无论如何也不愿意放弃的？

接下来讨论反思：

（1）你最后留下了哪一条？为什么它是你无论如何都不愿意放弃的？

（2）你交换得到了哪些价值因子？它们对于你来说重要吗？

（3）通过这个活动，你有什么感受和体会？

2. 生涯价值拍卖活动

（1）班级分组，大约 10 人为一组。

（2）指导语：假定你拥有 1 000 个生命单位（代表着你毕生时间、精力、财力的总和），你在考虑自我需要等多方面因素后，对所看重的拍卖品（参照表 2—3）分别投资一定的单位数量（不一定每一项目都要投资，但若决定投资某一个项目，则不得少于 50 个单位，总数不得超过 1 000 个单位）。

（3）拍卖实施。正式开始拍卖前，你有 5 分钟的时间来思考想要购买的拍卖品顺序以及愿意出的最高价格。按照一般的正式拍卖程序进行标购活动，先由小组推举一名拍卖主持人（主持人也可参加标购），接着依照表上所列项目逐一进行拍卖，以出价最高者购得，将拍卖结果登记下来。

（4）组内讨论。在所有项目拍卖完成后，各组成员可针对下述问题共同分享经验与感受：所购得的是否为原先预定自认为是重要的项目？若未能购得希望的项目，有何感想？你所看重的项目体现了怎样的价值？

表 2-3　拍卖品清单

项　　目	预购拍卖品顺序	预算价格	实购价格
1. 具有吸引力，让每一个认识我的人都喜欢自己			
2. 拥有健康、长寿，而没有疾病			
3. 有清晰的自我认识，知道自己是谁			
4. 获得很高收入			
5. 成为一个团体中最有影响力的人			
6. 有时间过愉快、有意义的家庭生活			
7. 参加社会活动，如音乐会、戏曲等表演或体育运动			
8. 在一个没有歧视、欺骗和不公正现象的环境中工作			
9. 为贫病人士竭诚服务			
10. 什么时候都可以做自己喜欢的事情			
11. 有一份稳定的工作和收入			
12. 能够寻找到生活的意义和真谛			
13. 精通专业，在所做的一切事情上都取得成功			
14. 有学习的条件，包括所需的全部书籍、电脑和各种辅助物等			

（续表）

项　目	预购拍卖品顺序	预算价格	实购价格
15. 创造一个能让人们自由地给予和付出爱的氛围			
16. 冒险,迎接挑战,过一个精彩的人生			
17. 产生新思想,创造新的行动方式			
18. 自由决定工作的条件、时间、位置和着装等			
19. 制作有吸引力的作品			
20. 获得全国范围内和世界性的荣誉与名望			
21. 休长假,什么也不用做,只要开心快乐			

　　我们实际竞拍的结果与预选的可能是不同的,说明了我们在决策时受到了团体动力的影响。在这个活动中,其实每个拍卖品中都蕴藏着特定的价值因子,具体如下表所示:

表 2-4　拍卖项目的价值

项　目	与项目相关的价值
1. 具有吸引力,让每一个认识我的人都喜欢自己	容貌、被赏识
2. 拥有健康、长寿,而没有疾病	健康、心理健康
3. 有清晰的自我认识,知道自己是谁	智慧、了解自我、内心和谐
4. 获得很高收入	财富、高收入、利润
5. 成为一个团体中最有影响力的人	权利、领导能力、晋升
6. 有时间过愉快、有意义的家庭生活	家庭关系、生活方式
7. 参加社会活动,如音乐会、戏曲等表演或体育运动	审美、休闲、刺激
8. 在一个没有歧视、欺骗和不公正现象的环境中工作	公正、正义、诚实、道德
9. 为贫病人士竭诚服务	利他主义、帮助他人、友谊
10. 什么时候都可以做自己喜欢的事情	自主、独立、生活方式
11. 有一份稳定的工作和收入	工作保障、稳定的工作
12. 能够寻找到生活的意义和真谛	智慧、真理、个人的成长

（续表）

项　目	与项目相关的价值
13. 精通专业,在所做的一切事情上都取得成功	成就、技能、赏识
14. 有学习的条件,包括所需的全部书籍、电脑和各种辅助物等	知识、智力方面的鼓励
15. 创造一个能让人们自由地给予和付出爱的氛围	慈爱、爱、友谊
16. 冒险,迎接挑战,过一个精彩的人生	冒险、兴奋、竞争
17. 产生新思想,创造新的行动方式	创造性、多样性、变化性
18. 自由决定工作的条件、时间、位置和着装等	自由、独立、个人权利
19. 制作有吸引力的作品	审美、艺术性的创造
20. 获得全国范围内和世界性的荣誉与名望	被赏识、炫耀、威望
21. 休长假,什么也不用做,只要开心快乐	休闲时间、放松、健康

（三）真实价值观澄清

　　了解自己的真实价值观可以有三个层次:第一个层次是确认自己真正的价值观,要知道自己现在的价值观中,哪些是自主选择的,哪些是因为压力而被迫选择的;第二个层次是接纳自己的价值观,如是否珍视和喜爱自己的价值观,是否愿意公开声明而不会感觉到压力;第三个层次是按照自己的价值观行动,并反思是否始终如一地根据自己的价值观来行动。

　　正如上文所述,我们很多时候并没有按照价值观行事,可能是价值观被我们意会错了,可能是我们的行为出现了问题。只有找到与实际行动一致的价值观,这个价值观才可能是"真实的";也只有按照真实价值观行事,这样的价值观才是对我们的职业选择有帮助的。拉舍(Raths)等学者指出,真实的"价值"需要具备以下一些基本要素:

　　1. 选择

　　（1）它是你自由选择的,没有来自任何人或任何方面的压力。

　　（2）它是从众多的价值选项中挑选出来的。

　　（3）它是在你思考了所做选择的结果后被挑选出来的。

　　2. 珍视

　　（1）你是否珍爱你的价值观,或者为你的选择感到自豪。

（2）你愿意公开向其他人承认你的价值观。

3. 行动

（1）你的行动是否与你选择的价值观一致。

（2）你是否始终如一地根据你的价值观来行动。

对于某件事情，如果你能对上述所有问题都给出肯定的答复，那么这说明你确实认为它有价值。如果对其中一些问题的答案是否定的，那么你需要思考一下自己看重的、想要的到底是什么。

第二节　你喜欢做什么——发掘职业兴趣

🔧 故事分享

小李，计算机专业。他在高考填报志愿选择专业的时候，并不清楚自己对什么专业特别感兴趣，后来在老师和家人的建议下，选择了计算机专业。经过两年多的学习生活，他发现自己的兴趣是与他人沟通交流，而不是安静地坐在电脑前写代码编程。马上就要大三，面临求职，他不确定是选择一个跟专业相关的、自己没有兴趣的程序员工作，还是选择自己感兴趣，但是专业不对口的其他工作。

小敏，汉语言文学（师范）专业。她告诉老师，她有一个做记者的梦想，在高考填志愿的时候，她想报考新闻专业，但父母坚持认为女孩子当老师会更合适一些。最后，她选择报考了汉语言文学（师范）专业。这样既满足了父母的要求，也离自己梦想的记者不是太远。一个学期下来，她感觉自己对专业并没有太多兴趣，虽然自己还算比较努力，但是成绩不是特别理想，不好也不坏。她发现自己对新闻专业的兴趣停留在有记者梦的这个层面，但也不确定自己是否真的对新闻专业感兴趣。这学期学校可以转专业，她很犹豫，是选择参加转专业考试争取转到新闻专业，还是留在原专业？

上述同学的苦恼在当今大学生中并不少见，有的同学对自己的兴趣明确，但是兴趣和所学专业不一致；有的同学对自己所学专业不是特别有兴趣，但是对自己感兴趣的专业了解又不够；有的同学兴趣广泛，对什么都感兴趣，在做决策的时候反而不知道如何是好。这些苦恼源于对自己的兴趣不够清晰，对兴趣与职业的关系了解得还不够。

本节我们将共同探索兴趣，了解什么是兴趣，如何了解自己的兴趣，以及兴趣是如何影响我们的职业生涯发展的。

一、职业兴趣

（一）职业兴趣的概念

兴趣是指一个人力求认识某种事物或从事某种活动的心理倾向，它表现为人们对某件事物、某项活动的选择性态度和积极的情绪反应。例如，对于羽毛球运动感兴趣的人，就会关注羽毛球比赛，喜欢参加羽毛球的相关活动，一谈到羽毛球就会津津乐道；对于社会活动感兴趣的人，就会喜欢和他人交流，积极参加社交活动。同样，如果对某种职业感兴趣，就会对职业活动表现出肯定的态度，并积极进行思考、探索和追求。

当人的兴趣对象指向职业活动时，就形成了人的职业兴趣。职业兴趣是指人们对某种职业活动具有的比较稳定而持久的心理倾向，使人对某种职业给予优先注意，为职业生涯选择提供有效的信息，主要回答的是"我喜欢做什么"的问题。

课堂活动

请具体、详细地回答下列问题。这个练习的目的是帮助你回忆并梳理日常生活中有关个人兴趣的一些代表性事件，增进自我觉察，因此仔细考虑和讲述的过程非常重要。

1. 你内心的梦：请列举出三种你非常感兴趣的职业（摒除所有现实的考虑），这些工作中的哪些特征吸引着你？

2. 请回忆三个从事某件事情时令你感到快乐的时刻，请详细地描述这三个画面，是什么令你感到如此快乐（满足）？

3. 你最崇拜的人是谁？他对你产生了什么影响？你最像他的是什么地方？最不像他的是什么地方？

4. 你最喜欢看哪种杂志？这些杂志中的哪些部分吸引着你？如果你到书店看书，你通常会停留在哪类书架前（不是仅仅因为学习需要的情况下）？

5. 你喜欢浏览什么网站或网站的哪部分内容？

6. 你喜欢哪种类型的电视节目？节目中什么吸引着你？

7. 休闲的时候，如果只是出于兴趣考虑，你最想做什么或学什么？这里面又是什么吸引着你？

8. 你最喜欢学习的科目是什么？为什么喜欢？

9. 生活中会发生一些因为专注于工作，而忘记了休息时间的情况。如果这种事情发生在你身上，会是什么工作让你如此全神贯注、废寝忘食？

10. 你的答案里面有什么共同点吗？是否可以归纳出一些主题或者关键词？这些主题或关键词可能是你今后在做职业决策时需要尽可能纳入的一些关键因素。

（二）职业兴趣的作用

1. 职业兴趣是人们职业选择的重要依据

"兴趣是最好的老师。"正如人们在日常生活中喜欢参加自己感兴趣的活动一样，具有一定兴趣类型的个人更倾向于寻找与此有关的职业，尤其是在外界环境限制较小时，人们都会选择自己感兴趣的职业。因此，对个人的兴趣类型有了正确的评估后，就有可能预测或帮助其进行职业选择。

2. 职业兴趣能提高工作效率，充分发挥个人才能

当一个人对某种职业产生兴趣时，他就会不断地激发工作热情，加大时间和精力的投入，积极感知和关注职业的知识、动态，以敏锐的观察力、高度的注意力和丰富的想象力推进工作，促进能力的发挥，从而大大提高工作效率。在这个过程中，工作不再是一种负担，而是一种享受。曾经有研究发现，如果一个人从事他所感兴趣的职业，那么在工作过程中，他就会发挥出自己 80%～90% 的潜能，而且能够长期保持高效率的工作状态；如果对所从事的职业不感兴趣，那么个人潜能的发挥将不会超过 30%，即便有时工作效率高，持续时间也会非常短暂。

3. 职业兴趣能增加工作满意度，提升工作的稳定性

兴趣是工作动力的主要源泉之一，兴趣也是职业生涯适应的一个基本方面。兴趣能够将你的潜能最大限度地调动起来，使你长期专注于某一方向，即使十分疲倦和辛劳，也总是兴致勃勃、心情愉快；即使困难重重也绝不灰心丧气，而能想尽办法、百折不挠地去克服它，甚至废寝忘食、如醉如痴。同时因为对工作有兴趣，也会让你积极主动地承担自己的工作，从而较好地完成工作，赢得领导和同事的认可。所以在其他条件相似的情况下，从事自己感兴趣的职业不仅会让你感到满意，而且能够让你的工作单位满意，并由此促进工作的长期性和稳定性。

二、 探索职业兴趣

课堂活动

兴 趣 岛

假设在旅游途中,你所乘坐的轮船突然发生了意外故障,必须紧急靠岸。这时候,轮船正好处于下列六个岛屿中间,这些岛屿与外界没有任何联系,也没有网络。一旦靠岸,至少要待一年,也有可能是一辈子。你最想去的是哪个岛屿,可以按照喜欢程度选出三个,同时选出最不想去的是哪个岛屿。

A岛:美丽浪漫的岛屿。岛上到处都是美术馆、音乐厅,弥漫着浓厚的艺术文化气息。同时,当地还保留了传统的舞蹈、音乐与绘画,许多文艺界的朋友都喜欢来这里寻找灵感。

I岛:深思冥想的岛屿。岛上人迹较少,建筑物多僻处一隅,平畴绿野,适合夜观星象。岛上有多处科博馆以及科学图书馆等。岛上居民喜好沉思、追求真知,喜欢和来自各地的哲学家、科学家、心理学家等交换心得。

C岛:现代、井然的岛屿。岛上建筑十分现代化,是进步的都市形态,以完善的户政管理、地政管理、金融管理见长。岛民个性冷静保守,处事有条不紊,善于组织规划。

R岛:自然原始的岛屿。岛上保留有热带的原始植物,自然生态保持得很好,也有相当规模的动物园、植物园、水族馆。岛上居民以手工见长,自己种植花果蔬菜、修缮房屋、打造器物、制作工具。

S岛:温暖友善的岛屿。岛上居民个性温和、十分友善、乐于助人,社区均自成一个密切互动的服务网络,人们多互助合作,重视教育,弦歌不辍,充满人文气息。

E岛:显赫富庶的岛屿。岛上的居民热情豪爽,善于企业经营和贸易。岛上的经济高度发展,处处是高级饭店、俱乐部、高尔夫球场。来往者多是企业家、经理人、政治家、律师等。

这六个岛屿实际上代表着霍兰德职业兴趣的六种类型。接下来我们具体学习一下霍兰德职业兴趣理论。

（一）霍兰德职业兴趣理论

1. 理论假设

美国著名的生涯辅导理论家霍兰德提出了一系列兴趣与职业关系的理论。他认为：

（1）大多数人都可以被归为六种兴趣类型中的一种。六种兴趣类型为：实际型(Realistic,简称 R)、研究型(Investigative,简称 D)、艺术型（Artistic,简称 A)、社会型（Social，简称 S)、事业型（Enterprising，简称 E)、常规型(Conventional,简称 C)。大量研究表明,霍兰德所提出的这六种类型是一种有效的兴趣分类方法。我们的兴趣基本上就是由这六种类型的不同组合所构成的,也可以根据这六种不同类型对兴趣进行有效的测量。

（2）同样有六种类型的环境存在,其名称及性质与兴趣类型的分类一致。霍兰德认为有六种类型的环境存在,一种环境可以是一种职业、一种工作、一种休闲活动、一个教育项目或一个学习领域、一所学校,再或者是一个公司的文化氛围,这些环境均可以用与六种兴趣类型同样名称的六种类型来表示。

（3）人们寻求的是能够充分施展自己的能力,符合其兴趣和价值观的职业环境。个人的行为是由个人的人格和其所处的环境相互作用所决定的。

2. 类型特点

（1）实际型

共同特征:愿意使用工具从事操作性工作,动手能力强,做事灵活,动作协调。偏好于具体任务,不善言辞,做事保守,较为谦虚,缺乏社交能力,通常喜欢独立做事。

典型职业:喜欢使用工具、机器,需要基本操作技能的工作,对要求具备机械方面才能、体力或从事与物件、机器、工具、运动器材、植物、动物相关的职业有兴趣,并具备相应能力。如技术性职业(计算机硬件人员、摄影师、制图员、机械装配工),技能性职业(木匠、厨师、技工、修理工、农民、一般劳动者)。

关键词:机械　技术

代表人物:爱迪生　鲁班

（2）研究型

共同特征:思想家而非实干家,抽象思维能力强,求知欲强,肯动脑,善思考,不愿动手,喜欢独立和富有创造性的工作。知识渊博,有学识才能,不善于领导他人。考虑问题理性,做事喜欢精确,擅长逻辑分析和推理,不断探索未知的领域。

典型职业:喜欢智力的、抽象的、分析的、独立的定向任务,要求具备智力或分析才能并将其用于观察、估测、衡量、形成理论、最终解决问题的工作,并具备相应的能力。如科学研究人员、教师、工程师、电脑编程人员、医生、系统分析员。

关键词:科学　分析

代表人物:达尔文　钱学森

(3)艺术型

共同特征:有创造力,乐于创造新颖、与众不同的成果,渴望表现自己的个性,实现自身的价值。做事理想化,追求完美,不重实际。具有一定的艺术才能和个性,善于表达,心态较为复杂。

典型职业:喜欢的工作要求具备艺术修养、创造力、表达能力和直觉,能将其用于语言、行为、声音、颜色和形式的审美、思索与感受,并具备相应的能力。不善于处理事务性工作。如艺术方面(演员、导演、艺术设计师、雕刻家、建筑师、摄影家、广告制作人),音乐方面(歌唱家、作曲家、乐队指挥),文学方面(小说家、诗人、剧作家)。

关键词:表现独立

代表人物:莫扎特　齐白石

(4)社会型

共同特征:喜欢与人交往、不断结交新的朋友、善言谈、愿意教导别人。关心社会问题、渴望发挥自己的社会作用。寻求广泛的人际关系,比较看重社会事务和社会道德。

典型职业:喜欢要求与人打交道的工作,能够不断结交新的朋友,从事提供信息、启迪、帮助、培训、开发或治疗等事务,并具备相应能力。如教育工作者(教师、教育行政人员),社会工作者(咨询人员、公关人员)。

关键词:人际　热情

代表人物:南丁格尔　马丁·路德·金

(5)企业型

共同特征:追求权力、权威和物质财富,具有领导才能。喜欢竞争、敢冒风险、有野心、有抱负。为人务实,习惯以利益得失、权利、地位、金钱等来衡量做事的价值,做事有较强的目的性。

典型职业:喜欢要求具备经营、管理、劝服、监督和领导才能的职业,以实现机构、政治、社会及经济目标的工作,并具备相应的能力。如项目经理、销售人员、营销管理人员、政府官员、企业领导、法官、律师。

关键词:冒险　影响

代表人物:任正非

(6)常规型

共同特征:尊重权威和规章制度,喜欢按计划办事,细心、有条理,习惯接受他人的指挥和领导,自己不谋求领导职务。喜欢关注实际和细节情况,通常较为谨慎和保守,缺乏创造性,不喜欢冒险和竞争,富有自我牺牲精神。

典型职业:喜欢要求注意细节、精确度、有系统、有条理,具有记录、归档,据特定要求或程序组织数据和文字信息的职业,并具备相应能力。如秘书办公室人员、记事员、会计、行政助理、图书馆管理员、出纳员、打字员、投资分析员。

关键词:有序　细节

代表人物:罗宾森(世界著名会计师)

3. 六种类型之间的关系

霍兰德用六边形表示六种兴趣类型之间的关系,掌握六边形模型是理解其理论、工具和分类系统所不可缺少的基础。如图2-1所示,六边形的六角分别代表霍兰德所提出的六种类型。六种类型之间具有内在的联系,它们按照彼此的相似性程度定位。相邻两个维度之间在各种特征上最接近,相关程度最高;距离越远,两个维度之间的差异越大,相关程度越低。因此,每种类型与其他五种类型之间存在着三种相关关系,分别用高、中、低来表示。

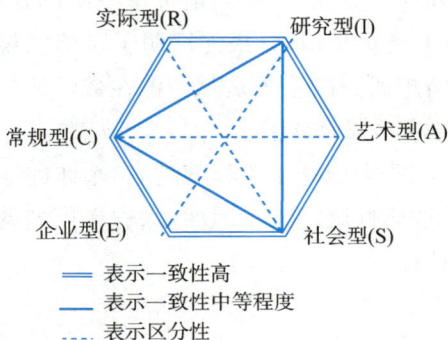

图2-1　霍兰德职业兴趣六种类型及关系

从图中可以看出每种类型与其他类型之间存在不同程度的关系,大体可描述为三类:

(1) 相邻关系,如 RI、IR、IA、AI、AS、SA、SE、ES、EC、CE、RC 及 CR,属于这种关系的两种类型的个体之间共同点较多,如实际型 R 和研究型 I 的人就都不太偏好人际交往,这两种职业环境与人接触的机会也都不多。

(2) 相隔关系,如 RA、RE、IC、IS、AR、AE、SI、SC、EA、ER、CI 及 CS,属于这种关系的两种类型个体之间共同点较相邻关系少。

(3) 相对关系,在六边形上处于对角位置的类型之间即为相对关系,如 RS、EI、AC、SR、IE 及 CA,相对关系的人格类型共同点更少。因此,一个人同时对处于相对关系的两种职业环境都有很浓兴趣的情况较为少见。

最为理想的职业选择就是个体选择与其个性类型相一致的职业环境。如研究型的人在研究环境中学习和工作,这称为"人职协调"。因为在这种环境中工作,个人最可能充分发挥自己的才能,并容易获得较高的工作满意度。如果个体选择与其个性类型相近的职业环境,例如,实际型的人在研究型或常规型环境中工作,由于两种类型之间有较高的相关关系,则个人经过努力和调适也能适应职业环境,这属于"人职次协调"。

最坏的职业选择是个人在与其个性类型相斥的职业环境里工作,在此情况下个人很难适应职业,也不太可能从工作中得到乐趣,这称为"不协调"。例如,研究型的人做社会型的工作。陈景润作为典型的研究型人才,在刚开始工作的时候,在北京四中任教,而中学教师的职业环境是典型的社会型职业环境,他的教学并不合格,被"停职回乡养病"。但当他被华罗庚调到中科院从事数学研究这个研究型职业环境时,便如鱼得水,最终证明了哥德巴赫猜想中的"1+2",被公认为是对哥德巴赫猜想研究的重大贡献。他在数学领域的研究硕果累累,他也当选为中国科学院学部委员(院士)。

总之,个性类型与职业类型的相关程度越高,个体的职业适应性越好;相关程度越低,个体的职业适应性就越差。因而,六边形模型的提出,有助于人们更好地理解和进行职业选择。

(二)职业兴趣探索的误区

1. 不能区分测量兴趣、表达兴趣和表现兴趣

在确定自己的兴趣类型时,需要通过量表测量、成就事件、他人观察、自我反省等方式进行正式、非正式的多维评估,从而区分测量兴趣、表达兴趣和表

现兴趣。

测量兴趣是指通过兴趣量表等正式、非正式评估得到的兴趣类型。部分学生在进行兴趣探索时,一味地依赖量表,直接把量表的测量结果当作是自己的职业兴趣。量表测量的结果在一定程度上会帮助我们了解自己的兴趣,同时,测量过程中因为社会期望、自我认知等原因存在一定的误差,所以我们需要对测量结果进行进一步的澄清,将量表的测量结果作为了解自己兴趣类型的工具之一,而不是将测量兴趣完全等同于自己的兴趣类型。

表达兴趣是指通过言语表述显示对某些活动的兴趣偏好。很多同学在进行兴趣探索时,对于各种职业的想象还属于理想状态,对于职业的相关知识并不了解,只是表达兴趣比较高,并不一定是真实的兴趣。例如,小敏现在学习的是汉语言文学(师范)专业,她觉得自己对记者的工作感兴趣,想转到新闻学专业,而当问她"记者的工作具体包括哪些内容""需要哪些具体入职条件"时,她表示不清楚。这样的兴趣,只能说是表达兴趣。

表现兴趣是指通过主动参与某项活动而表现出的兴趣偏好。当小敏学习了新闻学专业的相关课程,了解了记者需要具体哪些入职条件,通过实践知道了记者的具体工作包括哪些内容的时候,如果她依然说对记者的工作感兴趣,那就是表现兴趣了。

在对自己的兴趣进行评估时,需要区分测量兴趣、表达兴趣和表现兴趣。同时,因为人的时间和精力有限,没有办法通过实践逐一地探索,所以需要通过测量兴趣和表达兴趣相结合,在此基础上探索自己的表现兴趣。

2.兴趣必须与专业一致

很多同学觉得兴趣必须与专业一致,其实同一个专业也会对应有不同兴趣类型的职业。例如,同样是计算机专业,不同的兴趣类型可以有不同的职业倾向。实际型的同学可以倾向硬件安装、调适、维护等方向的工作;研究型的同学可以倾向软件开发、学术研究等方向的工作;艺术型的同学可以倾向游戏开发、计算机美工等方向的工作;社会型的同学可以倾向计算机教师、客户服务等方向的工作;企业型的同学可以倾向软件销售、系统支持等方向的工作;常规型的同学可以倾向办公人员、系统维护等方向的工作。

由此看来,每种兴趣类型的人都可以将其专业背景与自身特质相结合,找到两者之间的交叉和融合。本模块前面提到的小杰同学,计算机专业,其兴趣类型是社会型,在择业的时候可以考虑到中小学做计算机教师或到软件公司做软件售后服务等工作。所以,不同的兴趣类型在同一个专业里都能有与之相匹配的职业,重要的是了解和探索兴趣类型与专业结合的职业有哪些,而不是一味地转专业。

3. 兴趣是择业的必要条件

很多同学在择业的时候,面对唯一的就业机会,一味强调自己感不感兴趣,而不考虑现实情况。我们讨论兴趣类型应用的前提是有多个选项,如果没有选项,或者说只有一个选项,就不需要讨论感不感兴趣了。

在人生的不同阶段,兴趣占的比重是不一样的。当处于大学毕业初期,这个阶段属于人生中的生存期,这个阶段在择业的时候,与养活自己相比较而言,兴趣不是择业的必要条件。随着年龄的增长,当人生的履历有了一定的积累,能力也有了一定的提升,这时候在职业的选择上,兴趣所占的比重相对会有所增多,但也不是唯一的影响因素。

📚 补充知识链接

霍兰德职业倾向测验

本测验将帮助你发现和确定自己的职业兴趣及能力特长,从而更好地做出求职择业的决策。如果你已经考虑好或选择好了自己的职业,本测验将使你的这种考虑或选择具有更坚实的理论基础,或向你展示其他合适的职业;如果你至今尚未确定职业方向,本测验将帮助你根据自己的情况选择一个恰当的职业目标。

本测验共有四个部分,每部分测验都没有时间限制,但请你尽快按要求完成。

第一部分　你心目中的理想职业(专业)

对于未来的职业(或升学进修的专业),你得早有考虑,它可能很抽象、很朦胧,也可能很具体、很清晰。不论是哪种情况,现在都请你把自己最想做的三种工作或最想读的三种专业,按顺序写下来。

＿＿＿＿＿＿＿＿＿＿、＿＿＿＿＿＿＿＿＿＿、＿＿＿＿＿＿＿＿＿＿
＿＿＿＿＿。

第二部分　你所感兴趣的活动

下面列举了若干种活动,请就这些活动判断你的好恶,如果喜欢,请在"是"一栏里打"√";如果不喜欢,请在"否"一栏里打"√",请按顺序回答全部问题,回答"是"计1分,回答"否"不计分。

R:实际型活动喜欢吗?

1. 装配修理电器或玩具　　　　是☐　否☐

2. 修理自行车　　　　是☐　否☐

3. 用木头做东西　　　　是☐　否☐

4. 开汽车或摩托车　　　　是☐　否☐

5. 使用机器做东西　　　　是☐　否☐

6. 参加木工技术学习班　　　　是☐　否☐

7. 参加描图学习班　　　　是☐　否☐

8. 驾驶卡车或拖拉机　　　　是☐　否☐

9. 参加机械和电气学习班　　　　是☐　否☐

10. 装配修理机器　　　　是☐　否☐

统计"是"一栏得分,合计_____

I:研究型活动喜欢吗?

1. 读科技图书和杂志　　　　是☐　否☐

2. 在实验室工作　　　　是☐　否☐

3. 改良水果品种,培育新的水果　　　　是☐　否☐

4. 调查了解土和金属等物质的成分　　　　是☐　否☐

5. 研究自己选择的特殊问题　　　　是☐　否☐

6. 解算术或玩数学游戏　　　　是☐　否☐

7. 物理课　　　　是☐　否☐

8. 化学课　　　　是☐　否☐

9. 几何课　　　　是☐　否☐

10. 生物课　　　　是☐　否☐

统计"是"一栏得分,合计 _____

A:艺术型活动喜欢吗?

1. 素描、制图或绘画　　　　　　　是 ☐　　否 ☐

2. 参加话剧或戏剧　　　　　　　　是 ☐　　否 ☐

3. 设计家具或布置室内　　　　　　是 ☐　　否 ☐

4. 练习乐器或参加乐队　　　　　　是 ☐　　否 ☐

5. 欣赏音乐或戏剧　　　　　　　　是 ☐　　否 ☐

6. 看小说或读剧本　　　　　　　　是 ☐　　否 ☐

7. 从事摄影创作　　　　　　　　　是 ☐　　否 ☐

8. 写诗或吟诗　　　　　　　　　　是 ☐　　否 ☐

9. 参加艺术(美术、音乐等)培训　　是 ☐　　否 ☐

10. 练习书法　　　　　　　　　　　是 ☐　　否 ☐

统计"是"一栏得分,合计 _____

S:社会型活动喜欢吗?

1. 参加学校或单位组织的正式活动　是 ☐　　否 ☐

2. 参加某个社会团体或俱乐部活动　是 ☐　　否 ☐

3. 帮助别人解决困难　　　　　　　是 ☐　　否 ☐

4. 照顾儿童　　　　　　　　　　　是 ☐　　否 ☐

5. 出席晚会、联欢会、茶话会　　　是 ☐　　否 ☐

6. 和大家一起出去郊游　　　　　　是 ☐　　否 ☐

7. 想获得关于心理方面的资料　　　是 ☐　　否 ☐

8. 参加讲座或研讨会　　　　　　　是 ☐　　否 ☐

9. 观看或参加体育比赛运动会　　　是 ☐　　否 ☐

10. 结交新朋友　　　　　　　　　　是 ☐　　否 ☐

统计"是"一栏得分,合计_____

E:企业型活动喜欢吗?

1. 说服鼓动他人　　　　　　　　是☐　否☐

2. 卖东西　　　　　　　　　　　是☐　否☐

3. 谈论政治　　　　　　　　　　是☐　否☐

4. 制订计划、参加会议　　　　　是☐　否☐

5. 以自己的意志影响别人的行为　是☐　否☐

6. 在社会团体中担任职务　　　　是☐　否☐

7. 检查与评价别人的工作　　　　是☐　否☐

8. 结交名流　　　　　　　　　　是☐　否☐

9. 指导有某种目标的团体　　　　是☐　否☐

10. 参与政治活动　　　　　　　　是☐　否☐

统计"是"一栏得分,合计_____

C:常规型活动喜欢吗?

1. 整理好桌面和房间　　　　　　是☐　否☐

2. 抄写文件和信件　　　　　　　是☐　否☐

3. 为领导写报告或公务信函　　　是☐　否☐

4. 检查个人收支情况　　　　　　是☐　否☐

5. 参加打字培训班　　　　　　　是☐　否☐

6. 参加算盘、文秘等实务培训　　是☐　否☐

7. 参加商业会计培训班　　　　　是☐　否☐

8. 参加情报处理培训班　　　　　是☐　否☐

9. 整理信件、报告、记录等　　　是☐　否☐

10. 写商业贸易信件　　　　　　　是☐　否☐

统计"是"一栏得分,合计＿＿＿＿＿＿

第三部分　你所喜欢的职业

下面列举了多种职业,请逐一筛选,如果是你有兴趣的工作,请在"是"一栏里打"√";如果不是你有兴趣的工作,请在"否"一栏里打"√",请按顺序作答,回答"是"计1分,回答"否"计0分。

R:实际型职业

1. 飞机机械师　　　　　　　　　　是□　　否□

2. 野生动物专家　　　　　　　　　是□　　否□

3. 汽车维修工　　　　　　　　　　是□　　否□

4. 木匠　　　　　　　　　　　　　是□　　否□

5. 测量工程师　　　　　　　　　　是□　　否□

6. 无线电报务员　　　　　　　　　是□　　否□

7. 园艺师　　　　　　　　　　　　是□　　否□

8. 长途公共汽车司机　　　　　　　是□　　否□

9. 电工　　　　　　　　　　　　　是□　　否□

10. 消防员　　　　　　　　　　　　是□　　否□

统计"是"一栏得分,合计＿＿＿＿＿＿

I:研究型职业

1. 气象学或天文学者　　　　　　　是□　　否□

2. 生物学者　　　　　　　　　　　是□　　否□

3. 医学实验室的技术人员　　　　　是□　　否□

4. 人类学者　　　　　　　　　　　是□　　否□

5. 动物学者　　　　　　　　　　　是□　　否□

6. 化学学者　　　　　　　　　　　是□　　否□

7. 数学学者　　　　　　　　　　　是□　　否□

8. 科学杂志的编辑或作家　　　　　　是□　否□

9. 地质学者　　　　　　　　　　　　是□　否□

10. 物理学者　　　　　　　　　　　　是□　否□

统计"是"一栏得分,合计 _____

A:艺术型职业

1. 乐队指挥　　　　　　　　　　　　是□　否□

2. 演奏家　　　　　　　　　　　　　是□　否□

3. 作家　　　　　　　　　　　　　　是□　否□

4. 摄影家　　　　　　　　　　　　　是□　否□

5. 记者　　　　　　　　　　　　　　是□　否□

6. 画家　　　　　　　　　　　　　　是□　否□

7. 书法家　　　　　　　　　　　　　是□　否□

8. 歌唱家　　　　　　　　　　　　　是□　否□

9. 作曲家　　　　　　　　　　　　　是□　否□

10. 电影、电视演员　　　　　　　　　是□　否□

统计"是"一栏得分,合计 _____

S:社会型职业

1. 街道、工会或妇联干部　　　　　　是□　否□

2. 小学、中学教师　　　　　　　　　是□　否□

3. 精神病医生　　　　　　　　　　　是□　否□

4. 婚姻介绍所工作人员　　　　　　　是□　否□

5. 体育教练　　　　　　　　　　　　是□　否□

6. 福利机构负责人　　　　　　　　　是□　否□

7. 心理咨询员　　　　　　　　　　　是□　否□

8. 共青团干部 是 □ 否 □

9. 导游 是 □ 否 □

10. 国家机关工作人员 是 □ 否 □

统计"是"一栏得分,合计 _____

E:企业型职业

1. 厂长 是 □ 否 □

2. 电视制片人 是 □ 否 □

3. 公司经理 是 □ 否 □

4. 销售员 是 □ 否 □

5. 不动产推销员 是 □ 否 □

6. 广告部长 是 □ 否 □

7. 体育活动主办者 是 □ 否 □

8. 销售部长 是 □ 否 □

9. 个体工商业者 是 □ 否 □

10. 企业管理咨询人员 是 □ 否 □

统计"是"一栏得分,合计 _____

C:常规型职业

1. 会计师 是 □ 否 □

2. 银行出纳员 是 □ 否 □

3. 税收管理员 是 □ 否 □

4. 计算机操作员 是 □ 否 □

5. 簿记人员 是 □ 否 □

6. 成本核算员 是 □ 否 □

7. 文书档案管理员 是 □ 否 □

8. 打字员　　　　　　　　　　是 □　　否 □

9. 法庭速记员　　　　　　　　是 □　　否 □

10. 人口普查登记员　　　　　　是 □　　否 □

统计"是"一栏得分,合计_____

第四部分　统计和确定你的职业兴趣

请将第二部分和第三部分的全部测验分数按前面已统计好的六种职业倾向(R型、I型、A型、S型、E型和C型)得分填入下表,并作纵向累加。

测　试	R型	I型	A型	S型	E型	C型
第二部分						
第三部分						
第四部分						

请将上表中的六种职业兴趣总分按大小顺序依次从左到右排列:
_____型、_____型、_____型、_____型、_____型、_____型

以上全部测验完毕。

现在,将你测验得分居第一位的职业类型找出来,对照下表,判断一下自己感兴趣的职业类型。

职业兴趣代号与其相应的职业

一、实际型为主的职业(以R开头)

RIA:牙科技术员、陶工、建筑设计员、木模工、细木工。

RIS:厨师、潜水员、染色工、电器修理、眼镜制作、电工、报务员、焊接工。

RIE:各种工程技术人员(包括建筑和桥梁工程、环境工程、航空工程、公路工程、电力工程、信号工程、电话工程、一般机械工程、自动化工程、矿业工程、海洋工程、交通工程等)、制图员、家政管理人员、打捞员、计量员、农民、农场工人、农业机械操作工、清洁工、无线电修理工、汽车修理工、手表修理工、管道工、线路维修工、盖房修房工、电子技术员、伐木工、机械师、锻压操作工、造船装配工、工具仓库管理员。

RIC:船上工作人员、接待员、杂志保管员、牙医助手、制帽工、磨坊工、石匠、机械制造工、机车制造工、农业机械装配工、汽车装配工、钟表装配和检验工、电

动器具装配工、鞋匠、货物检验员、电梯机修工、托儿所所长、钢琴调音师、印刷工、卡车司机。

RSA：手工雕刻工、玻璃雕刻工、模型制作人员、家具木工、皮革品制作工、手工绣花、手工钩针编织、印刷拼版工、图画雕刻、装订工。

RSE：消防员、交通巡警、警官、门卫、理发师、房间清洁工、屠宰工、锻工、开凿工、管道安装工、出租汽车驾驶员、仓库管理员。

RSC：汽车驾驶员、货物搬运工、送报员、勘探员、娱乐场所服务员、起卸机操作工、灭害虫者、电梯操作工、厨房助手。

RSI：纺织工、编织工、农业学校教师、某些职业课程教师（诸如艺术、商业、技术、工艺课程）。

REC：抄水表员、保姆、实验室动物饲养员、动物管理员。

REI：轮船船长、航海领航员、实验员。

RES：旅馆服务员、家畜饲养员、渔民、渔网修补工、水手、收割机操作工、搬行李工、公园服务员、救生员、登山导游、火车工程技术员、建筑工、铺轨工。

RCI：测量员、勘测员、仪器操作员、农业工程技师、化学工程技师、民用工程技师、石油工程技师、资料室管理员、煅烧工、烧窑工、矿工、保养工、磨床工、取样员、样品检验员、纺纱工、漂洗工、电焊工、锯木工、刨床工、制帽工、手工缝纫、油漆工、染色工、按摩师、木匠、农民、建筑工人、电影放映员、勘测员助手。

RCS：公共汽车驾驶员、水手、游泳池服务员、裁缝、建筑工人、石匠、水磨石工、泥水匠车工、烟囱修建工、混凝土工、电话修理工、邮递员、矿工、裱糊工、纺纱工。

RCE：打井工、吊车驾驶员、农场工、邮件分拣员、铲车司机、拖拉机司机。

二、调研型为主的职业（以 I 开头）

IAS：普通经济学家、农业经济学家、财政经济学家、国际贸易经济学家、实验心理学家、工程心理学家、普通心理学家、哲学家、内科医生、数学家。

IAR：人类学家、天文学家、化学家、物理学家、医学病理学家、动物标本制作者、化石修复者、艺术品管理员。

ISE：营养学家、饮食顾问、火灾检查员、邮政服务检查员。

ISC：侦察员、电视播音室修理工、电视修理服务员、医学实验室技师、调查研究人员。

ISR：水生生物学者、昆虫学家、微生物学家、配镜师矫正视力者、细菌学家、牙科医生、骨科医生。

ISA：实验心理学家、普通心理学家、发展心理学家、教育心理学家、社会心理学家、临床心理学家、目录学家、皮肤病学家、精神病学家、妇产科医生、眼科医生、五官科医生、医学实验室技术专家、民航医务人员、护士。

IES：细菌学家、生理学家、化学专家、地质专家、地球物理学家、纺织技术专家、医院药剂师、工业药剂师、药房营业员。

IEC：档案保管员、保险统计员。

ICR：质量检验技术员、地质学技师、工程师、图书馆技术辅助员、计算机操作者、家禽检查员。

IRA：地理学家、地质学家、水文学家、矿物学家、古生物学家、石油地质学家、地震学家、声学物理学家、原子和分子物理学家、电学和磁学物理学家、气象学家、设计审核员、人口统计学家、数学统计学家、外科医生、城市规划专家、气象员。

IRS：流体物理学家、海洋物理学家、等离子体物理学家、农业科学家、动物学家、园艺学家、植物学家、细菌学家、解剖学家、动物病理学家、作物病理学家、药物学家、生物化学家、生物物理学家、细胞生物学家、临床化学家、遗传学家、分子生物学家、质量控制工程师、地理学家、兽医、放射治疗技师。

IRE：化验员、化学工程师、纺织工程师、食品技师、渔业技术专家、材料和测试工程师、电气工程师、土木工程师、航空工程师、行政官员、冶金专家、原子核工程师、陶瓷工程师、地质工程师、电力工程师、口腔科（牙科）医生。

IRC：飞机领航员、飞行员、物理实验室技师、农业技术专家、动植物技术专家、生物师、工商业规划者、矿藏安全检查员、纺织品检验员、照相机修理工、工程技术员、计算机程序编制者、工具设计者、仪器维修工。

三、艺术型为主的职业（以 A 开头）

ASE：戏剧导演、舞蹈教师、广告撰稿人、报刊专栏作者、记者、演员、外语教师、翻译。

ASI：音乐教师、乐器教师、美术老师、管弦乐指挥、合唱队指挥、歌星、演奏家、哲学家、作家、广告经理、时装模特。

AER：新闻摄影师、电视摄像师、艺术指导、录音指导、丑角演员、魔术师、木偶戏演员、骑士、跳水员。

AEI：音乐指挥、舞台指导、电影导演。

AES：流行歌手、舞蹈演员、电影导演、广播节目主持人、舞蹈教师、口技表演者、喜剧演员、模特。

AIS：画家、剧作家、编辑、评论家、时装艺术师、家具设计师、包装设计师、布景设计师、服装设计师、新闻摄影师、演员、文学作者。

AIE：花匠、皮衣设计师、工业产品设计师、剪影艺术家、复制雕刻品大师。

AIR：建筑师、画家、摄影师、绘图员、环境美化员、雕刻家、包装设计师、陶器设计师、绣花工、漫画家。

四、社会型为主的职业（以S开头）

SEC：社会活动家、退伍军人服务官员、工商会事务代表、教育咨询者、宿舍管理员、饮食服务管理员。

SER：体育教练、游泳指导。

SEI：大学校长、学院院长、医院行政管理人员、历史学家、财政经济学家、职业学校教师、资料员。

SEA：娱乐活动管理员、国外服务办事员、社会服务助理、一般咨询者、宗教教育工作者。

SCE：部长助理、生产协调人、环境卫生管理人员、戏院经理、餐馆经理、售票员。

SRI：外科医师助手、医院服务员。

SRE：体育教师、职业病治疗者、体育教练、专业运动员、房管员、儿童家庭教师、警察、引座员、传达员。

SRC：护理员、护理助手、医院勤杂工、理发师、学校儿童服务人员。

SIA：社会学家、心理咨询者、心理学家、政治科学家、大学或学院的系主任、大学或学院的教育学教师、大学农学教师、大学工程和建筑课程教师、大学法律教师、大学数学（医学、物理、社会科学、生物科学）教师、研究生助教、成人教育教师。

SIE：营养学家、饮食学家、海关检查员、安全检查员、税务稽查员。

SIC：描图员、兽医助手、诊所助理、体检检查员、娱乐指导咨询人员、社会科学教师。

SIR：理疗员、救护队工作人员、手足病医生、职业病治疗助手。

SAC：理发师、指甲修剪师、包装艺术家、美容师、整容专家、发型设计师。

SAE：听觉病治疗者、演讲矫正者。

SAI：图书馆管理员、小学教师、幼儿园教师、学前儿童教师、中学教师、师范学院的教师、盲人教师、智力障碍者教师、聋哑人教师、学校护士、牙科助理、飞行指导员。

五、企业型为主的职业（以 E 开头）

ECI：银行行长、审计员、信用管理员、地产管理员、商业管理员。

ECS：信用办事员、保险人员、各类进货员、海关服务经理、售货员、会计。

ERI：建筑物管理员、工业工程师、农场管理员、护士长、农业经营管理员。

ERS：仓库管理员、房屋管理员、货栈监督员。

ERC：邮政局长、渔船船长、机械操作领班、木工领班、瓦工领班、驾驶员领班。

EIR：科学、技术和有关定期出版物的管理员。

EIC：专利代理人、运输服务检查员、安全检查员、废品收购员。

EIS：警官、侦察员、交通检查员、安全咨询者、合同管理者、商人。

EAS：法官、律师、公证人。

EAR：展览室管理员、舞台管理员、播音员、驯兽员。

ESC：理发师、裁判员、政府行政管理员、财政管理员、工程管理员，职业病防治员、售货员、商业经理、办公室主任、人事负责人、调度员。

ESR：家具售货员、书店售货员、公共汽车驾驶员、日用商店售货员、护士长、自然科学员和工程部门的行政领导。

ESI：博物馆管理员、图书馆管理员、古迹管理员、饮食业经理、地区安全服务管理员、技术服务咨询者、超级市场管理员、商品零售店店员、批发商、出租汽车服务站调度。

ESA：博物馆馆长、报刊管理员、音乐器材售货员、广告商、营业员、导游、轮船或航班的事务长、飞机上的服务员、船员、法官、律师。

六、常规型为主的职业（以 C 开头）

CRI：簿记员、会计、记时员、铸造机操作工、打字员、复印机操作员。

CRS：仓库保管员、档案管理员、缝纫工、讲解员、收款员。

CRE：标价员、实验室工作者、广告管理员、自动打字机操作员、电机装配工、缝纫机操作工。

CIS：记账员、顾客服务员、报刊发行员、土地测量员、保险公司职员、会计师、估价员、邮政检查员、外贸检查员。

CIE：打字员、统计员、支票记录员、订货员、校对员、办公室工作人员。

CIR：校对员、工程职员、检修计划员、发报员。

CSE：接待员、通讯员、电话接线员、售票员、旅馆服务员、私人职员、商学教师、旅游办事员。

CSR：运货代理商、铁路职员、交通检查员。

CSI：出纳员、银行财务职员。

CSA：秘书、图书管理员、办公室办事员。

CER：邮递员、数据处理员、航空邮件检查员。

CEI：推销员、经济分析人员。

CES：银行会计、记账员、法人秘书、速记员、法院报告人。

第三节 你适合做什么——明晰职业性格

故事分享

人文学院的王芳是一个人见人爱的姑娘，大学期间担任过班长、学生会文娱部部长。王芳为人热情善良，班级有什么活动她都抢着去做，同学有什么困难她也积极去帮助，毕业的时候几家单位都看上了她，纷纷抛出橄榄枝，其中有出版社、咨询公司、广告公司等。到底去哪个呢？家人、朋友纷纷开起了小会。爸爸问王芳，你自己喜欢哪个呢？王芳也拿不定主意，好像都还可以。最后妈妈一锤定音，你是学中文的，就去出版社吧，工作体面，专业对口。王芳觉得很有道理，高高兴兴去了出版社。领导分配给她的工作是校对。半年下来，尽管王芳认认真真工作，但还是出了一些差错。同时，日复一日的重复性工作让她感到十分厌倦。之后，在专家的指导下，她做了专业的性格和职业能力倾向性测试，职业顾问给她的建议是她比较适合从事与人打交道的诸如教育咨询、市场策划相关的工作。正好有机会，她去了一家合资的广告公司从事客户工作，这项工作虽然非常辛苦，经常要加班，要接待各种人物，但是大家感到大学时代那个人见人爱的姑娘又回来了，和她一起工作的同事包括客户都很喜欢她，她在公司的业绩也遥遥领先。

王芳的经历在大学毕业生中很有代表性，以往，学生在校期间往往都很注意学习专业知识，参加社会活动，积极应对即将到来的就业"大考"。但是，有相当一部分学生没有注意到自己的性格究竟更加适合从事什么样的职业。

及时了解自己的性格，了解各类性格适宜的职业，可以让我们在选择职业的时候更有针对性，工作起来更加得心应手，同时也能减少频繁跳槽现象的发生。

一、性格

（一）性格的概念

性格是个性心理特征中的核心部分，它是一个人稳定的态度系统和相应习惯了的行为风格的心理特征。人与人的个性差别首先表现在性格上。性格是在社会生活实践过程中逐步形成的。由于各人先天素质不同，所处的客观环境不一样，形成了各种不同类型的性格。如有些人大公无私、勇敢、勤劳；有些人自私、懒惰；还有些人沉默等。一个人的性格会习惯地表现在自己的言行、工作等各个方面。

另外，如某人一向稳重，但有一次却一反常态地向亲朋好友发了脾气，那这个人的性格还是稳重的，而急躁是偶然表现出来的，不能算作他的性格。个人的性格是在社会实践中逐渐形成的。性格一经形成就比较稳固，但也不是不可以改变的。比如生活中某些重大打击会使一个人判若两人，如当某人得知自己患了重病，性格可能会由以前的活泼开朗变得沉默寡言。

（二）性格的形成

如果说气质主要受先天因素的影响，那么性格则更多地受到后天社会生活环境的影响。性格体现了人们对周围的人和事的态度，以及他在平日的行为举止中所表现出来的一些特点。由于性格主要是在后天社会环境中逐渐形成的，是人与人之间最核心的人格差异。有的人热情外向，有的人羞怯内向；有的人沉着冷静，有的人急躁冲动；有的人大公无私，有的人尖酸刻薄。

研究表明，不同的职业有着不同的性格要求，例如对会计从业者要求具备沉着细致、忠诚可靠的性格特征；事业单位管理者则要求具备竞争意识、务实精干的性格特征。当然，每个人的性格不可能百分百地适合某项职业，但我们可以根据自己的职业方向来发展、完善自己的职业性格。性格是单位选人、个人择业过程中不能不考虑的因素。

西楚霸王项羽的人物性格分析

鲁迅曾这样称赞过《史记》："史家之绝唱，无韵之《离骚》。"《史记》是中国历史上第一部纪传体通史，其作者司马迁继任父亲太史令之职后，开始编撰《史记》，前后历时十余年。这部巨著凝聚了他毕生的心血与全部的精神。在司马迁的笔下，朝代更替、历史兴衰都通过不同的人物事迹展现在我们面前。这些英雄有血有肉，他们支撑着历史的骨架，还原了一个真实的历史。这其间，一个在秦汉之际为历史画卷添上了浓墨重彩的英雄人物——项羽，以其复杂矛盾的多重性格给我们留下深刻印象。

心怀大志却浮躁粗疏。项羽曾这样说："书足以记名姓而已。剑，一人敌，不足学，学万人敌。"年少时便有如此凌云之志，却止于浅尝辄止、略知其义，不肯继续学下去。对一件事没有足够的专注力，使得他不能成为一个军事家或者文学家。他虽粗疏浮躁，但他豪迈不群、富有野心，能脱口而出："彼可取而代之。"颇有陈胜"燕雀安知鸿鹄之志哉"之气概，故而，他在巨鹿之战中初露头角。

勇武善战却谋略不足。巨鹿之战、东城快战中，项羽都表现得超群出众。他审时度势、果敢坚毅，善于决策的他在战场上叱咤风云。东城快战中，他仅率28名骑兵，便杀出数千敌兵的层层包围圈。文中有这样一段描述："于是项王大呼驰下，汉军皆披靡，遂斩汉一将。是时，赤泉侯为骑将，追项王，项王瞋目而叱之，赤泉侯人马俱惊，辟易数里与其骑会为三处。"这样的他临危不惧、所向披靡，却不善于政治经营。"今日固决死，愿为诸君快战，必三胜之，为诸君溃围，斩将，刈旗，令诸君知天亡我，非战之罪也。"这段豪言壮语透露出他专恃武力以经营天下，有匹夫之勇，没有政治胸怀。

直率果敢却刚愎自用。轻信农夫，以致队伍深陷沼泽。性格直率粗狂，头脑简单，从不相信别人骗他。"恃战胜自强"，以为单靠自己的勇猛就可以征服世界，错过了很多可以帮助他完成丰功伟业的人。生性多疑的他，因一个小小的离间就疏远范增，使得这个他最得力的助手离开了他。后在政治和军事上连连失误，盲目的自大也将他送进了深渊，最终为刘邦所灭。

知耻重义却暴烈狠毒。他坑杀已降秦卒20余万，火烧秦宫。有人触怒他，他便"烹之"，却从不思考别人的话是否有可取之处，淋漓尽致地表现了他的暴烈、贪婪和自私。可乌江自刎前的这段话却重情重义:"天之亡我,我何渡为! 且籍与江东子弟八千人渡江而西,今无一人还,纵江东父兄怜而王我,我何面目见之? 纵彼不言,籍独不愧于心乎?"临大难而不自陨,对汉骑司马吕马童说:"吾闻汉购我头千金,邑万户,吾为德。"这种壮举,也使得吕马童羞愧难当。

铁血硬汉却儿女情长。有诗云"若非项羽乌江去,怎得沛公坐千秋"。这样一位壮士却也柔情似水。垓下之围,项羽与虞姬饮酒帐中,他不由悲伤地唱起了《垓下歌》:"力拔山兮气盖世,时不利兮骓不逝。骓不逝兮可奈何,虞兮虞兮奈若何!"虞姬凄然起舞,忍泪唱起《和垓下歌》:"汉兵已略地,四方楚歌声。大王意气尽,贱妾何聊生!"虞姬的这首《和垓下歌》,既是历史上少见的绝命悲歌,也是爱情的悲歌,她为了让项羽不再有牵挂,歌毕便拔剑自刎。项羽抚尸大哭一声,命人就地掘坑掩埋了虞姬,跨上战马,杀出重围。这是悲痛欲绝的动力,却是只有深情之人才有的动力。

性格可以决定一个人的命运,项羽最终失败的命运,与他的性格弱点是分不开的。但就是这样矛盾又复杂的性格,让项羽成了一个真正的英雄。项羽不断奋斗、敢于抗争、不畏强暴的精神是我们每个人应当学习的,坚毅果敢、豪爽不羁构成了他独特的人格魅力。他书写了他自己精彩的一生,更描绘了一段精彩的历史。

二、明晰职业性格

(一)MBTI 理论介绍

MBTI 理论是美国的 Katherine Cook Briggs(1875—1968)和她女儿心理学家 Isabel Briggs Myers 根据瑞士著名的心理分析学家 Carl G. Jung(荣格)的心理类型理论以及她们对于人类性格差异的长期观察与研究而著成的。经过了长达 50 多年的研究和发展,MBTI 已经成了当今全球最为著名和权威的性格测试理论(方法)。

MBTI 理论可以帮助解释为什么不同的人对不同的事物感兴趣,为什么不同的人擅长不同的工作,目前已经在世界上被运用了将近 30 年的时间。在实践应用中,老师利用它提高授课效率,学生利用它提高学习效率,青年人利用它选择职业,组织利用它改善人际关系、加强团队沟通、协调组织建设、开展组织诊断等。在世界五百强企业中,80%的企业有运用 MBTI 的经验。

（二）MBTI 中的四个维度

MBTI 测评系统衡量的是个人的类型偏好，或称作倾向。它用维度二分法来评估一个人的类型偏好，每个维度、偏好均由两极组成，一共分四个维度。

比如说：从我们与世界相互作用方式来看，其态度倾向可分为外向（Extraversion，简称 E）、内向（Introversion，简称 I）；从我们获取信息的主要方式来看可以分为感觉（Sensing，简称 S）、直觉（Intuition，简称 N）；从我们的决策方式来看可以分为思考（Thinking，简称 T）、情感（Feeling，简称 F）；从我们的做事方式来看可以分为判断（Judging，简称 J）、知觉（Perceiving，简称 P）。

在以上四个维度上，每个人都会有自己天生就具有的倾向性，也就是说，处在两个方向分界点的这边或那边，我们称之为"偏好"。例如如果你落在外向的那边，称为"你具有外向的偏好"；如果你落在内向的那边，称为"你具有内向的偏好"。

1. E－I 维度

【案例分析】 李刚和王梅是一起分到一个单位的同事，两个人在一起吃饭时，王梅经常说个不停，李刚通常只是笑笑，最多说一句"你还年轻，想得很简单"，然后就不怎么说话。一段时间之后王梅把自己的想法、梦想、抱负、苦恼甚至连家务琐事等都拿出来发表意见了，李刚还是很少说话。王梅心中悄悄地认为，李刚不仅不喜欢自己，甚至对自己可能还有一点成见。于是，两个人渐渐疏远了。请大家讨论一下，李刚是真的不喜欢王梅吗？

一直以来我们通常喜欢以"说话多少"作为评判外向和内向的标准，学习了 MBTI 理论你就会发现这只是一个表象，不是最根本的。MBTI 中 E 和 I 的区分标准是以"我们与世界怎样互动，能量释放到何处"作为维度。

态度倾向偏 E 的人能从人际交往中获得能量；喜欢外出，表情丰富，外露；喜欢交互作用，合群；喜行动、多样性（多半不能长期坚持）；不怕打扰，喜欢自由沟通；先讲，然后想；易冲动、易后悔、易受他人影响。

态度倾向偏 I 的人能从时间中获得能量；喜静、多思、冥想（离群、易与外界相互误解）；谨慎、不露表情；独立、负责、细致、周到、不蛮干；先想，然后讲。

案例中，王梅是一个典型的 E 型人格，而李刚是一个典型的 I 型人格，了解了这两种性格的特点，才可能有针对性地了解对方，知道对方的表现是性格使然，并不是对方不喜欢自己更不是对自己有成见。加强沟通技巧，学会理解包容对方,不同性格的人才能很好地相处下去。

2. S-N 维度

【案例分析】 请同学们观察下图,并描述两幅图分别给自己留下的印象,并写在纸上。

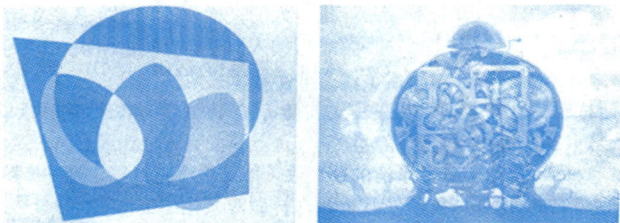

图2-2 用于辨别S-N维度的两幅图

感觉和直觉是我们获取信息的两种方式。感觉型的人倾向于用五官来获取精确的信息,直觉型的人习惯于通过所谓的第六感来获取信息,他们更注重事情的含义、象征意义和潜在意义。

对第一幅图的典型描述:

A. 由一个圆形、几个椭圆形和不规则的方形组成。

B. 由花瓣一样的图案组成,还有圆形和方形。

对第二幅图的典型描述是:

C. 有很多齿轮,有一个人趴在上面,顶上有一个钢盔,后面是一些树和人。

D. 战争和人类对森林的砍伐将毁灭地球,警钟已经敲响,这是对现实真实的写照。

从上面的描述中不难看出区别:A 和 C 描述很具体而写实;B 和 D 则抽象一些,尤其 D 的描述充满象征意义。所以,前者通常是感觉型人的描述,后者则是直觉型人的描述。

现实生活中,感觉型和直觉型的人区别也很明显。例如,对某个人的印象,感觉型的人往往能够说出他的相貌、衣着,如长脸还是圆脸,是否戴眼镜等;而直觉型的人更多说出的是对这个人的感觉,如诚恳、热情等。如果你让一个感觉型的人给你指路,他会说得非常详细,大约走多少米,或者多长时间,在什么地方应该怎么转弯,然后再怎么走等;而直觉型的人只会告诉你要朝哪个方向走。

感觉型和直觉型的人的不同,使他们在工作上可能产生冲突。感觉型的人更关注事情的细节和事实,如应用类的工作,而直觉型的人更喜欢新的问题和可能性,如理论类的工作。感觉型的人可能会觉得直觉型的人太富幻想、不切实际,而直觉型的人则会认为感觉型的人太保守、抵触革新。其实两者在工作上各有所长,可以很好地配合:直觉型的人因为较重远景和全貌,适于做策划的工作;而感觉型的人注重细节和现实,适于做实施执行的工作。

3. T-F维度

【案例分析】 几个志同道合的朋友在业余时间经常外出旅游,人称"驴友"。大家在一起玩,很开心,但是就有一个烦恼,小李经常会在活动的时候迟到。大家当面批评了他几次,并开玩笑地说以后再迟到就在团队中开除他,小李也表示以后坚决不迟到了。周末的一天,大家约好外出,可是这次等了半个小时也不见小李的影子,大家真有点生气了,小王表示以后不和小李一起外出,并且有小李参加的活动坚决不参加了。

思考和情感这两个功能是关于人们如何处理获取信息的。思考型会通过数据分析、利弊分析来做出符合逻辑的、有目的的结论和选择;而情感型则习惯于通过自己的价值来做决定,他们通常会对信息做出个人的、主观的评价。前者是理性思维,用大脑做出理智、冷静的决定,后者则多数从情感或心灵出发来做一些判断和决定。

比如有关小李迟到一事,有的人会认为,一个团体的形成应该有一定的规章制度或者秩序约束,小李的行为已经经常性地破坏了团队的秩序,这也是对他人的不尊重,所以团队活动应该排除小李,否则以后活动就真的没法开展了;也有人认为,小李内心应该是真的不想破坏团队秩序的,这次又迟到会不会有什么原因,应该事后再找他聊一聊,毕竟大家相识在一起是一种缘分。

这两种想法我们可以看到,第一种更看重制度,追求制度上的公平,后者则更看重人的成长和价值,因此,做决策时思考型以事为主,情感型以人为主。

4. J-P维度

【案例分析】 明天就是李刚和王梅恋爱一周年纪念日,虽然性格不合,但是经过一年的风风雨雨,两个人还是走在了一起。在王梅的带动下,李刚也显得外向俏皮了许多。这不,为了明天的活动,李刚做了贴心的安排,准备给王梅一个惊喜。这时候,李刚突然接到大学同学的电话,大学时代上铺的兄弟来了,约了几个平时难得一聚的好友准备欢聚一场,并且好友们后天就又要分开了。李刚真的好为难。

对于李刚遇到的情况通常会有下面两种态度:一是认为大学同学特别是同舍室友在校亲如兄弟,自从分开就没有见过,彼此想念得紧,尤其上铺的兄弟自从去国外后音讯渐远,下一次再见面还不知猴年马月,再说和王梅纪念日的活动也没有和她说,偶尔一次纪念日活动不办也没有大问题,明天还是应该参加同学聚会;二是纪念日对于女孩子来说很重要,况且王梅肯定很期盼这次活动,自己为了活动花了很多心思,如果没有纪念日活动,王梅又会认为我心中没有她。大学同学肯定会理解我的,我会抽时间去跟他们见一面,留下微信,以后交流起来也方便。

判断和知觉是关于人们在与外界发生关系的过程中如何做出决定的。判断型的态度意味着这样的人会通过思考和情感去组织、计划和调控自己的生活;而知觉型的态度意味着这样的人会倾向用感觉和直觉的方式去对事物做决定,他们的态度通常是灵活的、开放的、应变的。显然,上面两种态度中,第一种是典型的知觉型态度,知觉型不喜欢计划,希望所做的事情最好不要有什么完成期限,他们的注意力能很快从一件事情转移到另外一件事情,他们最感兴趣的就是最初解决问题的时候以及创造新思路的阶段。第二种是判断型的态度,他们不喜欢意外的变化,喜欢集中精力,按部就班地做事情,这样会让他们感觉良好。

课堂活动

在进行了 MBTI 四个维度的分析后,你是否已经初步判断出自己在每个维度上的偏好是什么? 可以对照在横线上写下自己的 MBTI 类型。

我的 MBTI 类型:

能量倾向:＿＿＿＿＿＿＿＿＿＿＿＿＿＿＿＿＿＿＿＿＿＿＿

接收信息:＿＿＿＿＿＿＿＿＿＿＿＿＿＿＿＿＿＿＿＿＿＿＿

处理信息:＿＿＿＿＿＿＿＿＿＿＿＿＿＿＿＿＿＿＿＿＿＿＿

行动方式:＿＿＿＿＿＿＿＿＿＿＿＿＿＿＿＿＿＿＿＿＿＿＿

(三) MBTI 中的 16 种类型

将人们在四个维度上的偏好加以组合,排列组合为共计 16 种人格类型,这16 种模式包括了人类的各种性格行为,主要有:

1. ISTJ 公务型

2. ISFJ 照顾型

3. INFJ 作家型

4. INTJ 专家型

5. ISTP 冒险家

6. ISFP 艺术家

7. INFP 哲学家　　　　　　　　　8. INTP 学者型

9. ESTP 挑战型　　　　　　　　　10. ESFP 表演型

11. ENFP 记者型　　　　　　　　　12. ENTP 发明家

13. ESTJ 大男人型　　　　　　　　14. ESFJ 主人型

15. ENFJ 教育家　　　　　　　　　16. ENTJ 将军型

（1）ISTJ 型的人是严肃的、有责任心的和通情达理的社会坚定分子。他们值得信赖、重视承诺，对他们来说，言语就是庄严的宣誓，他们工作缜密，讲求实际，很有头脑也很现实。他们具有很强的集中力、条理性和准确性。无论他们做什么，都相当有条理和可靠。他们具有坚定不移的特点，一旦他们着手自己相信是最好的行动方案时，就很难转变或很难变得沮丧，对于细节有很强的记忆和判断能力。他们能够引证准确的事实支持自己的观点，把过去的经历运用到现在的决策中。他们重视和利用符合逻辑、客观的分析，以坚持不懈的态度准时地完成工作，并且总是安排有序、条理分明。他们重视必要的理论体系和传统惯例，对于那些不是如此做事的人则不能苟同。

适合领域：工商业领域；政府机构、金融机构；医务等领域。

适合职业：审计师、会计、财务经理、办公室行政管理、后勤和供应管理、中层经理、公务执行人员、银行信贷员、成本估价师、保险精算师、税务经纪人、税务检查员、机械电气工程师、计算机程序员、数据库管理员、地质、气象学家、法律研究者、律师、外科医生、药剂师、实验室技术人员、牙科医生、医学研究员等。

（2）ISFJ 型的人忠诚、有奉献精神和同情心，理解别人的感受，他们意志清醒而有责任心，乐于为人所需，十分务实，他们喜欢平和谦逊的人，喜欢利用大量的事实情况，对于细节则有很强的记忆能力。他们耐心地对待任务的整个阶段，喜欢事情能够清晰明确。具有强烈的职业道德，所以他们如果知道自己的行为真正有用时，会对需要完成之事承担责任。他们准确系统地完成任务，具有传统的价值观，十分保守。他们利用符合实际的判断标准做决定，通过注重实际的出色态度增加稳定性。

适合领域：医护领域、消费类商业、服务业等领域。

适合职业：行政管理人员、总经理助理、秘书、人事管理者、项目经理、物流经理、律师助手、外科医生及其他各类医生、家庭医生、牙科医生、护士、药剂师、医学专家、营养学专家、顾问、零售店、精品店业主、大型商场管理人员、室内设计师等。

（3）INFJ 型的人生活在思想的世界里。他们是独立的、有独创性的思想家，具有强烈的感情、坚定的原则和正直的人性。即使面对怀疑，他们仍然相信自己的看法与决定。他们对自己的评价高于其他一切，包括流行观点和存在的权威，这种内在的观念激发着他们的积极性。通常这一类型的人具有本能的洞察力，能够看到事物更深层的含义。他们忠诚、坚定、富有理想。他们珍视正直，十分坚定以至达到倔强的地步。因为他们的说服能力，以及对于什么对公共利益最有利有十分清楚的看法，他们通常会受到尊重或敬佩。因为珍视友谊和和睦，他们喜欢说服别人，使之相信他们的观点是正确的。通过运用嘉许和赞扬，而不是争吵和威胁，他们赢得了他人的合作。他们愿意毫无保留地激励同伴，通常在行动之前仔细地考虑。他们喜欢每次全神贯注于一件事情，形成一段时期的专心致志。

适合领域：咨询教育、科研等领域；文化、艺术、设计等领域。

适合职业：心理咨询工作者、心理诊疗师、职业指导顾问、大学教师（人文学科、艺术类）、心理学、教育学、社会学、哲学及其他领域的研究人员、作家、诗人、剧作家、电影编剧、电影导演、画家、雕塑家、音乐家、艺术顾问、建筑师、设计师等。

（4）INTJ 型的人是完美主义者。他们强烈地要求个人自由和能力，同时在他们独创的思想中，不可动摇的信仰能促使他们达成目标。他们思维严谨、有逻辑性、足智多谋，能够看到新计划实行后的结果。他们对自己和别人都很苛求，往往几乎强硬地逼迫别人和自己同样。他们并不十分受冷漠与批评的干扰，作为所有性格中最独立的类型，他们更喜欢以自己的方式行事。面对相反意见，他们通常十分坚定和坚决地持怀疑态度，权威本身不能强制他们，只有当他们认为这些规则对自己更重要的目标有用时，才会去遵守。他们是天生的谋略家，具有独特的思想、伟大的远见和梦想。他们天生精于理论，对于复杂而综合的概念运用灵活。他们是优秀的战略思想家，通常能清楚地看到局势的利处和缺陷。对于感兴趣的问题，他们是出色的、具有远见和见解的组织者。如果是他们自己形成的看法和计划，他们会投入不可思议的注意力和积极性、领先到达或超过自己的决心和坚韧不拔的毅力，这使他们获得许多成就。

适合领域：科研、科技应用、技术咨询、管理咨询，金融、投资领域；创造性行业。

适合职业：各类科学家、研究所研究人员、设计工程师、系统分析员、计算机程序师、研究开发部经理、各类技术顾问、技术专家、企业管理顾问、投资专家、法律顾问、医学专家、精神分析学家、经济学家、投资银行研究员、证券投资和金融分析员、投资银行家、财务计划人、企业并购专家、各类发明家、建筑师、社论作家、设计师、艺术家等。

(5) ISTP 型的人坦率、诚实,讲求实效,他们喜欢行动而非漫谈。他们很谦逊,对于完成工作的方法有很好的理解力,擅长分析,所以他们对客观含蓄的原则很有兴趣。他们对于技巧性的事物有天生的理解力,通常精于使用工具和进行手工劳动,他们往往做出有条理而保密的决定,好奇心强,而且善于观察,只有理性、可靠的事实才能使他信服,他们是现实主义者,所以能够很好地利用可获得的资源,同时他们擅于把握时机。他们平等、公正,往往容易受冲动的驱使,对于即刻的挑战和问题具有相当的适应性和反应能力,因为他们喜欢行动和让人兴奋的事情,所以他们乐于户外活动和运动。

适合领域:技术领域;证券、金融业贸易、商业领域;户外、运动、艺术等领域。

适合职业:机械电气电子工程师,各类技术专家和技师、计算机硬件系统集成专业人员、证券分析师、金融财务顾问、经济学研究者、贸易商、商品经销商、产品代理商、警察、侦探、体育工作者、赛车手、飞行员、手工制作、画家等。

(6) ISFP 型的人平和、敏感,他们保持着许多强烈的个人理想和自己的价值观念,他们更多的是通过行为而不是言辞表达自己深沉的情感。他们谦虚而沉默,但实际上他们是友爱和热情之人,但是除了与他们相知和信赖的人在一起外,他们不经常表现出自我的一面,因为这类型的人不喜欢直接地自我表达,所以常常被误解。他们耐心,灵活,很容易与他人相处,很少支配或控制别人。他们很客观,常常以一种实事求是的方式接受他人的行为。他们善于观察周围的人和物,却不寻求发现动机和含义。他们完全生活在现在,所以他们的准备或计划往往不会多于必需,是很好的短期计划制订者,因为他们喜欢享受目前的经历,而不继续向下一个目标兑现,所以他们对完成工作感到很放松,对了解和感受的东西很感兴趣,常常富有艺术天赋和审美感,力求为自己创造一个美丽而隐蔽的环境。他们喜欢那些花费时间去认识他们和理解他们内心的忠诚之人。他们需要最基本的信任和理解,在生活中需要和睦的人际关系,对于冲突和分歧则很敏感。

适合领域:手工艺、艺术领域;医护领域;商业、服务业等领域。

适合职业:时装、首饰设计师,装潢、园艺设计师、陶器、乐器、卡通、漫画制作者,素描画家,舞蹈演员,画家,出诊医生,出诊护士,理疗师,牙科医生,个人健康和运动教练,餐饮业、娱乐业业主,旅行社销售人员,体育用品、个人理疗用品销售员等。

(7)INFP 型的人认为内在的和谐高于其他一切。他们敏感、理想化、忠诚,对于个人价值具有一种强烈的荣誉感。他们个人信仰坚定,有为自认为有价值的事业献身的精神。这类型的人对于已知事物之外的可能性很感兴趣,精力主要集中于他们的梦想和想象上。他们思维开阔、有好奇心和洞察力,常常具有出色的长远眼光。在日常事务中,他们通常灵活多变、具有忍耐力和适应性,但是他们非常坚定地对待自己的内心。虽然对外部世界他们显得冷淡、缄默,但实际上很关心内在。他们富有同情心、理解力,对于别人的情感很敏感。他们总是避免冲突,没有兴趣强迫或支配别人,常常喜欢通过书写而不是口头来表达自己的感情。当他们劝说别人相信他们的想法的重要性时,可能是最有说服力的。他们很少显露出强烈的感情,常常显得沉默而冷静,然而,一旦他们与你认识了,就会变得热情友好,但往往会避免肤浅的交往。他们珍视那些花费时间去思考目标与价值的人。

适合领域:创作型、艺术类教育;研究、咨询类等领域。

适合职业:各类艺术家、插图画家、诗人、小说家、建筑师、设计师、文学编辑、艺术指导、记者、大学老师、心理学工作者、心理辅导和咨询人员、社科类研究人员、社会工作者、教育顾问、图书管理者、翻译家等。

(8)INTP 型的人是解决理性问题者。他们很有才智和条理性,在创造才华方面有突出表现。他们外表平静缄默、超然,内心却专心致志于分析问题。他们苛求精细、惯于怀疑。他们喜欢有条理和有目的的交谈,而且可能会仅仅为了高兴,争论一些无益而琐细的问题,只有有条理的推理才会使他信服。通常这类型的人是足智多谋、有独立见解的思考者。他们重视才智,对于个人能力有强烈的欲望,有能力也很有兴趣向他人挑战。他们最主要的兴趣在于理解明显的事物之外的可能性,他们乐于为了改进事物的目前状况或解决难题而进行思考。他们的思考方式极端复杂,而且他们能很好地组织概念和想法,偶尔,他们的想法非常复杂,以至于很难向别人表达和被他人理解。这类型的人十分独立,喜欢冒险和富有想象力的活动。他们灵活易变、思维开阔,更喜欢发现有创造性而且合理的解决方法,而不是仅仅接受成为事实的解决方式。

适合领域:计算机技术理论研究、学术领域;创造性等领域。

适合职业:软件设计员、系统分析师、计算机程序员、数据库管理员、故障排除专家、大学教授、科研机构研究人员、数学家、物理学家、经济学家、考古学家、历史学家、证券分析师、金融投资顾问、律师、法律顾问、财务专家、侦探、各类发明家、作家、设计师、音乐家、艺术家、艺术鉴赏家等。

(9) ESTP 型的人活跃、天真率直,他们乐于享受现在的一切,而不是为将来计划什么。他们很现实,信任和依赖于自己对这个世界的感受,因为他们接受现在的一切,所以他们思维开阔,能够容忍自我和他人。他们喜欢行动而不是漫谈,当问题出现时,他们乐于去处理。他们是优秀的解决问题者,这是因为他们能够掌握必要的事实情况,然后找到符合逻辑的明智的解决途径,而无须浪费大量的努力或精力。他们乐于尝试新的而非传统的方法,而且常常能够说服别人给他们一个妥协的机会。他们能够理解晦涩的原则,在符合逻辑的基础上,而不是基于他们对事物的感受做出决定。因此,他们讲求实效,在情况必需时非常强硬。在大多数的社交场合中,他们很友善,富有魅力、轻松自如而受人欢迎,在任何有他们的场合中,他们总是爽直、多才多艺和有趣,总有没完没了的笑话和故事。他们善于通过缓和气氛使冲突的双方相互协调,从而化解紧张的局势。

适合领域:贸易、商业、某些特殊领域;服务业;金融证券业;娱乐、体育、艺术领域等。

适合职业:各类贸易商、批发商、中间商、零售商、房地产经纪人、保险经济人、汽车销售人员、私家侦探、警察、餐饮、娱乐及其他各类服务业的业主、主管、特许经营者、自由职业者、股票经纪人、证券分析师、理财顾问、个人投资者、娱乐节目主持人、体育节目评论、脱口秀、音乐、舞蹈表演者、健身教练、体育工作者等。

(10) ESFP 型的人乐意与人相处,有一种真正的生活热情。他们顽皮活泼,通过真诚和玩笑使别人感到事情更加有趣,他们性格随和、适应性强、热情友好、慷慨大方。他们擅长交际,常常是别人的"注意中心"。这类型的人是现实的观察者,他们按照事物的本身去对待并接受它们。他们往往信任自己能够听到、闻到、触摸和看到的事物,而不是依赖于理论上的解释,因为他们喜欢具体的事实,对于细节有很好的记忆力,所以他们能从亲身的经历中学到东西。他们喜欢收集信息,从中观察可能自然出现的解决方法。这类型的人对于自我和他人都能容忍和接受,往往不会试图把自己的愿望强加于他人。他们宽容和富有同情心,通常许多人都真心地喜欢他们。他们能够让别人采纳他们的建议，所以他们很擅于帮助冲突的各方重归于好。他们寻求他人的陪伴，是很好的交谈者，偏好以真实有形的方式给予协助。这类型的人天真率直，很有魅力和说服力。他们喜欢意料不到的事情，喜欢寻找给他人带来愉快和意外惊喜的方法。

适合领域：消费类商业、服务业领域；广告业、娱乐业领域；旅游业、社区服务等其他领域。

适合职业：精品店及商场销售人员、娱乐与餐饮业客户经理、房地产销售人员、汽车销售人员、市场营销人员、广告企业中的设计师、创意人员、客户经理、时装设计和表演人员、摄影师、节目主持人、脱口秀演员、旅游企业中的销售、服务人员、导游、社区工作人员、公共关系专家、健身和运动教练、医护人员等。

（11）ENFP 型的人充满热情和新思想。他们乐观、自然、富有创造性和自信，具有独创性的思想，对可能性有强烈兴趣。对于这类型的人来说，他们对可能性很感兴趣，所以他们了解所有事物中的深远意义，他们具有洞察力，是热情的观察者，注意常规以外的任何事物。他们好奇，喜欢理解而不是判断。这类型的人具有想象力、适应性和可变性，他们视灵感高于一切，常常是足智多谋的发明人。他们不墨守成规，善于发现做事情的新方法，为思想或行为开辟新道路，在完成新颖想法的过程中，往往认为问题令人兴奋。他们也从周围其他人中得到能量，把自己的才能与别人的力量成功地结合在一起。这类型的人具有人格魅力，充满活力，他们待人热情、彬彬有礼、富有同情心，愿意帮助别人解决问题。他们具有出色的洞察力和观察力，常常关心他人的发展。这类型的人避免冲突，喜欢和睦，他们把更多的精力倾注于维持个人关系而不是客观事物上，喜欢保持一种广泛的关系。

适合领域：广告创意、广告撰稿人；市场营销和宣传策划、市场调研人员、艺术指导、公关专家、公司对外发言人等。

适合职业：儿童教育老师、大学老师、心理学工作者、心理辅导和咨询人员、职业规划顾问、社会工作者、人力资源专家、培训师、演讲家、记者、节目策划和主持人、专栏作家、剧作家、艺术指导、设计师、卡通制作者、电影与电视制片人等。

（12）ENTP 型的人喜欢兴奋与挑战。他们热情开放、足智多谋、健谈而聪明，擅长许多事情，不断追求增加能力和个人权力。这类型的人天生富有想象力，他们深深地喜欢新思想，留心一切可能性。他们有很强的首创精神，擅于运用创造冲动，这类型的人认为灵感高于其他的一切，力求使他们的新颖想法转变为现实。他们好奇、多才多艺、适应性强,在解决挑战性和理论性问题时善于随机应变。这类型的人灵活而率直,能够轻易地看出任何情况中的缺点,乐于出于兴趣争论问题的某方面。他们有极好的分析能力,是出色的策略谋划者。他们几乎能够一直为他们所希望的事情找出符合逻辑的推理。这类型大多数的人喜欢审视周围的环境,认为多数的规则和章程如果不被打破,便意味着屈从,有时他们的态度不遵从习俗,乐于帮助别人,做出超出可被接受和被期望的事情。他们喜欢自在地生活,在每天的生活中寻找快乐和变化,他们富有想象力地处理社会关系,常常有许多的朋友和熟人。这类型的人吸引和鼓励同伴,通过他们富有感染力的热情,鼓舞别人加入他们的行动中。他们喜欢努力理解和回应他人,而不是判断他人。

适合领域:投资顾问、项目策划、投资银行、自我创业、市场营销、创造性领域;公共关系、政治等领域。

适合职业:投资顾问、各类项目的策划人和发起者、投资银行家、风险投资人、企业业主、市场营销人员、各类产品销售经理、广告创意、艺术总监、访谈类节目主持人、制片人、公共关系专家、公司对外发言人、社团负责人、政治家等。

(13) ESTJ 型的人高效率地工作,自我负责,监督他人工作,合理分配和处置资源,主次分明,井井有条,能制定和遵守规则,大多喜欢在制度健全、等级分明、比较稳定的企业工作,倾向于选择较为务实的业务,以有形产品为主。喜欢工作中带有和人接触、交流的成分,但不以态度取胜,不特别强调工作的行业或兴趣,喜欢以职业角度看待每一份工作。他们很善于完成任务,他们喜欢操纵局势和促使事情发生,他们具有责任感,信守承诺。他们做事很有条理,并且能记住和组织安排许多细节。他们能及时和尽可能高效率地、系统地完成目标。他们常常以自己过去的经历为基础得出结论。他们很客观,有条理性和分析能力,以及很强的推理能力。事实上,除了符合逻辑外,其他没有什么可以使他们信服。同时,他们又很现实、有头脑、讲求实际。他们更感兴趣的是"真实的事物",而不是诸如抽象的想法和理论等无形的东西。他们往往对那些认为没有实用价值的东西不感兴趣,他们知道自己周围将要发生的事情,而首要关心的则是目前。他们往往很传统,有兴趣维护现存的制度。虽然对于他们来说,感情生活和社会活动并不像生活的其他方面那样重要,但是对于亲情关系,他们却固守不变。他们不但能很轻松地判断别人,而且还是条理分明的纪律执行者,因为他们相信"你看到的便是你得到的"。

适合领域:无明显领域特征。

适合职业:大中型外资企业员工、业务经理、中层经理、职业经理人、各类中小型企业主管和业主。

(14) ESFJ 型的人通过直接的行动和合作积极地以真实、实际的方法帮助别人。他们友好、富有同情心和责任感,所以他们往往具有和睦的人际关系,并且通过努力以获得和维持这种关系,事实上,他们常常将自己欣赏的人或物理想化。这类型的人往往对自己以及自己的成绩十分在意,因而他们对于批评或者别人的漠视很敏感。通常他们很果断,善于表达自己的坚定主张,乐于事情能很快得到解决。他们很现实,讲求实事求是和安排有序。他们参与并能记住重要的事情和细节,乐于助人也能对自己的事情很确信。他们在自己的个人经历或在他们所信赖之人的经验之上制订计划或得出见解。他们知道并参与周围的物质世界,喜欢具有主动性和创造性,他们十分小心谨慎,也非常传统化,因而他们能恪守自己的责任与承诺。他们支持现存制度,往往是委员会或组织机构中积极主动和乐于合作的成员,他们重视并能保持很好的社交关系。他们不辞劳苦地帮助他人,尤其在遇到困难或取得成功时,他们都很积极活跃。

适合领域:无明显领域特征。

适合职业:办公室行政或管理人员、秘书、总经理助理、项目经理、客户服务部人员、采购和物流管理人员、内科医生及其他各类医生、护士、健康护理指导师、饮食学营养学专家、小学教师、学校管理者、银行、酒店以及大型企业客户服务代表、客户经理、公共关系部主任、商场经理、餐饮业业主和管理人员等。

(15) ENFJ 型的人热爱人类,他们认为人的感情是最重要的,很自然地关心别人,以热情的态度对待生命,感受与个人相关的所有事物。由于他们很理想化,按照自己的价值观生活,因此对于他们所尊重和敬佩的人、事业和机构非常忠诚。他们精力充沛、满腔热情、富有责任感、勤勤恳恳、锲而不舍,具有自我批评的倾向,然而他们对他人的情感具有责任心,所以这类型的人很少在公共场合批评人。他们敏锐地意识到什么是合适的行为,他们彬彬有礼、富有魅力、讨人喜欢,深谙社会规则。这类型的人具有平和的性格与忍耐力,他们擅长外交,擅长引导气氛。他们是天生的领导者,受人欢迎而有魅力。他们常常得益于自己口头表达的天分,愿意成为出色的传播工作者。他们在自己对情况感受的基础上做决定,而不是基于事实本身。他们对显而易见的事物之外的可能性,以及这些可能性以怎样的方式影响他人感兴趣。他们喜欢一种有安排的世界,并且希望别人也是如此,即使其他人正在做决定,他们还是喜欢把问题解决了。他们能很好地理解别人,有责任感和关心他人。由于他们是理想主义者,因此他们通常能看到别人身上的优点。

适合领域:培训、咨询、教育新闻传播、公共关系、文化艺术。

适合职业:人力资源培训主任、销售团队培训员、职业指导顾问、心理咨询工作者、大学教师、教育学及心理学研究人员、记者、撰稿人、节目主持人、公共关系专家、社会活动家、文艺工作者、平面设计师、画家、音乐家等。

(16)ENTJ型的人是伟大的领导者和决策人。他们能轻易地看出事物具有的可能性,并且很乐于指导别人使他们的想象成为现实,他们是头脑灵活的思想家和伟大的长远规划者。因为他们很有条理,具备较强的分析能力,所以他们通常对需要推理的任何事情都很擅长。为了称职地完成工作,他们通常会很自然地看出所处情况中可能存在的缺陷,并且立刻知道如何改进。他们力求精通整个体系,而不是简单地把它们作为现存的接受而已。他们乐于完成一些需要思考的复杂问题,力求掌握他们感兴趣的任何事情。他们把事实看得高于一切,只有通过缜密的逻辑推理得出的结论他们才会确信,渴望不断增加自己的知识积累。他们系统地计划和研究新情况,乐于钻研复杂的理论性问题,力求精通任何他们认为有趣的事物。他们对于行为的未来结果更感兴趣,而不是事物现存的状况。他们是热心而真诚的天生的领导者,往往能够控制自身所处的任何环境。因为他们具有预见能力,并且向别人传播他们的观点,所以他们是出色的群众组织者。他们往往按照一套相当严格的规律生活,并且希望别人也是如此,因此他们往往力求推动自我和他人前进。

适合领域:工商业、政界、金融和投资领域;管理咨询、培训等专业性领域。

适合职业:各类企业的高级主管、总经理、企业主、社会团体负责人、政治家、投资银行家、风险投资家、股票经纪人、公司财务经理、财务顾问、经济学家、企业管理顾问、企业战略顾问、项目顾问、专项培训师、律师、法官、知识产权专家、大学教师、科技专家等。

请对照上述你所属的类型描述,看看和你所了解的自己有多少相符。当然,仅仅通过一两个活动也许很难准确判断你的 MBTI 类型,所以除了完成课上的活动以更好地理解 MBTI 类型外,还建议同学们课后多做一些正式的 MBTI 测评,再结合你在课堂上的活动反应及自己在日常生活中的性格表现来判断自己属于哪种性格类型。

补充知识链接

MBTI职业性格测试

迈尔斯—布里格斯类型指标 MBTI 测试前须知：

1. 参加测试的人员请务必诚实、独立地回答问题，只有如此，才能得到有效的结果。

2. 该测试展示的是你的性格倾向，而不是你的知识、技能、经验。

3. MBTI 测试提供的性格类型描述仅供测试者确定自己的性格类型之用，性格类型没有好坏，只有不同。每一种性格特征都有其价值和优点，也有缺点和需要注意的地方。清楚地了解自己的性格优劣势，有利于更好地发挥自己的特长，而尽可能地在为人处世中避免自己性格中的劣势，更好地和他人相处，更好地做重要的决策。

4. 本测试分为四部分，共93题，需时约18分钟。所有题目没有对错之分，请根据自己的实际情况选择。将你选择的 A 或 B 所在的○涂黑。只要你是认真、真实地填写了测试问卷，那么通常情况下你都能得到一个确实和你的性格相匹配的类型。希望你能从中或多或少地获得一些有益的信息。

下面正式开始测试，请大家集中精神认真填写：

1. 哪个答案最能贴切地描绘你一般的感受或行为？

序号	问题描述	选项	E	I	S	N	T	F	J	P
1	当你要外出一整天,你会: A. 计划你要做什么和在什么时候做 B. 说去就去	A							○	
		B								○
2	你认为自己是一个: A. 较为有条理的人 B. 较为随兴所至的人	A							○	
		B								○
3	假如你是一位老师,你会选: A. 以事实为主的课程 B. 涉及理论的课程	A			○					
		B				○				

（续表）

序号	问题描述	选项	E	I	S	N	T	F	J	P
4	你通常： A. 与人容易混熟 B. 比较沉静或矜持	A	○							
		B		○						
5	一般来说，你比较合得来的人是： A. 现实的人 B. 富于想象力的人	A			○					
		B				○				
6	你是否经常让： A. 你的情感支配你的理智 B. 你的理智主宰你的情感	A						○		
		B					○			
7	处理许多事情时，你会喜欢： A. 凭兴之所至行事 B. 按照计划	A								○
		B							○	
8	你是否： A. 容易让人了解 B. 难于让人了解	A	○							
		B		○						
9	按照程序表做事： A. 合你心意 B. 令你感到束缚	A							○	
		B								○
10	当你有一份特别的任务，你会喜欢： A. 开始前小心组织计划 B. 边做边找须做什么	A							○	
		B								○
11	在大多数情况下，你会选择： A. 顺其自然 B. 按程序表做事	A								○
		B							○	
12	大多数人会说你是一个： A. 重视自我隐私的人 B. 非常坦率开放的人	A		○						
		B	○							
13	你宁愿被人认为是一个： A. 实事求是的人 B. 机灵的人	A			○					
		B				○				

（续表）

序号	问题描述	选项	E	I	S	N	T	F	J	P
14	在一大群人当中,你通常是: A. 你介绍大家认识 B. 别人介绍你	A	○							
		B		○						
15	你愿意与之交朋友的是: A. 常提出新主意的 B. 脚踏实地的	A				○				
		B			○					
16	你倾向: A. 重视感情多于逻辑 B. 重视逻辑多于感情	A						○		
		B					○			
17	你比较喜欢: A. 坐观事情发展才做计划 B. 很早就做计划	A								○
		B							○	
18	你喜欢花很多的时间: A. 一个人独处 B. 和别人在一起	A		○						
		B	○							
19	与很多人一起会: A. 令你活力倍增 B. 常常令你心力交瘁	A	○							
		B		○						
20	你比较喜欢: A. 很早便把社交聚集等事情安排妥当 B. 无拘无束,看当时有什么好玩就做什么	A							○	
		B								○
21	计划一个旅程时,你较喜欢: A. 大部分的时间都跟着当天的感觉行事 B. 事先知道大部分的日子会做什么	A								○
		B							○	
22	在社交聚会中,你: A. 有时感到郁闷 B. 常常乐在其中	A		○						
		B	○							
23	你通常: A. 和别人容易混熟 B. 趋向自处	A	○							
		B		○						

（续表）

序号	问题描述	选项	E	I	S	N	T	F	J	P
24	更易吸引你的人是： A. 一个思维敏捷及非常聪颖的人 B. 实事求是,具有丰富常识的人	A				○				
		B			○					
25	在日常工作中,你会： A. 喜欢处理迫使你分秒必争的突发事件 B. 通常预先计划,以免要在压力下工作	A								○
		B							○	
26	你认为别人一般： A. 要花很长时间才认识你 B. 用很短的时间便认识你	A		○						
		B	○							

2. 在下列每一对词语中,哪一个词语更合你心意？请仔细想想这些词语的意义,而不要理会他们的字形或读音。

序号	问题描述	选项	E	I	S	N	T	F	J	P
27	A. 注重隐私 B. 坦率开放	A		○						
		B	○							
28	A. 预先安排的 B. 无计划的	A							○	
		B								○
29	A. 抽象 B. 具体	A				○				
		B			○					
30	A. 温柔 B. 坚定	A						○		
		B					○			
31	A. 思考 B. 感受	A					○			
		B						○		
32	A. 事实 B. 意念	A			○					
		B						○		
33	A. 冲动 B. 决定	A								○
		B							○	

（续表）

序号	问题描述	选项	E	I	S	N	T	F	J	P
34	A. 热衷 B. 文静	A	○							
		B		○						
35	A. 文静 B. 外向	A							○	
		B								○
36	A. 有系统 B. 随意	A							○	
		B								○
37	A. 理论 B. 肯定	A				○				
		B			○					
38	A. 敏感 B. 公正	A						○		
		B					○			
39	A. 令人信服的 B. 感人的	A					○			
		B						○		
40	A. 声明 B. 概念	A				○				
		B			○					
41	A. 不受约束 B. 预先安排	A								○
		B							○	
42	A. 矜持 B. 健谈	A		○						
		B	○							
43	A. 有条不紊 B. 不拘小节	A							○	
		B								○
44	A. 意念 B. 实况	A				○				
		B			○					
45	A. 同情怜悯 B. 远见	A						○		
		B					○			
46	A. 利益 B. 祝福	A					○			
		B							○	

序号	问题描述	选项	E	I	S	N	T	F	J	P
47	A. 务实的 B. 理论的	A			○					
		B				○				
48	A. 朋友不多 B. 朋友众多	A		○						
		B	○							
49	A. 有系统 B. 即兴	A							○	
		B								○
50	A. 富有想象力的 B. 就事论事	A				○				
		B			○					
51	A. 亲切的 B. 客观的	A						○		
		B					○			
52	A. 客观的 B. 热情的	A				○				
		B						○		
53	A. 建造 B. 发明	A			○					
		B				○				
54	A. 文静 B. 合群	A		○						
		B	○							
55	A. 理论 B. 事实	A				○				
		B			○					
56	A. 合情 B. 合逻辑	A						○		
		B					○			
57	A. 具有分析力 B. 多愁善感	A					○			
		B						○		
58	A. 合情合理 B. 令人着迷	A			○					
		B				○				

3. 哪一个答案最能贴切地描绘你一般的感受或行为？

序号	问题描述	选项	E	I	S	N	T	F	J	P
59	当你要在一个星期内完成一个大项目,你在开始的时候会: A. 把要做的不同工作依次列出 B. 马上动工	A							○	
		B								○
60	在社交场合中,你经常会感到: A. 与某些人很难打开话匣和保持对话 B. 与多数人都能从容地长谈	A		○						
		B	○							
61	要做许多人都做的事,你比较喜欢: A. 按照一般认可的方法去做 B. 构想一个自己的想法	A			○					
		B				○				
62	你刚认识的朋友能否说出你的兴趣: A. 马上可以 B. 要待他们真正了解你之后才可以	A	○							
		B		○						
63	你通常较喜欢的科目是: A. 讲授概念和原则的 B. 讲授事实和数据的	A				○				
		B			○					
64	哪一类人可获得较高的赞誉或称许: A. 一贯感性的人 B. 一贯理性的人	A						○		
		B					○			
65	你认为按照程序表做事: A. 有时是需要的,但一般来说你不大喜欢这样做 B. 大多数情况下是	A								○
		B							○	
66	有帮助而且是你喜欢的一群人在一起,你通常会选: A. 跟你很熟悉的个别人谈话 B. 参与大伙的谈话	A		○						
		B	○							
67	在社交聚会上,你会: A. 说话很多的一个 B. 让别人多说话	A	○							
		B		○						

（续表）

序号	问题描述	选项	E	I	S	N	T	F	J	P
68	把周末期间要完成的事列成清单,这个主意会: A. 合你意 B. 使你提不起劲	A							○	
		B								○
69	哪个是较高的赞誉或称许: A. 能干的 B. 富有同情心	A					○			
		B						○		
70	你通常喜欢: A. 事先安排你的社交约会 B. 随兴之所至做事	A							○	
		B								○
71	总的说来,要做一个大型作业时,你会: A. 边做边想该做什么 B. 首先把工作按步细分	A								○
		B							○	
72	你能否滔滔不绝地与人聊天: A. 只限于跟你有共同兴趣的人 B. 几乎跟任何人都可以	A		○						
		B	○							
73	你会: A. 跟随一些证明有效的方法 B. 分析还有什么毛病及尚未解决的难题	A			○					
		B					○			
74	为乐趣而阅读时,你会: A. 喜欢奇特或创新的表达方式 B. 喜欢作者直话直说	A				○				
		B			○					
75	你宁愿替哪一类上司工作: A. 天性淳良,但常常前后不一的 B. 言辞尖锐但永远合乎逻辑的	A						○		
		B					○			
76	你做事多数是: A. 接当天心情去做 B. 照拟定好的程序表去做	A								○
		B							○	
77	你是否: A. 可以和任何人按需求从容地交谈 B. 只是对某些人或在某种情况下才可以畅所欲言	A	○							
		B		○						

（续表）

序号	问题描述	选项	E	I	S	N	T	F	J	P
78	要做决定时，你认为比较重要的是： A. 据事实衡量 B. 考虑他人的感受和意见	A					○			
		B						○		

4. 在下列每一对词语中，哪一个词语更合你心意？

序号	问题描述	选项	E	I	S	N	T	F	J	P
79	A. 想象的 B. 真实的	A				○				
		B			○					
80	A. 仁慈慷慨的 B. 意志坚定的	A						○		
		B					○			
81	A. 公正的 B. 有关怀心	A					○			
		B						○		
82	A. 制作 B. 设计	A			○					
		B				○				
83	A. 可能性 B. 必然性	A				○				
		B			○					
84	A. 温柔 B. 力量	A						○		
		B					○			
85	A. 实际 B. 多愁善感	A					○			
		B						○		
86	A. 制造 B. 创造	A			○					
		B				○				
87	A. 新颖的 B. 已知的	A				○				
		B			○					
88	A. 同情 B. 分析	A						○		
		B					○			

（续表）

序号	问题描述	选项	E	I	S	N	T	F	J	P
89	A. 坚持己见 B. 温柔有爱心	A					○			
		B						○		
90	A. 具体的 B. 抽象的	A			○					
		B				○				
91	A. 全心投入 B. 有决心的	A						○		
		B					○			
92	A. 能干 B. 仁慈	A					○			
		B						○		
93	A. 实际 B. 创新	A			○					
		B				○				
			E	I	S	N	T	F	J	P
每项总分										

第四节　你能做什么——探索职业能力

故事分享

　　小王，某校师范类毕业生，有较强的中文写作能力，目前在一所知名中学担任语文教师。在近两年的工作中，小王发现自己虽具备相应的学历资质，但不善于口头表达和班级管理，课堂上不能调动学生的积极性，并不适合做老师。由于所带班级成绩不理想，学校对她的工作表现不是很满意，她自己也觉得苦恼，想转行从事其他能够发挥自己文字特长的工作。但是，具体转到哪一个行业，她并不清楚。

　　师范类毕业生从事教师这个职业似乎是理所当然、顺理成章的事，然而实践中有太多例子表明，师范类毕业生并不一定有能力做一个称职的教师。根据职业生涯发展理论，师范生要想职业成功必须具备专业知识、教师技能、高尚师德三方面因素。不善于表达的小王虽具备了教师专业的学历资质、专业知识，但显然不具备教师应有的教学技能和管理技能。对此，小王若想发挥特长，应重新择业，找一份真正适合自己发展的职业。

　根据她的能力，适合什么样的工作呢？我们来分析一下：小王虽然口头表达能力不强，也不擅长管理学生，但她有较强的文字组织能力，文笔优美流畅，完全可以在其他行业找到适合自己的工作，比如从事广告文案或文字编辑类工作。这些岗位对工作人员的口头表达能力要求不高，也无须过多地与人打交道，相对更加重视个人的文字创作能力，对小王来说正好扬长避短、发挥优势。可见在择业时，不清楚自己能做什么，只是根据专业对口或随大流是不可取的。而"能做什么"就是我们平时所说的"能力"，它是我们择业的重要标准，也是工作满意度的主要影响因素之一。

一、什么是能力

"能力"作为一个日常生活概念，经常被人们挂在嘴边。有人聪慧，有人笨拙；有人显示了音乐才华，有人具有组织才能；有人学业出众，有人事业成功；有人一生成就非凡，有人却碌碌无为。无论什么样的择业问题，都在围绕一个焦点：你能干什么？也就是你拥有哪些能力。因此，在进行生涯规划时，能力是职业探索最基本和最关键的因素。

（一）能力的定义

能力是顺利完成某种活动所具备的心理条件，是主观的、精神层面的。作为一种心理特征，能力直接影响活动的效率，决定活动的成败。能力和活动紧密相连，离开了具体活动，能力也就无法形成和表现。一个有音乐能力的人，只有在音乐活动中才能施展自己辨听旋律和音乐节奏的能力；一个绘画工作者，只有在绘画活动中才能展现出自己的色彩鉴别和形象记忆能力；一个有管理才能的人，也只有在管理一个团体的活动中才能显示出统筹协调、组织管理能力。大学生要展示自己各方面的能力，除了学习专业知识，还需通过实践（社会实践、专业实习、毕业设计）来证明自己的能力，如果不去参加这些具体的活动，能力是无法提高的。

（二）能力的分类

能力按照其获得的方式（先天具有与后天培养），可以分为"能力倾向"和"技能"两大类。在现实生活中，个人的能力水平往往是能力倾向和技能两方面综合作用的结果。

1. 能力倾向

心理学家对人类能力倾向的结构提出很多假设,其中,影响较大的是美国哈佛大学心理学家霍华德·加德纳(Howard Gardne)提出的多元智能理论。他提出每个人都具有八种智能,不同人的智能倾向性和组合方式不同,每个人都有一项属于自己的最强智能,只要找到自己的强项智能,并按照这个方向去发展,就会在学习和工作中取得事半功倍的结果。加德纳提出的这八种智能分别是:音乐智能、身体—运动智能、逻辑—数学智能、语言智能、空间智能、人际关系智能、自我认识智能、自然观察智能,各种能力不是以整合的形式存在,而是以相对独立的形式表现出来。

表2-5 霍华德·加德纳多元智能与职业

智能类型	能力特点	职 业
音乐智能	敏锐地感知音调、旋律、节奏和音色等的能力	演奏者、作曲家、指挥家、音乐听众、录音师、乐器制造者、钢琴调音师
身体—运动智能	能巧妙地操纵物体和调整身体的技能。有这种智能的人,善于控制身体动作	舞蹈家、演员、运动员以及在运动上颇有成就的人、发明家、外科医生以及在机械方面有天赋的人等
逻辑—数学智能	能够计算、量化、思考命题和假设,并进行复杂数学运算的能力。这种可以解答复杂数理问题、进行逻辑推理的能力是从事科学研究所必需的能力	数学家、科学家、工程师、侦探、律师以及会计师和电脑程序设计师等
语言智能	用语言思维、用语言表达和欣赏语言深层内涵的能力。具有高度语言智能的人,能准确地表现内心思想情感,擅长学习语言文字	小说家、诗人、撰稿员、剧作家、演说家、政治领袖、编辑、广告员、新闻播音员等
空间智能	空间智能使人能够知觉到外在和内在的图像,能够重现、转变或修饰心理图像,不但能使自己在空间里自由驰骋,有效地调整物体的空间位置,还能创造或解释图形信息	建筑师、画家、雕刻家、航海者、旗手、飞行员、理论物理学家以及军事战略家等

（续表）

智能类型	能力特点	职 业
人际关系智能	能够有效地理解别人,拥有良好的与人交往的能力	教师、社会工作者、推销员、政治家、宗教家等
自我认识智能	建构正确自我知觉的能力,并善于用这种知识计划和引导自己的人生	心理学家、哲学家、神学家等
自然观察智能	观察自然界中的各种形态,对物体进行辨认和分类,能够洞察自然或人造系统的能力	农夫、植物学家、猎人、生态学家和庭院设计师等

补充知识链接

一般职业能力倾向测评

能力倾向测验的理论基础是能力因素理论,如前面介绍过的霍华德·加德纳多元智能理论。根据测试的不同能力因素,能力倾向测验可以分为普通能力倾向测验(智力测验)、特殊能力倾向测验和多因素能力倾向测验。普通能力倾向测验主要测量各种职业都会涉及的通用能力。特殊能力倾向测验是指测量单一方面的能力倾向。多因素能力倾向测验是指能力倾向成套测验,也称综合能力倾向测验。

目前国际上已经编制使用的多因素能力倾向测验有多种,其中最知名的量表有三种:多元能力倾向测验、区分性能力倾向测验以及一般能力倾向成套测验。这三种测验中,后两种被用于成人就业前的职业辅导,尤其是第三种测验,适合于成人职业指导和大学生就业咨询,可以帮助受测者了解自己在未来的学业或职业上哪方面更能够取得成功,是职业指导中较为成功的一套测验。《一般能力倾向成套测验》(General Attitude Test Battery,简称GATB)是由美国劳工部20世纪40年代编制的,用于从事所有的职业都应具有的一般性能力倾向的测验,可对9种必需的能力倾向进行测试:智能(G)、言语能力(V)、数理能力(N)、书写知觉(Q)、空间判断能力(S)、形状知觉(P)、运动协调(K)、手指灵巧度(F)、手腕灵巧度(M)能力倾向测试。其中测试项目共有15项(A-K是纸笔测验项目、M-P是操作测验项目)。

普通能力倾向成套测验具体包含下列9种能力倾向:

1. G——智能(Intelligence)：一般的学习能力，对说明、指导语和原理的理解能力、推理判断能力、迅速适应新环境的能力。

2. V——言语能力(Verbal aptitude)：对言语相互关系及文章和句子意义的理解能力，表达信息和自己想法的能力。

3. N——数理能力(Numerical aptitude)：准确、快速地进行数学运算和数字推理的能力。

4. Q——书写知觉(Clerical perception)：直观地比较辨别词和数字，对字词、印刷符号、票据之细微部分正确知觉的能力，发现错误或校正的能力。

5. S——空间判断能力(Spatial aptitude)：对立体图形以及平面图形与立体图形之间关系的理解能力。

6. P——形状知觉(Form perception)：对实物或图形的细微部分正确知觉的能力，即对图形的形状和阴影的细微差异、长度的细小差异进行辨别的能力。

7. K——运动协调(Motor coordination)：正确而迅速地使眼和手或手指协调，并迅速完成作业的能力；正确而迅速地做出反应动作，使手能跟随眼所看到的东西迅速运动，进行正确控制的能力。

8. F——手指灵巧度(Finger dexterity)：快速而正确地活动手指，手指能很好地操作细小东西的能力。

9. M——手腕灵巧度(Manual dexterity)：随心所欲、灵巧地活动手和手腕的能力，即拿取、放置、调换、翻转物体时手的精巧运动和手腕的自由运动能力。

2. 技能

在职场上，技能的高低决定着一个人是否能胜任工作，是否能获得雇主的青睐。技能可以看作一个人的资产和本钱，技能资产越多，其生涯发展的潜力就越大，升值的空间就越大，而对自我技能的认识，则需要建立在对技能分类的了解之上。

辛尼迪·法恩(Sidney Fine)和理查德·鲍尔斯(Richard Bolles，全球畅销书《你的降落伞是什么颜色》的作者)将技能分成三个基本类型：专业知识技能、可迁移技能和自我管理技能。

(1) 专业知识技能

专业知识技能也称内容性技能，是与工作内容相关的、具体的、专业化的，针对某一特定工作的基本技能，也就是我们常说的知识。专业知识技能是以思想内容的形式为人类掌握,个人所掌握的知识就是信息在头脑中的存储,是人类经验的总结,它需要经过有意识的、专门的培训,包括通过记忆掌握的特殊词汇、程序和学科知识。

专业知识技能的重要性常常被夸大,正因为如此,许多大学生会陷入两难的境地,一方面认为找工作必须"专业对口",但又不喜欢自己的专业,不想将之作为从事一生的职业;另一方面,觉得如果"专业不对口",则担心自己与专业出身的应聘者相比,缺乏竞争力。事实上,专业知识技能并非只有通过正式的专业教育才能获得,除了学校课程以外,课外培训、专业会议、讲座、研讨会、自学、资格认证考试等方式都可以帮助个人获得知识技能。

⚙ 故事分享

2017年10月,在第44届世界技能大赛上,19岁学生宋彪获得工业机械装调项目金牌,并因在所有选手中得分最高,获得大赛唯一最高奖——阿尔伯特·维达尔奖,这也是中国选手首次获得该项大奖。

宋彪刚入学时成绩并不算好,从文化课转变到学习技能,一下子有些不适应。但他努力走稳走实,下课后他都会向专业课老师请教问题,弥补知识空白。老师下班了,他就向老师把车间钥匙借过来,进车间反复操练。经过一个学期的学习,宋彪的成绩有了显著提高。

学习和奋斗本身是快乐的。宋彪告诉记者,每次做出一个新零件他都感觉很新奇,很有成就感。有一天,当他审视自己刚完成的作品时,一缕阳光透过窗户照在它光洁的表面上,那种美好的感觉一下子击中了他。这就是宋彪那颗匠心最初的萌芽。

枯燥而艰苦的重复训练是每一名工匠成长的基础,然而练就绝活,不是"熟能生巧"一词可以简单概括。在央视的一个节目中,宋彪曾经用手钻和锉刀现场在蛋壳上刻字。这般游刃有余的操作,源于他平时稳扎稳打的训练。"锉刀加工零件的时候,需要做出一个平整的圆弧,非常考验手的平衡度。"仅仅练锉刀的这个技能,宋彪就花了一个学期。

类似的技能训练还有很多,如练习手枪钻钻孔,这个钻孔一共十几个尺寸。"为了保证精度,对每个尺寸的钻孔,我每天都要练习三四十遍,每周要练习两三天。"他说,如今随便一个尺寸的钻孔,他都可以一遍钻成功。这个水平,一般的技工很难达到。

宋彪几乎没有娱乐生活。从2016开始准备技能大赛起,他更是连续两个暑假都没有回家。他常常顶着40摄氏度的高温在车间里一练就是一天,汗水浸透了厚厚的防护服。有次因为疏忽,宋彪的脖子被电弧灼伤,老师心疼他,让他回家休息几天,但他仍然带伤坚持训练了一个月。装配与调试是他们这个项目中最重要的一个步骤,他经常反复练习至深夜。后来,在选择装配与调试垫片时,他已不需要用量具测量其厚度,光凭手摸就能准确地做出选择。最后,宋彪以第一名的成绩获得了代表江苏省参加全国选拔赛的机会。

课堂活动

1. 列举"我"所掌握的专业知识技能(名词)。
2. "我"从哪里可以学到各类专业知识技能?

(2)可迁移技能

可迁移技能又称功能性技能,就是个体会做的事、所能胜任的活动,常用动词来表示,比如计算、考察、分析、搜索、决策、组织、说服、设计、安装,等等。可迁移技能不是从书本上学来的,不是通过记忆和背诵,而是从各种实践渠道,通过观察、实践、思考、熟练等过程掌握的。

可迁移技能可以运用在生活的方方面面,并在不同的工作之中得到发展。比如在很多工作中都或多或少会运用组织协商、讨论并解决问题、管理等重要的可迁移技能,因此可迁移技能也被称为"通用技能",可迁移技能在日常活动中就能够获得和进行改善,并对所有工作都适用、有价值。

课堂活动

写下"我"的可迁移技能(动词)。

(3)自我管理技能

自我管理技能又称适应性技能,即一个人在工作中所表现出来的特征和品质,通常以形容词和副词的形式出现,比如熟练的(地)、勇敢的(地)、敏锐的(地),等等。自我管理技能是一种人格特质,被用来描述和说明人具有的某些特征,它体现出个体在不同的环境下如何管理自己,是勇于创新还是循规蹈矩,是一丝不苟还是敷衍了事,能否在压力下保持镇定,是否对工作持有热情,是否自信等。自我管理技能可以帮助个体更好地适应周围环境,应对生涯中的挑战与转折,在变化的环境中更好地调整自己,因此它也被称作"适应性技能"。

自我管理技能常被称为职业素养,有时也被称作角色的胜任特征或职业期待。无论是一个人先天具有的,还是后天习得的,自我管理技能都需要练习,如负责、耐心、守时、热情等,这些并不能通过专门的课程学习到,而要在日常生活中随时随地培养,并且可以从非工作生活领域迁移转换到工作领域。

课堂活动

1. 优点轰炸,要求如下。

(1)轮流指出每名小组成员的优点;

(2)在指出优点时要客观、实事求是;

(3)活动时注意用心体会。

2. 课堂讨论,每组派出一名代表向全班分享自己的感受。

(1)被大家指出优点时的感受;

(2)指出别人优点时的感受;

(3)是否有一些优点是自己以前没有意识到的?

3. 活动总结。

我们清楚自己拥有什么样的知识技能,但对自我品质、特征、特质等并不十分清楚,可以通过听取他人的反馈来更恰当地评价、了解自己。

4. 写下"我"的自我管理技能(形容词或副词)。

二、 如何提升职业技能

(一)职业技能要求

成功找到一份职业,是自身能力和雇主要什么能力的匹配。在现代社会人与职业之间存在双向选择,人要选择职业,职业也要选择人,实现人职合理匹配,才能最大限度地发挥人的潜能,提高工作效率。因此仅仅了解自身具备哪些技能仍是不够的,我们还需要了解这些技能可以在什么样的职业中得到应用,以及该职业在技能上有什么要求。这些职业技能需要我们大学生在校期间就能很好地掌握。

补充知识链接

某通信设备制造公司在其全国重点高校招聘启事中,对标准工程师招聘要求如下:具有通信、计算机及网络等相关专业知识背景;具有无线、IP网络、业务等开发和研究经验;具有良好的英语(或其他小语种)听、读、写能力;有较强的应变能力、观察力及表达沟通能力;良好的职业操守和团队合作精神,责任心强;亲和力强,谈吐优雅;对于外语应用和沟通能力突出,且有志于通信标准工作者,技术要求可以适当放低。

在这则招聘启事中,企业对应聘者的能力提出了明确要求:专业知识技能有通信、计算机及网络的专业背景;可迁移技能有应变能力、观察力、表达沟通能力,无线、IP网络、业务等开发和研究能力;自我管理技能有责任心强、亲和力强,有团队合作精神。三种技能中,专业知识技能是求职中最基本的要求,而可迁移技能和自我管理技能对于应聘者来说更重要,更能体现一个人的发展潜力。因此,在技能探索时不应该只对单一的技能进行了解,而需要将三种能力加以综合。

(二)职业技能提升

技能的提升是一个复杂的系统工程。从孩提时代开始,我们就在不断地学习充实自己,这其中既有对知识技能的学习,也有对自我管理技能和可迁移技能的培养。作为在校学生,因为接触社会少,所学专业单一等因素,难免造成未来工作经验不足,能力欠缺。要想在职业生涯发展中立于不败之地,就需要在掌握扎实的专业知识技能上,通过不同途径和渠道获得不断培养可迁移技能和自我管理技能的机会。如进入企业实习,增强独立自主能力,拓展人际交往能力;参加校外社会实践,提升应变能力、受挫能力;参与校内、学院以及班级学生组织的活动,锻炼组织管理能力、决策能力,等等。

故事分享

成为一名优秀的演讲者一直是小李的梦想。他觉得上大学不仅要学习更多的知识,更要练就一项才能——他心仪的演讲能力。在向学长学姐多方了解情况后,小李决定加入辩论队。在军训之余,小李就在构思自我介绍,思考如何能在社团招聘时就获得青睐。可是在面试的现场,他发现其他同学不仅普通话比自己讲得更标准,而且演讲时的逻辑思维能力比自己强很多。到他走上讲台的时候,大脑一片空白,只说了几句话就灰溜溜地跑了下来,退出了社团招新。一位学长看到他的情况,语重心长地告诉他,上大学就是要出来"丢脸"的,现在"丢脸"还可以训练良好的心理素质,才能知道未来怎么样可以不"丢脸"。

于是,小李开启了自己的魔鬼训练,每天抱着普通话教程一遍遍练习,还从图书馆借来各种关于演讲和思维逻辑的书籍阅读,不仅如此,他还加强公众演讲训练,从课堂发言到学院活动,从社团招新到演讲比赛,他不放过任何一次锻炼的机会。因为参加学校各种活动,不仅可以拓宽自己的知识面,更重要的是能学习他人的演讲技巧。小李从一次次的成功中总结经验,从一次次的失败中吸取教训,最终,他成了学校辩论队队长,还带领辩论队赢得了许多比赛。大学毕业时,他被某大型公司破格任命为培训师。

📖 补充知识链接

职业资格与职业技能等级

职业资格是对从事某一职业所必备的学识、技术和能力的基本要求。职业资格包括从业资格和执业资格。从业资格是指从事某一专业(职业)学识、技术和能力的起点标准。执业资格是指政府对某些责任较大、社会通用性强、关系公共利益的专业(职业)实行准入控制,是依法独立开业或从事某一特定专业(职业)学识、技术和能力的必备标准。

1. 职业资格证书

职业资格证书是劳动就业制度的一项重要内容,也是一种特殊形式的国家考试制度。它是指按照国家制定的职业技能标准或任职资格条件,通过政府认定的考核鉴定机构,对劳动者的技能水平或职业资格进行客观公正、科学规范的评价和鉴定,对合格者授予相应的国家职业资格证书。

2. 职业技能等级

中国职业技能证书分为五个等级:初级工(五级)、中级工(四级)、高级工(三级)、技师(二级)和高级技师(一级)。

3. 法律规定

《中华人民共和国劳动法》第八章第六十九条规定,国家确定职业分类,对规定的职业制定职业技能标准,实行职业资格证书制度,由经备案的考核鉴定机构负责对劳动者实施职业技能考核鉴定。《中华人民共和国职业教育法》第一章第八条明确指出,实施职业教育应当根据实际需要,同国家制定的职业分类和职业等级标准相适应,实行学历证书、培训证书和职业资格证书制度。这些法律条款是国家推行职业资格证书制度和开展职业技能鉴定的法律依据。

拓展阅读

1. 小杨是英语专业的学生,他担心现在会英语的人太多,自己仅仅掌握这一门语言,没什么太大的竞争力。小杨对将来在本专业内找工作有些迷茫,不知道在哪些方面做准备。

很多大学生会和小杨有同感,认为自己只有一个专业技能,并不能在社会中立足,因此会有恐慌感。首先,可以通过多实践提升自己的口头翻译、外文写作、外语培训等可迁移技能,提高自己在专业内的核心竞争力。其次,在强化本专业技能的同时,可以通过读书、旁听其他专业课程、参与其他专业的研讨及研究等方式扩展自己的知识面,将自己打造成一位复合型人才。此外,我们每个人的成长背景和学习经验都是独一无二的,因此我们的技能组合也都是独特的,这份独特也是我们的竞争力所在。

2. 小李是会计专业的学生,他对自己的专业不感兴趣,觉得自己更擅长与人打交道,希望毕业后去公司的人力资源部工作,但又担心专业不对口会在求职中处于劣势。

小李需要对自己有一个清晰的认识,澄清自己的"兴趣"以及"擅长"是基于自己的想象,还是"落地"的考虑。如果只是凭空想象的,那么需要通过进一步的自我探索和外界探索再做选择;如果是慎重思考过做决定的,那么可以通过转专业或考研的方式进行调整。但需要提醒的是,当学科越偏向"硬学科"如农、医、军类,转行的可能性越小。对于"软学科"而言,专业和职业间则没有必然的对应关系,并不是学什么就要做什么。在观念开放、人才流动频繁的现代社会,跨行求职已不是什么新鲜事,反而跨专业就业给很多同学创造了一片独特的天空。

课外实践与作业

通过参加各项活动,你觉得自己哪些方面技能需要提高?你打算通过什么方式来提升自己所欠缺的技能?

1. 对于所需要提升的_____技能,我打算_____。

2. 对于所需要提升的_____技能，我打算_____。

3. 对于所需要提升的_____技能，我打算_____。

情景模拟

模拟招聘面试时竞聘陈述环节的场景

要求任选一个心仪的工作岗位，在 10 分钟内完成岗位/职业理解、择业意图、求职优势等内容的口头陈述，可使用 PPT，重点考察学生对自我和职业的认知程度、仪表风度、表达能力。

探索我的职业

· 本章学习目标 ·

　　旨在引导学生探索外部职业世界，了解职业世界的宏观状况、职业与行业、职位与组织，掌握探索职业世界的方式方法，了解职业社会环境、家庭环境、行业环境和岗位环境等。

案例故事导入

　　王蕾在大三临毕业的时候去了本地一家知名报社实习。她在校读的是汉语言文学专业，平常也能写写小文章，以为自己应该能够很快上手适应。报到第一天的任务就是辅助制作微信公众号版块。刷微信、刷微博是她每天做的事，但要自己运用 Photoshop 等软件制作视频、动画、修图等，她一下子就傻眼了。原来到报社做编辑并不是写写文章，简单排排版面就行的，王蕾开始后悔大学三年，将许多时间都花在刷微博、刷朋友圈上了……

　　外面的世界很精彩，不仅是我们"刷"来的精彩画面，也需要我们更多地去了解这些精彩图文是如何实现的。随着信息社会的高速发展，各行各业日新月异，传统行业焕发新机，新兴行业不断涌现，我们的职业世界产生了翻天覆地的变化，未来的世界将更加炫目。

第一节　成长的烦恼——探索外部世界

面对瞬息万变的信息时代，我们需要认真规划未来职业，我们要善于在动荡的行业之间把握住时机。一方面，传统的职业整合了新的运作模式；另一方面，新兴职业层出不穷。了解当前职业发展变化趋势，对于规划设计职业生涯有着极其重要的意义。

一、未来到底是怎样的世界呢？

现实被打破，财富被共享，个体被解放，我们正在迎接最好的时代，新的社会文明正在形成！未来所有现实都会被"模拟"，未来所有资产都会被"共享"，未来所有人都会获得"自由"。

（一）未来所有现实都会被"模拟"

人类以往的科学技术基本都是改造外界，比如我们发明了各种各样的东西来丰富我们的生活，而从当下的虚拟现实技术开始，量变终于引起了质变，人类正在俗世中"超脱"，VR虚拟现实正在增强，现实技术能够把虚拟信息（物体、图片、视频、声音等）融合在现实环境中，虚拟现实不仅仅会涉及视觉、听觉，还会涉及嗅觉、触觉、味觉，它会构造一个与真实环境相似的世界，随时在你身边构建一个更加全面、更加美好的世界。

在未来，现实的边界会被彻底打开，千里之外的朋友可以立即站在你面前，你们甚至可以对话、拥抱、接吻，你也将会触摸到虚幻世界的任何物件。你可以瞬间置身于某个世界中，这个世界并不虚拟。一杯茶、一片海、一座山，让你身临其境。

2016年是虚拟现实元年，现在至少有2 000家公司从事VR的开发。到了技术成熟阶段，人们可以在各种世界里移步换景、穿越自如，你可能永远都不清楚自己是处于一个模拟的环境中还是一个真实的环境中，当然这已经不重要了。那时的你终会明白，你除了能确定自己的存在，周围所有的东西全都是虚拟的。

（二）未来所有资产都会被"共享"

未来的一切资产，包括有形的和无形的，都不再会被私人占有，为什么要这样说呢？在人类走向极度繁荣的时代，即工业革命以来的这300年，所有的资本都归资本家所有,以至于贫富分化不断严重,为什么会发生这种情况呢? 因为在大工业年代,资本等同于资产,也叫生产资料,并且这种生产资料不具有可复制性,比如工厂、设备、工人、商铺、土地等都属于生产资料,都掌握在资本家手里。在互联网时代,资本家独占生产资料这一现实正在被推翻。

以淘宝网运行模式为例。淘宝可以把店铺无偿供给卖家使用,因为它复制"店铺"的成本很低,最多需要扩充一点内存,对于云计算来说,这些成本是可以忽略不计的,只要设计了一套店铺模式,很容易产生成千上万倍的溢价,而且淘宝的盈利模式不是靠收商铺的钱,而是收增值服务的钱。这也迫使网站需要吸引无数的卖家进驻,也就使未来所谓的"资本"具有了可复制性。

大工业时代的资本是独占的,而且带有扩张性和侵略性,但在互联网时代,资本是可复制的,并且往往带有公共服务的色彩。这也就是共享经济的本质,它大大促进了社会的和谐。共享经济时代的资源配置效率大大超过了市场经济时代。在市场经济年代,我们往往最在意物品的占有权,为了争夺占有权,人们争先恐后,甚至头破血流。但是互联网提供了一个运作机制,通过以租代买的形式解决了资源的不可复制性。

在未来,一件物品究竟属于谁并不重要,重要的是我们每个人都可以使用它。各种 App 能通过时间、地点、技能的匹配将物品的使用权分配到最需要它的地方,将资源利用率最大化,将多余资源转化成为生产力。因此,几乎所有产业都将会被共享经济改变。未来经济一定是共享型的,互联网的存在逻辑是优化社会运行,让一切商业和工作模式的损耗降到最低。

(三)未来所有人都会获得"自由"

在以往,我们为了生产要加入某个组织,然后被"集中指挥",把工作当成谋生的手段。传统社会让很多人机械地工作,这束缚了人性。而互联网给予人性回归的通道。互联网以大数据、云计算为基础,努力实现"多个服务个体"对接"多种个性化需求",这就使那些在技能、人脉、服务上拥有一技之长的人,同样可以通过互联网平台,寻找到与之相配的工作,人们可以根据自己所擅长的来自由支配自己要在什么时间什么场所做什么样的事情,根据自己的兴趣所在,制定目标,确定自己要成就一番怎么样的事业。

比如几年前,很多人不是在这家公司上班,就是在那家公司上班。而如今,已经有越来越多的人不是依托这家平台赚钱,就是依托那家平台赚钱,今后还有无数个体创业者、经营者兴起。人的定位从价值链上的分工者转向单一的创造者,以前我们为了生存,总是在迎合市场,依附公司,附和组织,而现在我们可以做一回自己。

今后,社会上的自由职业者会越来越多。因为互联网可以温柔、精确、高效地将我们每个人的潜能激发并对接起来,以大数据为手段,以各取所需为驱动、以自我实现为效率、以荣辱与共为机制,构建更加精细的供需系统。

社会就是一个庞大的网络,未来每一个人都是一个独立的经济体。既可以独立完成某项任务,也可以依靠协作和组织去执行系统性工程,所以社会既不缺乏细枝末节的耕耘者,也不缺少具备执行浩瀚工程的组织和团队。

社会的组织结构在变化:原来是狭长的"公司加雇员"结构,现在变成了扁平的"平台加创客"结构。这才是真正的经济革命。我们每个人都将迎来自身发展史上的黄金时代。因为我们的兴趣和潜能得到释放,再也不用为了生活把自己卖给一个"公司",基于平台之上的小众兴趣、小众价值观、小众梦想、小众爱好都能被成全,这是百花齐放、百家争鸣,是实现经济大繁荣的基础。现实被打破,财富被共享,个体被解放,人类正在迎接最好的时代,新的社会文明正在形成。虚拟、共享、自由的未来世界正在召唤我们年轻的一代。互联网已经深深地影响到我们每一个人,给我们带来了更多的便捷,支付宝、微信等快捷支付方式已经深入到生活的方方面面,在方便我们的同时,也给我们打开了职业的一扇扇新大门。

二、什么是好工作

早晨,你用手机软件约人跑步;中午,你用手机软件点个外卖;傍晚,你用手机软件搭个"顺风车"回家;睡觉前最后一件事,你躺在床上翻翻微信公众号,这其实是许多人的普通一天。

(一)"互联网+"需求,催生就业新群体

19岁的周小帅成为送餐员大军中的一员。一部手机、一辆电动车、加上公司配发的统一制服,这就是他的工作标配。每天10时到14时,17时到21时,是周小帅和同事们最忙的时候。"一个人一天最多时能接30多单,少了也有一二十单,"他说,"每天骑着电动车能跑200多公里。"

2018年12月29日,"饿了么"蜂鸟配送发布《2018外卖骑手群体洞察报告》,报告显示即时配送体量越来越大,蜂鸟配送注册骑手超300万人,77%的蜂鸟骑手来自农村,近20%有大学本科或专科学历,全职骑手收入月薪过万不是

个例。"外卖小哥"成百万小镇青年立足大城市的"第一份工"。越来越多人开始从事"骑手"这个新经济带火的新职业。

⚙ 故事分享

某校信息安全技术专业学生小刘，潜心钻研网络漏洞挖掘技能，在国家信息安全漏洞共享平台官方网站积分榜上长期名列前茅。他及时发现并修复某报名系统漏洞以及某个国企网站的高危漏洞；他监测 WannaCry 病毒的爆发趋势；他只用一分钟就破译了某租车 App 验证码漏洞；他组建"白客"团队，带领舍友全变"白帽子"，拿到 130 多张原创漏洞证书，上报 1915 个漏洞，防止了大量信息泄露和财产损失。他被同学们称为"维护网络安全卫士"。

读大二时小刘已经被很多企业相中，南京某大型网络安全公司的负责人亲自联系、聘请他担任公司的渗透测试工程师，协助该公司开展网络安全方面的工作。

从懵懂无知到精英"白客"，小刘始终坚持自己的职业理想和信念，用执着和专注诠释着维护网络安全的责任感，充分体现出当代大学生报效祖国的职业品格和担当。

（二）"互联网＋"分享，用知识和经验创造财富

老家在东北的张建国，如今跟随儿子定居在江苏泰州。一年前从国企退休的他，在这里开始了职业生涯的第二春。张建国说，刚到泰州时人生地不熟，挺孤单的。儿子看他闲着无聊就帮他注册了一个滴滴司机资格，劝他开车出去转转，没想到这一转停不下来了。张建国跟人分享的是车，而很多人跟他分享的是"人生经验"。

手机里装上个运动软件去晨跑、夜跑成了一些人新的锻炼习惯，这也给运动达人带来了新机会——陪跑师，他们可以把自己健身跑步的经验传授给新手。旅游热兴起，使酒店试睡员成为一个月收入过万的职业。试睡员将自己住酒店的感受、评价等实用信息分享到在线旅游网站，为游客选择酒店提供重要参考。"有一技之长未必要依赖公司，这在未来是一个趋势。"北京一家职业培训机构的CEO 耿赛猛说。

国家信息中心信息化研究部发布的《中国分享经济发展报告 2016》显示，2015 年中国分享经济领域参与提供服务者约为 5 000 万，约占劳动人口总数的

5.5%。专家表示,众多分享经济平台培育了规模巨大的自由就业群体,相比正规就业,分享经济可以让从业者自由地进入或退出社会生产过程,减轻了个人对单位的依赖。

中国经济的互联网色彩越来越浓。互联网和传统产业不断融合发展,将带来更加多样和灵活的新岗位、新职业。由于产业的升级,未来中国将逐步淘汰低效率、低技能的劳动力,而高端市场的竞争非常激烈,所以公司对人才的要求也会越来越高。

(三)未来需要的人才

1. 第一类:一字型人才

一字型人才的知识面非常广,他们平常可能很喜欢阅读,但对于各种类型的知识他们都只停留在表面没有深入了解。这种人的性格很可能是活泼型,他们对新鲜的事物非常感兴趣,但没有耐性去深入学习,很容易被新的知识点吸引。很多销售人员就会陷入这种情况,什么都懂什么都看过,但真要自己出来干的时候却发现不知道自己专长在哪儿。但知识面广的人有一个好处,在面对难题的时候他们可以想出许多不同的解决方案,他们会有很多的主意。

2. 第二类:1字型人才

1字型人才属于典型的研究型人才,大学里做研究的就属于这一类。他们喜欢深入了解一件事情,有钻研精神,在自己专属的领域是绝对的专家。但如果不是在研究范围内的东西,他们可能了解得就比较少了。

1字型人才的性格多是完美型或和平型,能够耐得住寂寞与新事物的诱惑,他们的专注力非常强大。如果这类人才研究的成果吻合当下趋势,可能要花很多心血最终才可以取得巨大的成就,但如果不是搞研究或研究的东西很冷门,那就会存在潜在危机。外在环境改变,不得不离开熟悉的区域,那对他们来说将是灾难性的打击。由于过度地专注在一个领域,很可能无法适应新环境的需求。

3. 第三类:T字型人才

T字型人才是中国现在比较推崇的,我们常会看到一些文章在谈论如何培养T字型能力。这类人有较宽广的视野与知识面,但在某一领域他们又可以称得上是专家。宽广的视野在一定程度上可以让他们的专业知识得到升华,可以让他们跳出专业的思维陷阱从另外的角度去审视问题。很可能这类人在知识面的宽度上不及一字型人才,在深度上也不及1字型人才,但好处在于他们比较平衡,所以适应能力比较强。

4. 第四类:钉耙型人才

前三种人才模型都比较常见,但随着退休年龄不断推后,人的一生可能会经历多个不同的职业生涯,加上公司结构越来越复杂,工作的复杂度越来越高。一个人往往身兼数职,既需要有全局观,又要能从不同专业的角度看问题,慢慢就产生了钉耙型人才模型。

钉耙型人才是在 T 字型人才上演变而来的,它不但要求人们有较广的知识面,在某一领域有较强的竞争优势,它还要求人们在许多不同领域有一定知识与技能的积累,这样他们就可以在不同的部门之间进行协调,在做决策之前也可以站在不同专业角度进行有深度的思考。

拓展阅读

我们应该先开发知识的宽度还是深度呢?

一、先开发自己知识的宽度

其实大学就具备这个功能,很多人认为进入大学是深入学某种知识,但其实大学教授的都是基础知识,并培养你的学习力。这些知识离真正运用到工作中还有一定的距离,这也是为什么大学中有许多和你主修专业不相关的科目要修,而且鼓励学生主动加入不同的社团和兴趣小组拓宽自己的见闻。

当你进入社会不知道自己要干什么时,就趁年轻多去尝试一些不同的东西。从经历中总结经验,发掘自己真正的兴趣与目标。

二、明确目标后开发知识的深度

无论什么时候,如果你发现自己有了目标或对某件事情有兴趣,都值得花时间去深入了解与学习。不要怕浪费时间,很可能在接触过一段时间后你失去了兴趣。但在该领域的积累就成了你能力的一部分,很可能在不久的将来会被用上。

当你确定目标后,要尽量进入该领域的"内行"。这就需要大量知识的积累,必须在一个领域有拿得出手的东西。如果做每一件事情都是点到为止,最终在竞争力方面也会输给真正的行家。

第二节　职业博览会——职业探索方法

故事分享

　　在学校举办的小型招聘会上，毕业生小李主动与参会企业交流，谈了一家又一家，不是待遇不满意，就是工作地点不满意，最终一无所获。这已经是他第11次参加招聘活动了。到底选择什么样的企业和岗位，他还在犹豫，甚至茫然不知所措。

　　像小李这样一直在职业挑选路上的毕业生其实很多，说到底，是因为他们的职业期待没有实现。职业期待，即指个人对某种职业的向往和需求。每个大学生在职业生涯规划中都渴望获得一份能更多、更好地满足自身物质需求及精神需求的职业，但我们必须认识到，这种职业期待想要变成现实，就会受到主客观条件的制约。

　　无论你梦想从事什么工作，都要对这份工作的情况做些基本的了解。有了正确的自我认识，可以初步确定自己想要做的职业，但这一职业是不是真正适合你呢？现状是不是允许你从事这一职业呢？我们就要开始进行职业探索了，了解该职业的相关信息，了解该职业的要求与个人之间的差异，以便我们做出正确的决策，更好地进行职业生涯规划。

　　一个人的职业目标能否实现，除了取决于个人能力素质、专业与社会需要以及机遇等条件外，还取决于自身对职业期待值的高低。因此，进行科学的职业探索应结合自身条件和社会需求，在确定职业目标后，不断调整职业期待值，使其达到最佳。

　　当一个人拥有自我职业探索能力时，他就能在日后学习各项技能中不断完善自己，可以更早地领略他人不能领略到的，更快地了解新事物，在学习技能的道路上可以拥有很强的独立能力。

（一）主动把握个人生涯的发展

　　很多同学在求职时都会遇到各种问题，要么想当然，认为自己想干什么就去找类似的工作，不管适合还是不适合；要么随大流，看着本专业的同学找些什么单位，自己也就跟着找什么单位。到头来通常是四处碰壁，垂头丧气，最后常常随便找一个工作应付。如果我们尽早地进行职业探索，了解了职业要求，就能根据自己的特点，选择适合自己的职业，主动把握个人生涯发展，而不是被动地跟随他人。

（二）进一步认识和了解自己

进行职业探索时，我们在了解职业的同时要不断地与自身的条件比对，来决定合适还是不合适，这其实也是个体自我认识的过程。进行自我认识的时候，我们几乎不考虑环境因素，而进行职业探索时，往往会因为条件的限制或其他因素的影响，发现自己真正需要的也许和之前的需求有所差异，这时我们就要进行调整，寻找更合适的发展方向。

（三）锻炼自身的能力

对职业的探索，是要将职业的需求与自身的需求进行比对，所以只有自己亲身体验，才能得出是否适合自己的结论。在这个过程当中，我们需要通过很多途径和方法来全方位地了解职业，这就锻炼了我们的观察能力、沟通能力、思考能力、信息采集能力、分析能力，等等。

一、 静态探索：建立自己预期的职业库

职业生涯规划是一个不断探索实践的过程。在进行了自我探索之后，外部世界的探索尤其是职业世界的探索应该是一项非常关键的任务，只有对职业环境进行有效的探索，职业生涯规划才能最终落到实处。探索职业世界的方法多种多样，在利用书本、报刊、网络媒体之外，还可以通过实习、生涯人物访谈等形式进行。探索的对象不仅包括宏观社会环境，还包括行业环境和微观岗位环境。不仅如此，家庭成员和亲朋好友所从事的职业也可以成为大学生了解职业的有效途径。

很多大学生不知道如何进行工作世界的探索，其中一个很重要的原因就是工作世界的信息浩如烟海，根本搞不清应该从哪儿入手，更谈不上如何进行，如果有一个探索范围，则会容易很多。通过前面模块的探索可以帮助个人初步形成一个探索的范围。此外，每个人还有自己心目中理想的职业，可以通过头脑风暴的形式把它们也列出来。这样就获得了一个职业清单，看看这些职业有什么共同点，就可能启发你想到更多值得探索的职业。

研究表明：在做决策时，太多的信息容易让人迷失，反而拿不定主意；而过少的信息又起不到让当事人了解客观事实的作用。所以在形成预期职业库的时

候,库的大小根据自己的情况要有适当的平衡,通常4—6个职业的调查是比较适中的。在信息探索过程中,抛开自己固有的想法,保持开放的心态,就容易获得客观的信息。结合你的能力和价值观再次从职业清单中进行筛选,最终就得到你预期的职业库。

简单举例说,毕业生小李期待做商业方面的工作,但是具体选择什么工作因其对社会还不太了解,一直难以决定。性格探索的结果是他适合做人力资源管理者、咨询顾问、教师等,兴趣探索的结果是他应该做社工、教师、培训人员等,能力探索的结果是他可以做教育、销售、客户服务等工作,价值观探索的结果是他期待做服务、自由职业、护理等工作。从小李职业探索得出的各种选择中,我们可以看到,教师职业、教育工作出现的频次最高;社工、客户服务、服务、护理等虽然名称不同但都明显体现了帮助他人的特点。所以最适合小李的职业首先具有与人打交道、帮助他人的特点,其次还有沟通性、商业性等特点,由此他可以列出或搜索一些符合这些特点的职业,比如培训、咨询顾问、客户服务等,进行详细调查。

具体而言,可以从静态探索了解职业的内涵和分类做起。

(一)职业的内涵和分类

职业是指人们从事的稳定的、有合法收入的工作。职业分类是采用一定的分类原则,对从业人员所从事的专门化的社会职业所进行的全面、系统的划分与归类。

一般而言,职业的分类是以工作性质的同一性为基础原则,对社会职业进行的系统划分与归类。职业分类的目的是要将社会上纷繁复杂、数以万计的现行工作岗位,划分成类系有别、规格统一、井然有序的层次或类别。职业分类体系主要通过职业代码、职业名称、职业定义、职业所包括的主要工作内容等描述出每一个职业类别的内涵与外延。通过职业分类,可以了解社会职业领域的总体状况,增强职业意识,有意识地提高职业素质。职业分类和行业分类的知识,我们可以通过静态探索的方式探索到。在信息瞬息万变的今天,职业的发展有着巨大的变化。我们需要及时了解职业的发展变化趋势。

补充知识链接

《中华人民共和国职业分类大典》是我国对职业进行科学分类的权威性文献。在深入分析我国社会职业构成的基础上,突破了过去以行业管理机构为主体,以归口部门、单位甚至用工形式来划分职业的传统模式,采用了过去以从业人员工作性质的同一性作为职业划分标准的新原则,并对各个职业的定义、工作活动的内容和形式以及工作活动的范围等做了具体描述,体现了职业活动本身固有的社会性、目的性、规范性、稳定性和群体性的特征性。

《中华人民共和国职业分类大典》(2022年版)将我国职业归为8个大类、79个中类、449个小类和1636个职业。8个大类分为:

第一大类:国家机关、党群组织、企业、事业单位负责人。

第二大类:专业技术人员。

第三大类:办事人员和有关人员。

第四大类:社会生产服务和生活服务人员。

第五大类:农、林、牧、渔业生产及辅助人员。

第六大类:生产、运输设备操作人员及有关人员。

第七大类:军人。

第八大类:不便分类的其他从业人员。

行业分类主要依据按经济活动性质的同一性进行分类的原则,即主要按企业、事业单位、机关团体和个体从业人员所从事的生产经营活动或其他社会经济活动性质进行行业分类,而不按其所属行政管理系统分类。某一行业就其实质来说,是指从事一种或主要从事一种活动的缩影单位的聚合体。

2022年新版职业大典的一个亮点,就是首次标注了数字职业。标注数字职业是我国职业分类的重大创新,对推动数字经济、数字技术发展以及提升全民数字素养,具有重要意义。新版大典中共标注数字职业97个。新版大典沿用2015年版大典做法,标注了绿色职业133个。新版大典中,既是绿色职业又是数字职业的有23个。2015年版大典在充分考虑我国社会转型期社会分工特点并借鉴国际先进经验的基础上,对具有"环保、低碳、循环"特征的职业活动进行了研究分析,将部分社会认知度较高、具有显著绿色特征的职业标示为绿色职业(标识为L),这是我国职业分类的首次尝试。

表 3-1　中华人民共和国职业分类大典中的职业分类表（2022 年版）

大类	中类	职业描述
1. 党的机关、国家机关、群众团体和社会组织、企事业单位负责人	1-01 中国共产党机关负责人	在中国共产党机关，国家机关，民主党派和工商联，人民团体和群众团体、社会组织，基层群众自治组织及其工作机构，企业、事业单位中担任领导职务并具有决策、管理职权的人员
	1-02 国家机关负责人	
	1-03 民主党派和工商联负责人	
	1-04 人民团体和群众团体、社会组织及其他成员组织负责人	
	1-05 基层群众自治组织负责人	
	1-06 企事业单位负责人	
2. 专业技术人员	2-01 科学研究人员	从事科学研究和专业技术工作的人员
	2-02 工程技术人员	
	2-03 农业技术人员	
	2-04 飞机和船舶技术人员	
	2-05 卫生专业技术人员	
	2-06 经济和金融专业人员	
	2-07 监察、法律、社会和宗教专业人员	
	2-08 教学人员	
	2-09 文学艺术、体育专业人员	
	2-10 新闻出版、文化专业人员	
	2-99 其他专业技术人员	
3. 办事人员和有关人员	3-01 行政办事及辅助人员	在公共管理和社会组织机构中，从事行政业务、行政事务、行政执法和仲裁、安全保卫、消防和应急救援等工作的人员
	3-02 安全和消防及辅助人员	
	3-03 法律事务及辅助人员	
	3-99 其他办事人员和有关人员	

（续表）

大类	中类	职业描述
4. 社会生产服务和生活服务人员	4-01 批发与零售服务人员	从事商品批发零售、交通运输、仓储、邮政和快递、住宿和餐饮、信息传输、软件和信息技术以及金融、房地产、租赁和商务、技术辅助、生态保护、文化、体育和娱乐等社会生产服务与生活服务工作的人员
	4-02 交通运输、仓储物流和邮政业服务人员	
	4-03 住宿和餐饮服务人员	
	4-04 信息传输、软件和信息技术服务人员	
	4-05 金融服务人员	
	4-06 房地产服务人员	
	4-07 租赁和商务服务人员	
	4-08 技术辅助服务人员	
	4-09 水利、环境和公共设施管理服务人员	
	4-10 居民服务人员	
	4-11 电力、燃气及水供应服务人员	
	4-12 修理及制作服务人员	
	4-13 文化和教育服务人员	
	4-14 健康、体育和休闲服务人员	
	4-99 其他社会生产服务和生活服务人员	
5. 农、林、牧、渔业生产及辅助人员	5-01 农业生产人员	从事农、林、畜、渔业生产活动及辅助生产的人员
	5-02 林业生产人员	
	5-03 畜牧业生产人员	
	5-04 渔业生产人员	
	5-05 农、林、牧、渔业生产辅助人员	
	5-99 其他农、林、牧、渔业生产及辅助人员	

（续表）

大类	中类	职业描述
6. 生产制造及有关人员	6-01 农副产品加工人员	从事产品生产及设备制造、矿产开采、工程施工和运输设备操作的人员及有关人员
	6-02 食品、饮料生产加工人员	
	6-03 烟草及其制品加工人员	
	6-04 纺织、针织、印染人员	
	6-05 纺织品、服装和皮革、毛皮制品加工制作人员	
	6-06 木材加工、家具与木制品制作人员	
	6-07 纸及纸制品生产加工人员	
	6-08 印刷和记录媒介复制人员	
	6-09 文教、工美、体育和娱乐用品制造人员	
	6-10 石油加工和炼焦、煤化工生产人员	
	6-11 化学原料和化学制品制造人员	
	6-12 医药制造人员	
	6-13 化学纤维制造人员	
	6-14 橡胶和塑料制品制造人员	
	6-15 非金属矿物制品制造人员	
	6-16 采矿人员	
	6-17 金属冶炼和压延加工人员	
	6-18 机械制造基础加工人员	
	6-19 金属制品制造人员	
	6-20 通用设备制造人员	
	6-21 专用设备制造人员	
	6-22 汽车制造人员	
	6-23 铁路、船舶、航空设备制造人员	
	6-24 电气机械和器材制造人员	
	6-25 计算机、通信和其他电子设备制造人员	
	6-26 仪器仪表制造人员	
	6-27 再生资源综合利用人员	
	6-28 电力、热力、气体、水生产和输配人员	
	6-29 建筑施工人员	
	6-30 运输设备和通用工程机械操作人员及有关人员	
	6-31 生产辅助人员	
	6-99 其他生产制造及有关人员	

（续表）

大类	中类	职业描述
7. 军队人员	7-01 军官（警官）	军队人员
	7-02 军士（警士）	
	7-03 义务兵	
	7-04 文职人员	
8. 不便分类的其他从业人员	8-00 不便分类的其他从业人员	不便分类的其他从业人员

（二）职业的发展变化趋势

随着社会分工的发展和职业的分化，职业的种类也愈来愈多，已远远超过了"三百六十行"。21世纪是知识经济的时代，当今社会知识经济开始占据国民经济的主导地位，对人才的要求打破传统的模式，呈现出新的特点。

1. 打破了传统职业模式，逐步实现智能化

工业革命后，科学技术的发展导致逐渐出现了学校形式的职业教育。体力劳动者与脑力劳动者之间逐步形成新类型的"中间人才"，构成与社会经济发展相适应的人才类型结构。生产力发展的关键之一是增加职业岗位科技含量，改善劳动组织和生产手段，提高劳动生产率。能熟练应用信息管理方法的智能型操作人员，是今后职业岗位更新、工作内容更新需要的新型人才。

2. 转变了职业时空概念，职业岗位转移更加频繁

传统职业时空变化不大，不需要过多考虑单位的变更和职业的前景发展。现在同一职业或职位对就业者的要求也不断发生变化，使得时空变化加大。体力劳动脑力化和专门职业化会使部分职业或职位对就业者的某些要求发生变化。

3. 第三产业兴起，对职业技能要求更高

第三产业是伴随现代工业社会的发展而崛起的一类新兴行业，它包括交通运输业、邮电通信业、商业、服务业、金融保险业、卫生、体育、教育和文化艺术等。分布于第三产业中的职位的比重在不断增加。社会生产力的提高，解放了劳动力，人们越来越多地需要社会服务行业为他们排忧解难、提供方便。第三产业的劳动人数迅速增加，提供各种各样服务项目的社会服务业将迅速发展壮大，不仅能产生大量新职业,而且是吸纳社会劳动力的主要渠道。

4. 人才类型的规格要求和比例结构,发生显著变化

21 世纪,我国仍将保持四种人才类型,即:学术型、工程型、技术型、技能型,技术型人才在劳动力结构中所占比重一直在上升。这一方面是由于很多原来技能型人才的工作岗位实现智能化后改由技术型人才担任,另一方面,在信息技术发展后,原来由工程型人才担任的设计、管理等工作也有一部分采用信息技术,改由技术型人才担任。技能型人才可能是变化最大的一类人才。技术工人变换工作岗位的情况将愈来愈频繁:一部分技术工人的工作将被技术员所代替,如像在钢材轧制的自动生产线上,原先的轧钢工人已被计算机前操作的技术员所代替;还有不少技术工人转向第三产业或更高的技术岗位,这些变化导致技能型人才总人数趋于减少。

5. 复合型人才的需求,成为 21 世纪的重要特点

从目前招工、就业的情况分析,职业岗位的要求和劳动方式逐步由简单向复杂方面转化,过去单一技能就能胜任的工作,现在职业内涵发展扩大了,往往需要相关专业的许多知识和技能,更多地需要跨专业的复合型人才。

职业的迅速发展,对大学生就业产生了许多方面的影响。大学生在确定职业生涯目标时,要认真研究职业发展的趋势。第一,新职业种类的大量出现,扩大了大学生的择业范围。大学生在择业中首要考虑的便是"专业对口",但由于职业发展加快,新职业种类不断增加,所谓与专业"对口"的职业种类当然也相应增多。这就要求大学生在择业时应当解放思想,开阔视野,跳出以往传统职业种类的狭小范围。第二,职业的发展导致同一职业或职位对就业者的要求不断提高。对于某些职业来说,仅有学历文凭还不具备就业资格,还需通过有关的职业资格鉴定,获得职业资格证书,如律师、环评工程师等职业。

二、 动态探索:由近及远探索工作世界

职业信息探索的方法有很多,依据一定的规律可以提高效率,例如从近至远的探索。所谓近和远,是指信息与探索者的距离。通常近的信息比较丰富,远的信息更为深入;近的信息较易获得,远的信息则需要更多的投入和与环境的互动才能了解。所以,从近至远的探索是一个范围逐渐缩小、了解逐渐加深的过程。下图列举了从近到远获取信息的一些方式。

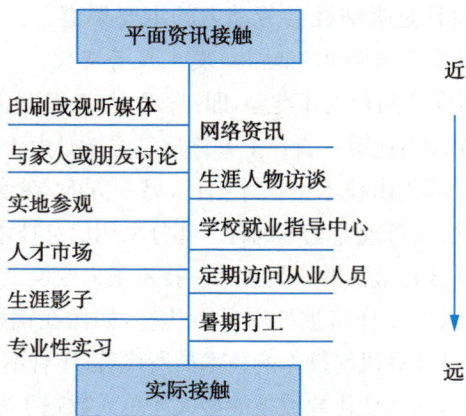

图3-1 信息获取的方式

非正式评估是探索者有意无意得到的对某个信息的最初评估。

正式评估是指各种正式的职业测评,如兴趣测评等。通常学校就业指导中心会给大家提供免费的相关测评,社会上的职业测评机构也提供收费的服务,大家在测评时应注意该测评的信效度是否合格。

印刷或视听媒体的范围比较广泛,报纸、杂志、电视、书籍都有可能提供职业信息,比如《21世纪》《中国教育报》《中国大学生就业》、中央二台《劳动·就业》栏目以及一些传记文学等。

网络资讯如今已经成为获得信息的主要途径,和职业相关的网站很多,比如中国劳动力市场网、前程无忧、智联招聘、中华英才、搜狐招聘频道、新浪求职频道、中青在线人才频道、各高校职业指导网站等,也有一些网站专门提供某个专业的职业信息或留学信息等更有针对性的资讯。

生涯人物访谈处于近与远的中间,在效率和信息的真实性上有比较好的平衡。这种方式是指大家对身居自己感兴趣职位的人进行采访。接受访谈者是我们称之为"生涯人物"的人,在这个职位上已经工作了三至五年甚至更长时间。为防止访谈中的主观影响,应至少访谈两人以上,如既与成绩卓然者谈,也与默默无闻者谈,这样效果会更好。

生涯影子指跟着某个特定的工作角色观察其工作内容。

暑期打工和专业性实习都是实践性很强的方式,获得的信息更为真实,但是所耗的时间、精力也比较多,机会也有限。

补充知识链接

职业探索的十大任务

一、职业描述

职业描述，就是定义这个职业的内涵。具体包括职业名称和各方对其的定义。在罗列别人对这个职业的看法后，你也要给这个职业下一个自己的定义，为自己的职业报告做好第一个准备。职业描述是对职业最精炼的概括和总结，是透彻理解职业和调研职业的基础。其实，给职业定义的每个字你都是要仔细思考的，因为，日后你要做的事情全是对定义的拓展而已。一般来说，都有固定的对职业的定义，可以参照人力资源和社会保障部组织编写的《中华人民共和国职业分类大典》对职业的详细介绍，而且要注意定期增加社会新出现的职业信息。

二、职业的核心工作内容

每个职业都有核心的工作职责，职责背后对应的就是工作内容，说白了，就是这个职业一般都干什么活，什么工作是这个职业必须要做的。了解职业的核心工作内容，有利于了解完成工作内容必须具有的工作能力，这样就很容易找到自己与之的差距，从而有目的地提高相关能力以完成工作内容。了解工作内容的程度，是衡量一个人对工作的熟悉和喜欢的重要标准。成熟的职业都有权威人事部门给其总结确定的核心工作内容，一些企业的招聘广告中也有对工作内容的描述，也可以请教一些行业协会，或是从事这个职业的资深人士，一般企业的人事部门和直接部门经理也有对职业的具体感悟。

三、职业的发展前景及其对社会和生活的影响、作用

职业的发展前景是国家、社会等对这个职业的需求程度，具体包括三个问题：职业在国家阶段发展中的作用，职业对社会和大众的影响，职业对生活领域的影响。就是说，不仅仅要知道这个职业对国家、对社会、对行业有用，也要知道这个职业对大众、对生活的影响，人们对其的依存度及其声望度怎样。职业的发展前景，尤其是国家的导向是促进职业发展的黄金动力，知道你日后从事职业的发展轨迹就能更好地判断自己是否能切入及切入点如何选择了，尤其要注意对大众对生活的影响，因为大众的才是永恒的。职业在国家发展中的作用一般都有劳动部门的权威预测，但对社会和生活的影响是真正要自己去调研的，可以去咨询这个行业的资深人士。

四、薪资待遇及潜在收入空间

职业是社会分工的产物，职业根据参与社会分工的量来确定相应的报酬，在不同的行业、企业、岗位上还有一些潜在的收入空间。能赚多少钱是大家都关心的话题，很多人也会把赚钱多少作为择业的关键因素，所以在考量职业时要重点调研职业的薪资状况。其实每个职业起薪都差不多，但都有极致，都有天价，能力不断提升的背后就蕴藏着高薪。

五、岗位设置及不同行业、企业间的差别

岗位设置，是指一个职业是有一系列岗位划分的，如人事工作的岗位就分招聘、考核等很多具体岗位，而不同行业、不同性质、不同规模的企业对岗位的划分和理解也是有很大不同的，很可能同样都叫一个名字，但干的活却完全不一样。了解职业的岗位设置，能加深对职业外延的理解，知道职业的具体岗位后，就可以有针对性地对比自己，查漏补缺。不同行业对职业（岗位）的理解和要求也是有差异的，而具体的企业就更千差万别了。一般来说，人事权威网站、职业分类大典、业内资深人士是比较了解职业的具体岗位设置情况的。

六、入门岗位及其职业发展通路

入门岗位是指针对应届毕业生的工作。职业的一些中低端岗位是面向大学生开放的。一个岗位对应的日后职业发展道路是什么，这个岗位有哪些发展途径，最高端岗位是什么，这些你都要知道。即使你很看好这个职业，但你也是要从低端工作做起的，而入门岗位就是提供给我们毕业生的跳板，所以你一定要知道你能通过哪些岗位进入这个职业。从企业每年的校园招聘里就能看到哪些岗位是针对应届生的，这些信息可以在校园招聘网站中找到。

七、职业标杆人物

职业标杆人物，一般展示在这个领域谁做得最好，他是怎么做到的，他都取得了什么成绩，曾遇到什么困难，应具备什么素质等。每个职业都有一流的人物，无论是国内还是国外的。研究职业标杆人物，可以让你了解他的奋斗轨迹，让你在"追星"中加深对职业的了解，也会让你找到在这个职业领域奋斗的途径。当你在网上搜索这个职业时，一般就会找到职业标杆人物，图书馆也会有这方面的书。此外，业内的资深人士都会掌握这样的信息。

八、职业的典型一天

职业的典型一天，更多是在访谈中完成的。你要知道这个工作的一天都是怎么过来的，从早上到回家的时间都是怎么安排的。了解职业的典型一天是判断自己是否适合这个职业的重要指标,如果你不想过这个职业那样的一天,就不用再为之而努力去学习、去准备了,所以这个过程是很关键的。职业的典型一天,在职业的核心工作内容中会有涉及,但具体到个人的资料就不多了,所以更多的还是要你去采访做这个职业的人,这样获得的信息也才更真实。

九、职业通用素质要求及入门具体能力

职业通用素质要求是指从事这个职业的一般的、基本的要求。主要是个人通用素质能力,就是能把这个工作做好要具备的能力。通过对职业外在素质要求的了解,对比自己是否能够胜任,还有哪些要加强和补充的能力,从而可以将之规划到大学生活里。

十、工作与思维方式及对个人的内在要求

工作方式和思维方式是你做好、做精工作的保证,有些工作对人的内在要求是很高的,如态度等,这些是从你的内在来判断你是否适合和喜欢一个职业的核心标准。从内在出发来判断是否喜欢是科学的,因为职业是客观的,只是因为你选择了职业才会有是否愿意做、适合做等问题的产生。岗位描述中的任职资格也会有对其内在素质的要求,还有业内普遍认为的个人素质,还要考虑不同行业、不同类型企业的差异。

第三节　外面的世界很精彩——探索职业环境

故事分享

大二暑期的时候,小朱为了真正了解自己的专业以及专业在行业的实际应用情况,去了一家医药企业实习。经历了30多天的打工生活,小朱对第一份工作的脏、累、苦有了深刻体会,但她很自豪自己当时的决定和勇气。她实现了自己的目标:工厂看到了,流水线看到了,也看到了企业的前景和自己的发展方向,更重要的是她收获了行业很多的前沿发展资讯和职业的真实体验。这些为她的职业生涯规划提供了直接的决策依据。

大学生要积极主动参加"职业体验"。业余时间里,应积极、主动寻找机会,到感兴趣的工作岗位上去体验。通过亲身感受,了解岗位的工作内容、职业前景、工作环境、福利待遇、需要具备的专业知识素质和能力等。只有切身体会,才能客观、理性地鉴别和选择适合自己的职业。走出校门,外面的世界很精彩,需要我们积极参与职业体验,进行职业生涯探索。

那么,具体怎么探索职业环境呢?

一、 社会环境的宏观分析

大学的学习,是一个为就业准备的过程,我们最终将会走向职业世界,成为职业人。我们的学习和成长,也离不开社会大环境的影响。社会政治经济形势、产业结构调整、社会舆论导向等都会在我们的思想上产生影响。

大家在进行职业规划时,要充分认识到社会环境对职业生涯的影响,要注意分析社会环境的基本特点,了解社会环境的发展变化,还要认识到在社会环境条件中,哪些是自己今后走向职业岗位的有利条件,哪些是不利条件,等等。同学们只有充分了解社会环境因素,才能做到在复杂的社会环境中找到自己的职业位置,职业生涯规划才能具有实际的意义。

(一)了解经济环境

1. 经济形势

经济形势的变化对职业的影响是最为明显又最为复杂的。当经济处于萧条时期,企业的效益降低,对人力资源的需求减少,因而职业选择和职业发展的机会减少;当经济处于高速发展时期,企业处于扩张阶段,对人力资源需求量增加,职业选择和职业发展的机会增多。

2. 劳动力市场供求状况

劳动力市场的供求状况对职业选择和职业发展产生重要影响。如果某类职业的人才供不应求,则职业选择和职业发展的机会增多;相反,某类人才供过于求,职业选择和职业发展的机会减少。

3. 收入水平

社会对人力资源的需求是一种派生的需求,当人们的收入水平提高时,对商品消费的需求增加,企业就会扩大生产,从而增加对人力资源的需求,职业选择和职业发展的机会增多;相反,职业选择和职业发展的机会则会减少。

4. 经济发展水平

在经济发展水平高的地区,企业相对集中,优秀企业也比较多,个人职业选择的机会就比较多,因而就有利于个人职业发展;反之,在经济落后地区,个人职业发展也会受到限制。

（二）了解政治法律环境

1. 政治环境

政治因素主要涉及国家的方针、政策。影响职业的政治因素包含：教育制度、政治体制、经济管理体制、人才流动的政策等，政治和经济是相互影响的，政治不仅影响一国的经济体制，而且影响着企业的组织体制，从而直接影响个人的职业发展；政治制度和氛围还会潜移默化地影响个人的追求，从而对职业发展产生影响。

2. 法律环境因素

法律因素是指中央和地方的有关法规和有关规定，如政府有关人员招聘、工时制、最低工资的强制性规定，现行的户籍制度、住房制度、人事制度和社会保障制度，这些因素都会对职业的选择和发展产生重要的影响。

（三）了解文化环境

社会文化环境包括教育条件和水平、社会文化设施等。在良好的社会文化环境中，个人能受到良好的教育和熏陶，从而为职业发展打下更好的基础。社会文化是影响人们行为、欲望的基本因素。社会文化反映着个人的基本信念、价值观和规范的变动。

（四）了解价值观念

一个人生活在社会环境中，必然会受到社会价值观念影响。大多数人的价值取向，都是为社会主体价值取向所左右的。一个人的思想发展、成熟的过程，其实就是认可、接受社会主体价值观念的过程。社会价值观念正是通过影响个人价值观从而影响个人的职业选择和职业发展。同学们在进行职业生涯规划时，要坚持正确的价值观念，认可、接受社会上积极进步的价值观。

二、 行业环境的宏观分析

行业的整体发展状况会直接影响个体的职业发展，同学们进行职业规划时有必要对自己的目标行业进行全方位的解读，更好地了解职业世界。行业环境分析的主要内容包括：

（一）行业的内涵与外延

对行业的定义，不同的角度会有不同的解释，同学们应该尽可能去搜集、整理各个不同的定义，对行业有个精准的认识。同学们可以参考《中华人民共和国职业分类大典》的权威解释，了解整个行业的概况，并且熟悉行业内的细分领域，进而探索行业的全貌。

（二）行业现状及发展趋势

国家各行业主管部门或者社会研究机构,每年都会推出各种行业分析报告,这是了解行业现状和发展趋势的最好资料。通过网络、图书或者听讲座等方式,了解该行业在国民经济发展中的地位,了解该行业当前的发展现状,探索其未来的发展趋势。

（三）行业人才需求状况

各行各业都有其准入门槛以及对人才素质能力的基本要求,了解行业人才需求状况,是进入行业的前提。所谓行业的人才需求状况,是指这个行业人才胜任能力标准、人才发展前景、人才培养目标及人才晋升路径。了解越详细,个人的职业定位也更加清晰,职业规划也更具有针对性。

（四）行业的社会评价与社会声望

行业不是孤立地存在于职业世界之中的,多倾听社会各界人士对该行业的评价,了解该行业的整体社会声望情况,也是进行职业选择与规划的参考依据。对行业的评价向来都是仁者见仁、智者见智的,行业的社会声望也高低不一,在不同的舆论和倾向的影响下,同学们应该有自己的认识,不宜随波逐流,人云亦云。

（五）行业代表人物

了解行业的代表人物是了解一个行业较好的手段。三百六十行,行行出状元,各行各业都有自己的代表人物,通过调研行业代表人物的先进事迹、成长历程,可以加深对该行业的认识与了解。相反,了解行业反面典型的失败经历,也能够从侧面知道行业存在的风险与弊端,树立对行业全面、客观的认识。

（六）行业规范及标准

每个行业都有自己的行业标准及规范,这些规范可能是明示的,也有可能是潜在的;这些标准有可能是国家制定的,也有可能是行业内部的。行业的规范及标准代表了行业的人才准入门槛以及从业人员基本守则,掌握了该行业的规范与标准,也为进入该行业铺平了道路。

（七）行业知名企业名录

行业是由一系列细分领域内的企业共同组成的,这些企业既互相竞争,又互相依存,共同推动行业的发展与进步。行业知名企业一般是该行业发展的缩影,代表了该行业的最高发展水平,因此了解行业的标杆企业是了解该行业的最好方法。

拓展阅读

未来最具前景的新型行业

一、云计算

企业向云端迁移是大势所趋。可以看到:

1. 公有云和私有云市场增长依然齐头并进。

2. IaaS 层面:拥有多元化的商业应用生态圈越来越重要,如亚马逊、谷歌、微软等。

3. SaaS 层面:主要集中在人力资源、OA、CRM、市场营销、B2B 大宗商品采购等领域,如 SalesForce、Sap、Oracle 等。

4. PaaS 层面:没有出现独立巨头,未来更可能由 IaaS 巨头向上或 SaaS 巨头向下延伸。国内云计算市场还处在萌芽期,市场蛋糕正变得越来越诱人。

二、大数据

大数据行业的融资总额 2013—2015 年分别为 8 亿美金、15.4 亿美金及 20 亿美金;2013—2015 年融资事件分别为 10 起、42 起及超过 50 起。"大数据十"已经渗透到几乎所有行业,如"大数据十零售""大数据十医疗""大数据十房地产"等。

三、虚拟现实

目前全球虚拟现实行业经过近百年的发展仍处于早期起步阶段,供应链及各类配套设施还在摸索。然而虚拟现实的发展前景引人想象,具备广泛的应用空间,如游戏、影视、教育、体育、星际探索、医疗等。当前各大咨询机构均看好虚拟现实在未来 5 年将实现超高速增长,其爆发已近在咫尺。

四、人工智能

人工智能(Artificial Intelligence,AI)概念提出于 20 世纪 50 年代,是研究利用计算机模拟和执行人类智能任务的理论、方法、技术及应用系统的一门综合性科学。作为新产业变革的关键驱动力,人工智能已在研发设计、生产制造等领域展现出惊人的实力。据预测,到 2030 年,中国人工智能核心产业的规模可能突破 1 万亿元,并带动相关产业规模超过 10 万亿元。近年来,随着高性能计算能力的提升、大数据的积累以及深度学习技术尤其是大模型技术的突破,人工智能技术取得了巨大的进展,发展速度日新月异。

五、3D技术

经过过去几年3D打印的投资热,3D打印技术步入了一个新的阶段,但应用市场仍有待突破。专家预测2023年,全球3D打印机市场规模将扩大到350亿美元。

六、无人技术

无人技术目前主要应用在无人机、无人驾驶汽车等领域。美国蒂尔集团预测全球无人机市场规模会从2015年的64亿美元增至2024年的115亿美元,发展态势迅猛。到2021年,预计全球无人驾驶汽车市场规模将达到70.3亿美元;到2035年,预计全球无人驾驶汽车销量将达2 100万辆;届时中国无人驾驶汽车产值空间至少也在万亿规模,潜力无限。

七、机器人

中国人口老龄化问题日益突出、人工成本急剧上升以及整体经济结构面临转型,机器人未来的崛起及其巨大的市场规模已经被各大机构认可。

未来无论短期或是长期,机器人行业的投资机遇巨大,从工业机器人、协作机器人到服务机器人均有十分可观的市场规模。

八、新能源

中国是最大的新能源市场,发展新能源产业是改变我国的能源结构,降低对化石能源的依赖度,同时减少环境污染的必然选择。大力度的财政补贴推动新能源产业快速走向成熟,蕴含丰富投资机会。

九、新材料

新材料是新经济的基石,我国在军工、高铁、核电、航天航空等尖端制造领域的快速发展均离不开基础材料领域的突破。

随着基础化学、基础材料、纳米技术等方面的科研实力的不断积累,新材料领域的创新点不断涌现,新材料将成为数万亿产值的市场。

十、医疗服务

2016年医疗服务行业的驱动因素来自药品行业景气度的持续下滑,以及药品价格形成机制的变化。在分级诊疗和医生多点执业的推动下,公立医院借助民营资本盘活存量资产,重组增量价值,医疗服务业务为新技术提供了商业化的出口,而新技术给医疗服务业提供了高附加值的项目。

十一、生物技术与生命科学

随着基因组学、分子生物学等基础学科的发展,生物制剂与生命科学技术正在治疗中发挥越来越重要的作用。生物制剂方面,越来越多的单抗药物对肿瘤、糖尿病等疑难杂症产生突破性疗效,"重磅炸弹"级新药频出。

十二、医疗器械

医疗器械市场在国内起步较晚,但发展迅速,2001 年至 2014 年,我国医疗器械市场规模从 173 亿元增长至 2 556 亿元,增长了近 15 倍,复合增速达到 23%。但从医疗器械市场规模与药品市场规模的对比来看,全球医疗器械市场规模大致为全球药品市场规模的 40%,而我国这一比例低于 15%,随着经济的发展以及国内老龄化程度的提高,医疗器械市场发展潜力巨大。同时,《创新医疗器械特别审批程序(试行)》等一批政策(法规)的出台,为国产创新医疗器械的快速成长奠定了坚实的基础。

十三、互联网医疗

信息技术的高速发展引发各个行业的巨大变革,也为医疗行业带来巨大机遇。随着大数据、云计算、物联网等多领域技术与互联网的跨界融合,新技术与新商业模式快速渗透到医疗各个细分领域,预防、诊断、治疗、购药都将全面开启一个智能化时代。

十四、健康养老

健康养老产业受需求迫切和政策鼓励双向驱动,将迎来十分确定的发展机会。未来我国政府和个人将面对很大的养老压力,截至 2016 年,65 岁及以上老年人口达 1.5 亿,占总人口比重 10.8%。预计到 2025 年,我国老年人口将增至 4.8 亿,届时约占亚洲老年人口的 2/5、全球老龄人口的 1/4。同时,养老作为"健康中国"的一部分已被提升到国家战略性高度。我们将沿着国家提出的建设以居家为基础,社区为依托,机构为补充的多层次养老服务体系挖掘投资机会。

十五、体育

在过去的一年,中国各路巨头开始瞄准海外优质体育标的资产,渐渐向成熟体育盈利模式靠拢,例如门票、媒体转播权、赞助和体育衍生品。因此,拥有优质赛事资源和广大群众的体育行业标的将会持续受到资本的追捧。

三、 岗位环境的微观分析

(一)岗位环境分析的内容

岗位是企业的组织细胞,也是个体实施职业行动的具体位置。同学们进入企业之后,都是在具体的岗位上开展工作,接受部门负责人的领导,实现自己的价值。岗位环境分析的主要内容如下：

1. 岗位工作内容是什么。

2. 岗位责任人是谁。

3. 工作岗位及其工作环境条件。

4. 岗位操作规范及操作守则。

5. 岗位职责与任职资格。

6. 与相关岗位工作人员的关系要求。

为了收集这些用于岗位分析的信息，一般采用访谈法、问卷调查法、观察法、关键事件法、工作日志法等。

（二）岗位环境分析的方法

1. 访谈法

访谈是就某一岗位与访谈对象，按事先拟订好的访谈提纲进行交流和讨论。访谈对象包括岗位的任职者、对工作较为熟悉的直接主管人员、与岗位工作联系比较密切的工作人员。为了保证访谈效果，一般要事先设计访谈提纲。进行访谈时要遵循以下几点：所提问题要和岗位分析的目的有关；访谈人员语言表达要清楚、含义准确；所提问题必须清晰、明确，不能太含蓄。

2. 问卷调查法

问卷调查法就是根据岗位分析的目的、内容等，事先设计一套岗位问卷，由被调查者填写，再将问卷加以汇总，从中找出有代表性的回答，形成对岗位分析的描述信息。问卷调查的关键是问卷设计。

问卷设计形式分为开放型和封闭型两种。开放型是由被调查人根据问题自由回答。封闭型是调查人事先设计好答案，由被调查人选择确定。设计问卷时要做到提问准确、问卷表格精炼、语言通俗易懂，问题不能模棱两可，问卷表前面要有指导语，问题排列要有逻辑等。

3. 观察法

所谓观察就是在不影响被观察人员正常工作的条件下，通过观察将有关工作的内容、方法、程序、设备、工作环境等信息记录下来，最后将取得的信息归纳整理为适合使用的结果的过程。

4. 关键事件法

关键事件法要求岗位工作人员或其他有关人员描述能反映其绩效好坏的"关键事件"，即对岗位工作任务造成显著影响的事件，将其归纳分类，最后就会对岗位工作有一个全面的了解。关键事件的描述包括：导致该事件发生的背景、原因；有效的或多余的行为；关键行为的后果；控制上述后果的能力。

5. 工作日志法

工作日志法是以记录见习日志或者工作笔记的形式记录日常工作活动，从而获得有关岗位工作信息资料的方法，优点在于可以更容易了解岗位的具体工作状况。

拓展阅读

职业分析清单

一、工作性质

1. 工作为什么会存在。

2. 这一职业所满足的需要。

3. 此工作的目的。

4. 工作人员所履行的工作职能，工作中主要的职责和责任。

5. 该职业所生产的产品或提供的服务。

6. 该职业的专业细分。

7. 该职业中所使用的设备、工具、机器和其他辅助物品。

8. 该职业的定义。

二、所需的教育、培训和经验

1. 准备进入该职业所要求的（或有用的）的大学或高中课程。

2. 进入该职业所需的工作经验。

3. 教育或培训的地点。

4. 获得必要教育背景所需的时间和经费。

5. 由雇主所提供的在职培训。

三、要求的个人资历、技能和能力

1. 一个人要从事该职业所需的能力、技能或能力倾向。

2. 职业所要求的体力。

3. 其他身体要求。

4. 特殊的品质或气质需要达到的标准。

5. 执照、证书或其他法律上的要求。

6. 必须或有益的特殊要求。

四、收入、薪酬范围或福利

1. 所赚的钱。

2. 所提供的福利。

五、工作条件

1. 物质条件和安全。

2. 工作时间安排。

3. 发挥主动性、创造性、自我管理和得到学习的机会。

4. 需要工作者自备的设备、物品和工具。

5. 作为参加工作的条件之一，要求具备工会和职业协会的会员资格。

6. 雇主对着装的要求和偏好。

7. 出差方面的要求。

8. 在该职业中工作者可能受到的歧视。

六、工作地点

1. 工作组织的类型（公司、社会公共机构、代理机构、企业、雇用此类工作者的行业、自我雇佣的机会）。

2. 职业存在的地理位置。

七、该职业中典型人群的人格特征

1. 支配该职业环境的人或该行业中大多数人的人格特征。

2. 年龄范围。

3. 男性和女性的比例。

4. 少数民族工作者的数量。

八、就业和发展前景

1. 进入该行业的通常方法。

2. 在地方和全国的就业趋势。

3. 提升机会、职业阶梯。

4. 在完成培训和教育之后得到雇佣所需的平均时间。

5. 提升到较高职位所需的平均时间。

6. 该行业工作的稳定性。

九、个人满意度

1. 该职业所体现的价值，这些工作价值中哪些符合你的价值观。

2. 他人和社会对于该职业的地位的看法。

3. 关于该职业,他们喜欢什么或不喜欢什么。

课堂活动

1. 头脑风暴

请用头脑风暴法列举出与手机相关的尽可能多的职业,并将所有联想到的职业都记录到纸上。请问你从这个活动中得到什么样的启发?

2. 搜集职业信息

5—6人一组讨论,可以通过哪些渠道了解职业信息,需要了解哪些职业信息,按下列格式填写好后,小组推荐一名成员进行汇报。

(1)搜集职业信息的途径和方法＿＿＿＿＿＿＿＿＿＿＿＿＿＿＿＿＿＿＿。

(2)职业信息的内涵＿＿＿＿＿＿＿＿＿＿＿＿＿＿＿＿＿＿＿＿＿＿＿＿。

(3)下一步你打算,通过什么渠道搜集信息＿＿＿＿＿＿＿＿＿＿＿＿＿＿。

3. 分析职业信息

(1)4—5人组成一个"职业资料专家小组",每组选定1人担任组长,1人负责记录,其他人为参谋,每组选定一个与组织专业、职业目标比较接近的具体职业或行业,并搜集相关资料。

(2)重新安排桌椅,以便开展"职业资料新闻发布会"。

(3)每组选1人进行5分钟左右的"职业资料发布"演示(可使用PPT等多媒体手段),内容包括职业的工作内容和对应聘人的要求等。

(4)演示完毕,全体组员接受其他同学的咨询,时间为5分钟左右。

(5)其他各组同学就准备的职业资料情况、演示现场和答询反映进行打分。

(6)全班大讨论:如何才能收集到正确、完整的职业资料,都有哪些搜集职业信息的渠道? 各组介绍的职业中,哪个或哪些吸引你,理由是什么?

课外实践与作业

1. 自我探索练习

通过一系列的职业探索和职业介绍,想必你对工作世界已有了些许的了解,是不是有些职业令你印象深刻呢? 现在就请你将它们写下来。

职业名称	工作内容	工作时间	工作地点	所需特质或能力

在上述的职业中,你最欣赏的有＿＿＿＿＿＿＿＿＿＿＿＿＿＿＿＿＿,
原因是:＿＿＿＿＿＿＿＿＿＿＿＿＿＿＿＿＿＿＿＿＿＿＿＿＿＿＿＿＿。
你最想从事的职业是:＿＿＿＿＿＿＿＿＿＿＿＿＿＿＿＿＿＿＿＿＿,
原因是:＿＿＿＿＿＿＿＿＿＿＿＿＿＿＿＿＿＿＿＿＿＿＿＿＿＿＿＿＿。
你的心得及发现是:＿＿＿＿＿＿＿＿＿＿＿＿＿＿＿＿＿＿＿＿＿＿＿
＿＿＿＿＿＿＿＿＿＿＿＿＿＿＿＿＿＿＿＿＿＿＿＿＿＿＿＿＿＿＿＿＿＿＿
＿＿＿＿＿＿＿＿＿＿＿＿＿＿＿＿＿＿＿＿＿＿＿＿＿＿＿＿＿＿＿＿＿＿＿
＿＿＿＿＿＿＿＿＿＿＿＿＿＿＿＿＿＿＿＿＿＿＿＿＿＿＿＿＿＿＿＿＿＿＿
＿＿＿＿＿＿＿＿＿＿＿＿＿＿＿＿＿＿＿＿＿＿＿＿＿＿＿＿＿＿＿＿＿＿＿
＿＿＿＿＿＿＿＿＿＿＿＿＿＿＿＿＿＿＿＿＿＿＿＿＿＿＿＿＿＿＿＿＿＿＿
＿＿＿＿＿＿＿＿＿＿＿＿＿＿＿＿＿＿＿＿＿＿＿＿＿＿＿＿＿＿＿＿＿＿＿
＿＿＿＿＿＿＿＿＿＿＿＿＿＿＿＿＿＿＿＿＿＿＿＿＿＿＿＿＿＿＿＿＿＿＿。

情景模拟

模拟"一日工作"的场景

请同学们选择自己未来最理想的职业或者与本专业相关的职业为场景模拟对象,拍摄一段"一日工作"VLOG,展现该职业从上班到下班所需要从事的工作任务,提前体验模拟"一日工作"的场景,体会心仪职业的一天,发现自己的不足之处,手机拍摄即可。

决策我的生涯

引导学生在前期各模块基础上,学习生涯决策的相关理论,掌握决策的技巧和工具,进一步明确自己的职业目标,并制订行动计划方案,科学撰写职业规划书。

案例故事导入

小陈,男,23岁,院学生会主席,独生子女,父母都是在职职工。现为某学院艺术设计专业大三学生,个人爱好写作,曾任学校记者团副团长,多次在各级报刊上发表文章,个人作文也曾多次获得省级、国家级奖励。同学普遍说他有上进心,性格外向,学习能力强。老师也反映该生尊敬师长,文字功底突出,组织协调能力强。小陈的个人职业目标是成为一名作家。

现已到大三上学期,小陈非常苦恼,因为父母希望他去一家专业对口的广告公司上班,而他自己想专转本继续深造学习。小陈坦言,他对所学的专业不是很有兴趣,也不想毕业后再从事设计行业。他当初选择艺术设计这个专业也是不得已的选择,他的最爱还是写作,希望通过专转本考试换到心仪的汉语言文学专业。即将毕业,自己是准备去上班? 还是着手准备专转本? 小陈感到非常矛盾与迷茫,不知自己该如何抉择。

小陈的苦恼,也正是许多升入高年级或者临近毕业的同学们的苦恼。相信通过前面几个模块的学习,面对小陈的苦恼,你能很快找到解决思路。

第一节　什么让你与众不同？ ——生涯决策理论

在了解如何进行生涯决策之前,我们有必要先行了解相关理论知识。

一、什么是决定？

（一）做决定的本质

解决问题就是考验做决定的智慧,在适当的时机做适当的决定!"我们的决定,决定了我们",这是存在主义大师萨特的名言。生涯决策,将会影响我们的未来。

（二）做决定的难为

相信有不少人在做决定时都会伴随着焦虑。焦虑产生的根源在于我们做决定时的"难为",充满着"不确定"和"难以取舍"。"不确定"是因为随着时代发展,当下的世界变化太快,人们对于未来诸多变量的预测变得困难,依靠前人的经验来修正自我的决定也变得越来越不可靠。大学生的生涯不确定感主要源自"对个人的不确定"和"对环境的不确定"。

"难以取舍"是因为抉择表面上看是"取",反面是"舍",人们在对选项进行抉择时,往往要面临如下情况,甲选项的优势,在其他选项上就成为劣势;甲选项的获益,会是其他选项的损失。"鱼与熊掌难以兼得",在选项上的一体两面让人难以下定决心,而做不了决定又成为一种煎熬。

（三）做决定的复杂

人生中有待解决的问题不计其数,有大有小,小者如一道数学习题,大者如毕业后何去何从。后者就属于生涯决策的范畴。

生涯决策的问题之所以给人们造成困扰,在于影响决策的因素非常多。霍尔与克拉玛(Herr & Cramer,1984)对众多影响因素进行了汇总整理,列出一张清单,共计四大部分(如表 4-1)。需要说明的是,对于每个面临决策的个体来说,很多时候这些因素并非如此条理分明,而是相互纠葛的。这需要个体运用生涯决策技巧,从困境中找出解决问题的思路和方向。

表4-1 影响生涯决策的各种因素

个人特质因素	价值结构因素	机会因素	文化因素
智能	一般价值	乡村、都市	社会阶级的期待
性向	工作价值	职业机会的接触	家庭的抱负与经验
技能	生活目标	教育机会的接触	友伴的影响
成就	生涯目标	职业机会的范围	教师的影响
责任感	工作态度	教育机会的范围	角色楷模的影响
自我优点	工作道德	职业的要求条件	文化中教育或职业的形象
决策能力	休闲	课程的要求条件	主要参照团体的影响
职业成熟	稳定感	补习计划的提供	……
健康	安全感	各种辅导的提供	
……	……	经济状况	……

以下列举的是一些常见的影响因素。

1. 个人因素

要进行有效的生涯决策，必须要有健康的身体、情绪和精神状态做保证。这就像运动员参加比赛，必须要将自身各方面状态调整至巅峰且准备充分，才能有最大机会在比赛中获胜。在疲惫不堪、紧张焦虑、无法专注等状态下，都不能保证良好的比赛表现，当然也很难有理想的结果。

那些在生涯决策制订上存在困难的人，通常都不是处于良好的决策状态之下。他们往往缺乏必要的自我管理技能，无法为有效的决策制订提供健康的身心基础。

2. 家庭因素

家庭成员以及重要的他人关系会对人们进行有效的生涯决策产生影响，这些影响可能是正向的，也可能是负向的。对于大学生而言，影响主要来自家长。在研究家庭系统和生涯决策的学者们看来，那些与家庭成员关系过于密切的人，在进行决策时，往往很难保持独立性。如果家庭成员无法就义务、金钱、责任和价值观等达成共识，那么个人的生涯决策就可能出现问题。

3. 社会因素

社会、经济、历史和文化的力量都会对人们的有效生涯决策过程产生干扰。

全社会所有人都要面对诸如国家经济变化、社会变迁、文化融合、性别歧视、年龄歧视等诸多问题,这些都会使个人的生涯选择和决策制定变得复杂。

其实,决策制定早已是我们生活中的一部分——我们不断地从各种可能性中挑选出我们想要的和我们喜欢的。也许,你今天已经做过一系列决策:我该穿什么衣服?我想吃什么?我想和朋友去哪里聚会?我该走哪条路才能更快到达目的地?每个决策都需要我们根据自身和周围环境的信息来进行抉择。例如,决定今天穿什么,可能就需要你评估一下自身的感受:防寒、怕热、性感、舒适等;或者,你还要查查天气预报,考虑你今天需要在户外待多久;或者,你还要考虑今天的行程安排,需要与什么人会面……总而言之,决定今天穿什么,是基于你对自身的了解和你对有哪些选择的了解。

二、 丁克里奇的生涯决策风格理论

每个人在做决定时会因决定的重要程度以及风险大小而采取不同的策略,在经常使用某种策略之后,就形成了个人的决策风格。

(一)决策风格类型

在决策过程中,决策者的决策风格对职业决策影响很大,不同的决策风格做出的决策结果可能是不一样的。丁克里奇通过访谈研究,确定了成人做职业生涯决策时所采用的策略和决策类型,她列举了8种风格类型,详见表4-2。

表4-2 8种决策风格类型

风格类型	行为特征
拖延型(Delaying)	经常迟迟不做决定,或者直到最后一刻才做决定
宿命型(Fatalistic)	自己不愿意做决定,把做决定的权力交给命运或他人,认为"船到桥头自然直"
顺从型(Compliant)	自己想做决定,但无法坚持己见,会屈从于"权威"的决定
麻痹型(Paralytic)	选择麻痹自己来逃避做决定
直觉型(Intuitive)	根据感觉,而非思维来做决定,只考虑自己想要的,不在乎外在的因素
冲动型(Impulsive)	选择"非此即彼",不太考虑中间的其他可能

（续表）

风格类型	行为特征
犹豫型（Agonizing）	与"冲动型"相反,选择的项目太多,无法从中择一而行,难以做出决定
计划型（Planful）	既会考虑自身意愿,也能考虑外在的因素,按部就班,完成生涯抉择

（二）决策风格类型分析

1. 拖延型

该类型的人习惯将对问题的思考和行动都往后推迟,过两天再考虑是他们的口头禅。大学生常见的"我还没有准备好工作,所以打算先提升学历",就是这种方式的体现。拖延型的人心中暗暗抱有这样的希望:也许事情过几天就自动解决了。然而,问题并不会自动解决,有时候甚至会越拖越严重。

2. 宿命型

该类型的人不能自己承担责任,而将命运寄托于外部形势的变化。他们会说听天由命,或者我这个人永远也不会走运这类的话。当一个人将自己生活的主导权交给外界环境的时候,可以预见这个人是很容易觉得无力和无助的。这样的人容易成为环境的受害者,怨天尤人,却没想到自己的处境正是由于放弃了个人对生命的主权而造成的。

3. 顺从型

该类型的人倾向于顺从别人的计划而不是独立地做出决定。他们常说:"只要他们都觉得好,我就觉得好。"比如,很多大学生一窝蜂似的争取出国、进外企、专升本、参加各种培训班,只因为"大家都这样做"。从众的人固然在追随群体的过程中获得了一种虚假的安全感,却忽略了自身的独特性,这造成了他们的选择在很大程度上并不适合自己。他们在不必费心思考的同时牺牲了对生命可能有的满足感。

4. 麻痹型

该类型的人可能在理性上接受了应当自己做决定的观念,但实际却无法开始决策。他们知道自己应该开始了,可在内心深处总笼罩着"一想到这事就害怕"的阴影。事实上,他们无法真正为决策和决策的后果承担责任,而这种害怕承担责任的心理可能又源于家庭在其成长过程中不当的教养方式。

5. 直觉型

该类型的人将自己的直觉感受作为决定的基础。他们通常说不出什么理由,一味表示"就是觉得这个好",人们在择友的时候常常采用这样的决策方式。直觉在人们对环境情况无法获得充分信息的时候会比较有效,但它有可能不符合事实,有时候我们的判断可能会因自身先入为主的偏见而产生较大的误差。因此,我们不能仅仅将直觉作为决策的依据。

6. 冲动型

该类型的人遇到第一个选择就紧紧抓住不放,不再考虑其他的选择或进一步收集信息。他们的想法是"先决定,以后再考虑"。比如先找到一份工作再说。冲动的决策方式可能是出于对困难问题的回避,不愿意花时间和精力去探索。这种方式的危险在于风险太大,等看到有更好的选择时自然追悔莫及。

7. 犹豫型

该类型的人会花很多的时间和精力来收集信息,确认有哪些选择,向专家询问,反复比较,却迟迟难以做出决定。他们常爱说的一句话是"我就是拿不定主意"。出现这种情况的时候,收集再多的信息进行分析比较也无济于事。需要弄清的是,他们被一些什么样的情绪和非理性信念困住了,比如害怕自己做出错误的决定、追求完美等等。

8. 计划型

该类型的人做决策时会倾听自己内在的声音,也会考虑外在环境的要求,以做出适当且明智的抉择。当然,需要说明的是,决策风格类型还有其他学者们的分类。另外,一个人在不同的情境下做决定,有可能属于不同的决策类型,但也不无可能属于相同的类型。

三、 克朗伯兹的生涯决策理论

影响一个人生涯决定或生涯选择的原因,一直是研究生涯发展的专家学者关注的重点问题之一。社会学家和心理学家分别做出了不同的解释,社会学家比较注重环境的影响变量,心理学家则相对强调个体内在的影响变量。克朗伯兹以社会学习理论来解释生涯决策的论点,企图融合两种学派的观点,进而自成一派。

(一)理论背景

社会学习论由阿尔伯特·班杜拉(Albert Bandura)所创,强调的是个人独特的学习经验对其人格与行为的影响。在 1979 年出版的《社会学习理论与生涯决定》一书中,克朗伯兹将其观念运用于职业生涯发展与规划上,用以了解在个人职业决策历程中,社会、遗传与个人因素对决策的影响。在此之后,克朗伯兹又根据社会环境变迁拓展了一些新的观点。

(二)理论框架

克朗伯兹的社会学习理论,企图解释个人的教育、职业喜好与技能如何形成,以及这些喜好和技能如何影响个人对各种课程、职业和工作领域的选择。

1. 影响职业决策的四个因素

克朗伯兹认为影响职业选择有多种因素,最主要的应包括以下四个因素:

(1)遗传因子与特殊能力。如内在素质、身体障碍、音乐和艺术能力等。

(2)环境情况与特殊事件。如劳动法规、技术进步、社会机构变化、家庭资源等。

(3)学习经验。如各种工具性学习、行为和认知、观察学习。

(4)工作取向的技能。如设定目标、工作及情绪反应方式。

2. 职业决策的 7 个步骤

克朗伯兹于 1973 年提出了进行职业决策的模式,认为在进行个人职业决策时应采取 8 个步骤。1977 年又对此模式进行了修正,修正后的职业决策模式主要分为 7 个步骤:

(1)界定问题。理清自己的需求和个人限制,即认识自我的过程,明确自己想要什么,自己对此存在哪些优势与不足,在此基础上制订出明确的目标和实现目标的时间表。

(2)拟定行动计划。在明确自己的需求目标的基础上,思考可能达到目标的各种行动方案,并规划达成目标的流程。

(3)澄清价值。界定个人的选择标准,即明确自己最想要的是什么,作为衡量各项方案的依据。

(4)找到可能的选择。搜集资料,找出可能的方法。

(5)评价各种可能的选择。依据自己的选择标准和评分标准,逐一评价各种可能的选择,找出可能的结果。

(6)系统地删除。有系统地删除不合适的方案,挑选最合适的选择。

(7)开始行动。开始执行行动方案,以达成选定的目标。

3. 个人职业决策中的 5 个困难

1983 年,克朗伯兹开始注意决策的个人规则及相应的困难,他认为在进行职业决策时可能遇到以下 5 种困难:

(1) 人们可能不会辨认已有的可解决的问题。

(2) 人们可能不努力做决策或解决问题。

(3) 因为错误的原因,人们可能会排除一个潜在的满意的选择对象。

(4) 因为错误的原因,人们可能会选择较差的对象。

(5) 在感到没有能力达到目标时,人们可能会经受痛苦和焦虑。

在进行职业决策时,我们要重视以上困难,特别是要克服不努力做决策或解决问题的困难,要积极面对可能出现的问题,通过自身的努力寻求自己最优的选择。

总的来说,克朗伯兹的社会学习理论注意到社会及遗传因素对个人决策的影响,个人在决策时不仅要考虑个人因素,明确我想要什么,还要考虑社会、遗传等因素,知道我可能得到什么,我能够做到什么程度。

(三) 理论拓展

在研究的后期,克朗伯兹和他的同事们还特别强调人必须在"改变"中学习,包括三个重点:

1. 人必须扩展其能力与兴趣,生涯决定不能仅仅基于现存的特质。

生涯之路就是要学习新的事务,不断地去接受新的教育,从事不同的职业,才能增进一个人的职业适应性,丰富一个人的生命。

2. 各行各业的工作内容不是一成不变的,人必须随时培养职业应变能力。

由于学习经验肯定会受到社会、教育与工作经验的影响,而这些经验来源本身就是不断变动的。在这种情况下,人不能再依循传统职位的描述与自己专长的培养,而应维持终身学习的心态,时常接受不同能力的训练,成为当代人生涯适应的重要素养。

3. 必须采取行动,而不是坐等结果。

克朗伯兹强调"行动的学习",认为求职就业的过程就是行动的学习过程。在这个过程中,人随时会遭遇意想不到的困难,例如面试失败后如何面对挫折、如何从失败中吸取教训、如何适应新的工作环境等,对这些,人们都只有在行动过程中通过习得相应的知识与技能才能应对。

拓展阅读

"人在走路时,转弯最重要。"生涯的转弯处,通常是人生的重要转折处,需要进行生涯抉择。生涯之旅就如同一趟古老的航海之旅,地平线只是暂时的标的。在茫茫大海上航行,随时要面对天气、风向、洋流等的变化,一个领航员时时刻刻都要做出抉择,保证船只航行在最安全的航道上,从而安全抵达最终的港口。

职业生涯决策的主要任务

在人的整个职业生涯中,有七个比较大的生涯决策任务:一选择哪种职业;二选择何种行业;三选择行业中的哪种工作;四选用何种策略,以获得某一目标职位;五在众多就业机会中,挑选适合自己的工作机会;六选择工作地点;七选择生涯目标或系列的升迁目标。

对于大学生而言,要重点做好自我定位、行业定位、岗位定位、地域定位和收入定位这五大职业生涯决策。

一、自我定位决策

自我定位就是要了解自己的需要、特点、能力,并客观评价自我。自我定位首先应从自身实际出发,客观地分析、评估自己的文化素质、能力特征、性格特点、身体条件,总结出自己的特长、兴趣、爱好;其次应从横向上,将自己放于同班、同专业、同年级、同区域乃至全国同专业同学中进行比较,分析自身的综合素质以及优势和劣势所在,通过纵向和横向的定位分析,找准自己的位置,明确切入社会的起点,避免自我定位过高或过低。

二、行业定位决策

有较为准确的自我定位之后,还应该进行行业定位。认真了解行业整体情况、发展趋势对人才的基本要求,从而结合自身实际情况,做出行业定位,避免出现盲目择业和无从择业的现象。行业的选择还取决于家庭影响和个人的理想,以及社会舆论。参考他人意见时应该避免社会家庭和周围人群不正确的舆论导向对自身定位的影响,做到真正从社会需求出发,结合个人理想和兴趣以及实际能力做出较为理性的行业定位,而不是片面地追求热门行业和高薪行业。

三、岗位定位决策

岗位的选择是因人而异的,它受个人偏好、能力、素质等因素的影响。同学们在进行岗位定位时,要在客观评价自我的基础上,根据自己的性格特点、长处、短处,对照相关用人单位的标准、条件、要求,实事求是地选择自己力所能及的合适的岗位。适合自己的才是最好的,切忌人云亦云,追随大流。要选择有利于自己的潜能发挥和事业发展的岗位,以免在今后的职业生涯中出现入职不适应感,妨碍自身进一步的、顺利的发展。

四、地域定位决策

地域定位是指个人在选择工作时对于工作区域的考虑。不少同学趋向于把经济发达地区和大城市作为自己地域定位的首选。其实,还应当看到近几年城镇化建设有了很大的进展,城镇和广大农村地区也有广阔的就业市场。同时,国家的西部大开发、建设新农村,振兴东北老工业基地等政策的实施,为大学生提供了大量的就业岗位和发展机会。因此,在进行地域定位时,应该多思考自己的能力、优势究竟在何处能得到较大限度的发挥,自己的发展空间在何地能得到较大限度的拓展,而不仅仅着眼于大城市和经济发达地区。

五、收入定位决策

准确的收入定位是建立在对市场行情充分了解的基础上,综合考虑自身的素质能力和岗位发展趋势后得出的收入期望值。切忌被眼前的待遇所左右,要以发展的眼光来定位。

第二节　锁定你的目标——职业目标管理

通过前面的学习,我们对什么是决定、为什么做决定那么难、有哪些决策风格等问题有了初步的认识。接下来,我们将要对生涯决策技巧进行学习。需要说明的是,单纯从技巧层次而言,生涯决策的步骤与方法易懂易学,没有太大的困难。但将这些技巧与方法运用在具体的个人身上,则需要顾及个人的价值、兴趣、能力、能力倾向,以及许多外在的社会及机会变量。

一、"我的未来不是梦"——制定目标

(一)制订职业目标的意义

目标一词最早来源于体育界,最初的意思是终点。后来泛指努力或奋斗要达到的目标。确定职业目标是制订职业生涯规划的关键。罗斯福夫人在中学读书,要在电讯行业找一份工作,父亲将她介绍给美国无线电公司董事长萨尔洛夫将军,将军问她要什么工作,她说随便吧,将军说:"没有一类工作叫随便,成功的

道路是目标铺成的。"

确定职业目标可以成为追求成功的驱动力。古人云:"志不立,天下无可成之事。"没有目标,如同驶入大海的孤舟,四顾茫茫,不知该走向何方。每一个人的人生都是不同的,那是因为各自对生活的追求不一样,从而致使自己在社会中扮演的角色不一样。不论从事哪一方面职业,都要相信"天生我材必有用",我们都是自己生活中的主角,人生的这部书还得由自己来写。职业生涯目标的确立,是制订职业生涯规划的核心。

(二)制订职业目标的步骤与工具

当我们面临两个以上的选择项时,就必须借助生涯决策技巧从这些选项中做一个最适当的决定。一般来说,决策的步骤会经历以下五个环节:沟通(Communication)、分析(Analysis)、综合(Synthesis)、评估(Valuing)、执行(Execution),即 CASVE。通常这个步骤会在我们决策过程中循环使用,故一般称为"CASVE 循环"(如图 4-1)。

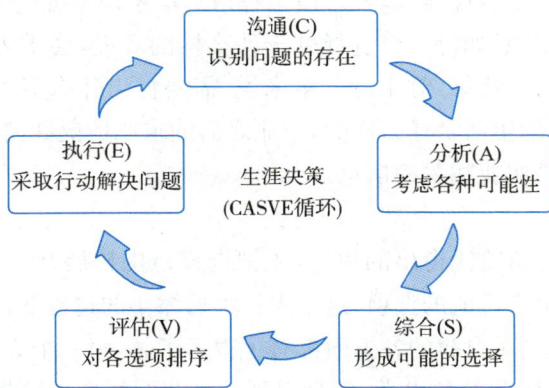

图 4-1　生涯决策步骤——CASVE 循环

1. 沟通

沟通包括内部和外部的信息交流,通过交流使个体意识到理想和现实之间存在的巨大差距。

内部的信息交流,是指个体自身的身心状态,比如在毕业找工作的时候,你可能在情绪上会感受到焦虑、抑郁、受挫等,在躯体上会有疲倦、头疼、消化不良等反应,这些情绪和身体状态都是一些提醒你需要进行内部交流沟通的信号。

外部的信息交流,是指外界的一些对你产生影响的信息,比如宿舍同学开始准备简历就是给你提供了一种外部信息,你也需要开始准备找工作了;又如在求职过程中父母、老师、朋友给你提供的各种建议。

通过内部和外部沟通,你意识到自己需要解决某些问题,这样的交流对开始生涯选择十分重要。沟通阶段需要回答的最基本的问题是:此刻,我正在思考并感觉到的职业选择是什么?

2. 分析

分析是通过思考、观察和研究,对兴趣、能力、价值观和人格等自我知识以及各种环境知识进行分析,从而更好地理解现存状态和理想状态之间的差距。

在分析阶段需要对两方面的知识进行了解。首先是自我知识,包含了兴趣:我喜欢做什么,做什么事情的时候我最能够投入,做什么事情能让我得到享受;能力:我擅长做什么,什么事情是我能做得比别人好的,我都掌握了哪些专业知识;价值观:我看重什么,我这辈子最希望达到的目标是什么,我希望工作可以带给我什么;人格:我是内向的还是外向的,我关注宏观抽象的事物还是具体细节,我倾向理性思考还是感性体验,我习惯于有条不紊还是随机应变。

其次是环境知识,如每一个选择处于什么样的环境,会带来什么样的生活,需要付出什么努力。比如:对于专升本来说,需要付出什么努力,花多长的时间准备,专升本之后的生活是什么样的,毕业之后的求职情况如何,而对于找工作,则需要了解每一份职业相关的信息。

3. 综合

综合是根据分析阶段得出的信息,先把选择范围扩展开来,然后逐步缩小,最终确定三至五个最可能的选项,这个先扩大后缩小的过程非常重要。

通过分析,我们对自我的各方面都有了很多了解,每一个方面都分别对应着很多职业,把这些职业都列出来,就会得到一个范围很广的选择列表;接着选取其中的交集,就得出了缩小的职业选择范围;然后把最可能从事的职业限定到三至五个;最后可以问自己"假如我有这三至五个选择,是否可以解决问题,消除现实和理想状态的差距"。如果可以,就进入评估阶段选出最适合的选择,如果还是不能解决问题,就需要重新回到分析阶段了解更多信息。

4. 评估

评估是一个"选择职业、工作或者研究领域"的阶段。具体是指对于综合阶段产生的选择进行具体的评价,评估获得该职业的可能性,以及这个选择对自身及他人的影响,从而进行评级和排序。比如,对我个人而言,什么是最好的;对我生活中的重要他人而言,什么是最好的;大体上,对我所处的环境而言,什么是最好的。

要使评估的过程发挥最大的统整效率,我们可以借助"决策平衡单"来进行评估。它可以帮助人们具体分析每一个可能的选择方案,分析各方案实施后的利弊得失,最后排定优先级,并择一而行。决策平衡单协助我们将重大事件的思考方向聚焦在四个方面:自我物质方面的得失;他人物质方面的得失;自我精神方面的得失;他人精神方面的得失。换句话说,我们思考的重心可以摆在"自我—他人"和"物质—精神"组成的四象限中(如图4-2)。

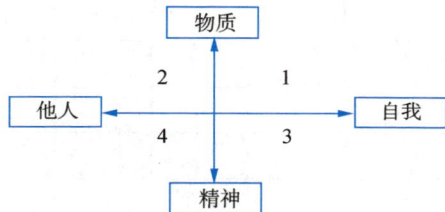

图4-2　生涯决策考虑因素四象限

回顾开篇案例,小陈同学与生涯咨询师可以通过"决策平衡单"(如表4-3)来整理出对自己最有利的选择。

表4-3　决策平衡单

考虑因素 (加权范围1—5)		权重	选择一:专升本		选择二:就业		选择三:作家	
			得(+)	失(一)	得(+)	失(一)	得(+)	失(一)
自我物质方面	就业收入							
	就业机会							
	发展空间							
	休闲时间							
	健康影响							
	其他							
他人物质方面	家庭经济							
	家庭地位							
	与家人相处时间							
	其他							

(续表)

考虑因素 (加权范围1—5)		权重	选择一：专升本		选择二：就业		选择三：作家	
			得(＋)	失(—)	得(＋)	失(—)	得(＋)	失(—)
自我精神方面	成就感							
	兴趣满足							
	自我实现							
	社会声望							
	其他							
他人精神方面	父母							
	师长							
	配偶							
	其他							
得分								
合计								
优先级								

　　小陈通过"决策平衡单"评估发现,成为作家的选择总分最高,与自己的直觉结果一致。但他为什么始终纠结呢?通过咨询,发现小陈的犹豫不决主要是受到父母的影响。父母希望他能找个稳定的工作,而直接就业和继续本专业深造学习都不能满足父母这方面的期待,且与自己的兴趣意愿相违背,这就造成了小陈迟迟做不了决定。

　　通过"决策平衡单",小陈发现决策时考虑的因素越多,考虑得就越全面、越理性。通过几次理性思考后,小陈坚定了内心的想法,同时兼顾其他因素,初步选定职业目标——做一名新媒体行业的从业者。

　　5. 执行

　　执行,是整个CASVE的最后一部分,前面的步骤只是确定了最适合的职业,还不能带来职业选择的成功,需要在执行阶段将所有想法付诸实践,如开始具体的求职过程;也为再一次回到沟通阶段提供线索,以确定沟通阶段所存在的职业问题是否得到了很好的解决。

　　在执行阶段,首先需要计划,主要是制订有关接受教育与培训的书面计划,包括时间和地点。其次需要实践尝试,主要是通过志愿工作、兼职工作或上课等来获得相关经验。最终需要落实具体行动,主要是填写各类申请表、报名、缴费或者其他具体举措来实施有计划的行动方案。

6. 改进

CASVE 循环是一个不断重复的持续过程。在执行阶段完成后,个体又回到沟通阶段,以确认所做的选择是否合理——理想与现实之间的差距是否已经消除。

需要提醒的是,在 CASVE 循环中有三个环节可能会出现问题,分别是沟通、评估和执行。在沟通阶段,若是始终无法排解迷惘、焦虑、挫败等感觉,就很难进入分析或综合阶段。在评估阶段,在缩小选择范围后,无法对其中一个选择做出承诺,这时又会陷入挫败、焦虑等感觉中,发现自己又回到沟通阶段,为自己不能找到符合所有要求的"完美"职业而煎熬。在执行阶段,由于不会细分计划,或者不会确定首要任务,或者怕承担选择的后果,或者被外界阻力压趴而丧失热情等原因,而迟迟迈不出行动的步伐。

因此,要想进行成功的生涯决策,我们需要认真完成好 CASVE 循环的每一步。同时,需要我们在生活中加强训练,不断总结,才能更好地运用 CASVE 循环去解决一个又一个的生涯问题。

二、"够得到的小葡萄"——管理目标

结合前面对自己和环境的认识,按照上述技巧和工具,找到自己的职业生涯目标。下面将目标科学地分解和组合,使其清晰化、具体化,形成可行的具体步骤和可操作的具体方案。如果没有一个写明目的地的飞行计划,飞机是不会起飞的,然而我们自己的职业生涯方向又该明确到什么程度? 如何实现总体目标呢?

职业规划的目标包括:概念目标与行动目标、内职业生涯目标与外职业生涯目标、短期目标与长期目标,还有目标的表现功能与手段功能。虽然有时它们之间存在排斥性,使我们只能在不同目标当中做出选择,但是不同目标之间还具有因果关系与互补性,我们可以积极地进行不同目标的组合,达到职业生涯和谐发展。

（一）职业生涯目标分解

目标分解帮助我们在现实环境和美好愿望之间建立起可以拾级而上的途

径。职业目标分解是根据观念、知识、能力差距,将职业生涯长期的远大目标分解为有时间规定的长、中、短期分目标,直至将目标分解为某一确定日期可以采取的具体步骤。因此,目标分解是将目标清晰化、具体化的过程,它可以将目标量化成可操作的实施方案。

火箭飞向月球需要一定的速度和质量。科学家们经过精密的计算得出结论:火箭的自重至少要达到 100 万吨,而如此笨重的庞然大物无论如何也是无法飞上天空的。因此,在很长一段时间里,科学界都一致认定:火箭根本不可能被送上月球。直到有人提出"分级火箭"的思想,问题才豁然开朗起来,将火箭分成若干级,当第一级将其他级送出大气层时便自行脱落以减轻质量,这样才能有足够的加速度冲入轨道、奔向月球。分级火箭的设计思想启示我们:学会把目标分解开来,化整为零,变成一个个容易实现的小目标,然后将其各个击破。这不失为一个实现终极目标的有效方法。

⚙ 故事分享

有个同学举手问老师:"老师,我的目标是想在一年内赚 100 万元!请问我应该如何计划我的目标呢?"

老师便问他:"你相不相信你能达成?"他说:"我相信!"老师又问:"那你知不知道要通过哪个行业来达成?"他说:"我想从事保险行业。"老师接着又问他:"你认为保险业能不能帮你达成这个目标?"他说:"只要我努力,就一定能达成。"

"我们来看看,你要为自己的目标做出多大的努力,根据提成比例,100 万的佣金大概要做 300 万的业绩。一年,300 万业绩;一个月,25 万业绩;每一天,8300 元业绩。"老师说,"每一天 8300 元业绩,大概要拜访多少客户?"

他说:"大概要 50 个人。"老师接着说:"那么一天要 50 人,一个月要 1500人;一年呢?就需要拜访 18000 个客户。"

这时老师又问他:"你现在有没有 18000 个 A 类客户?"他说:"没有。"老师问:"如果没有的话,就要靠陌生拜访。你平均一个人要谈上多长时间呢?"他说:"至少 20 分钟。"老师问:"每个人要谈 20 分钟,一天要谈 50 个人,也就是说你每天要花 16 个多小时在与客户的交谈上,还不算路途时间。请问你能不能做到?"他说:"不能。老师,我懂了。这个目标不是凭空想象的,是需要凭借一个能达成的计划而定的。"

你可以一直分解到 10 年以后的目标,今年干什么、明天干什么。如果你不知道你明天应该干什么,你 10 年以后的目标永远是一个美好的愿望,无法变成现实。所以,目标分解是实现目标非常重要的方法。

1. 按时间分解

通常从时间上划分,目标有短期目标、中期目标、长期目标和人生目标。长期目标是指 10 年左右的目标,要求目光远大、要放眼未来,预测可能的职业进步,用心去思考和发现自己的长期职业目标。中期目标指 2 年以上 10 年以下的目标。短期目标指的是 1—2 年的目标,具有现实性和可操作性。长期目标和短期目标有机联系,构成一个金字塔目标网,塔尖是长期目标,底部是无数个短期具体目标。

2. 按性质分解

职业生涯规划分为外职业生涯规划和内职业生涯规划。我们在分解和组合自己的职业生涯目标时,外职业生涯目标与内职业生涯目标是同时进行的,而且内职业生涯目标是应该重点掌握的内容。

外职业生涯目标包括:工作内容目标、职务目标、工作环境目标、经济收入目标、工作地点目标等。可以理解为职业条件,它不属于自己,是所从事专业赋予个人的,别人可以给你,也可以收回。内职业生涯目标侧重于在职业生涯过程中知识、经验的积累,观念、能力的提高和内心感受,主要包括:观念目标、掌握新知识目标、提高心理素质目标、工作能力目标等。内职业生涯内化为个人的素质,是一个人内在的东西,一旦取得,别人是收不回也拿不走的,它已融入你的机体,成为你的特质。

外职业生涯目标是以内职业生涯目标为基础的,内职业生涯发展目标是外职业生涯目标的前提,内职业生涯目标带动外职业生涯目标发展。

拓展阅读

下面这份职业目标是某公司营销部经理制订的:

1. 职务目标:职业经理人

2020—2022 年　公司营销总监;

2022—2024 年　金牌营销总监;

2024—2027 年　行业争相追捧的职业经理人。

2. 能力目标:能顺畅清晰地进行即兴演讲;能冷静利落地解决突发事件;能

游刃有余地处理协调各方面的关系。

3. 成果目标：前三年年薪以 30％的年增长率递增，到 2027 年达到年薪××万。

点评：这份职业目标设定清晰，时间规划也非常明确，内外职业目标如经济目标、职务目标等都很具体明确。

（二）职业生涯目标组合

目标组合是处理不同目标相互关系的有效措施。如果只看到目标之间的排斥性，就只能在不同目标之间做出排他性选择；各种不同的目标之间是相互促进的，而如果能看到目标之间的因果关系与互补性，就可以积极进行不同目标的组合。分解后的小目标之间可以进行时间上或功能上的组合，以便我们集中时间、精力和其他资源，去实现最有意义的或最有把握的目标。

1. 时间组合

（1）并进，指同时着手实现两个并行的工作目标。职业规划目标的并进组合，是指同时着手实现两个平行的工作目标，即在同一期间内进行不同性质的工作。比如财务经理，实际上身兼两职，既是财务专业技术人员，又是管理职务。财务经理在提高专业技术的同时，也需要做成功的管理人员，提高自己的管理水平。这就是目标的并进。

（2）连续，指一个目标实现之后再去实现下一个，最终连续而有序地实现各个目标。一般来说，职业生涯的阶段目标与最终目标是相关联的，较短期目标是实现较长期目标的支持条件。目标的期限性也是相对的。随着时间的推移，长期目标成为中期目标，中期目标成为短期目标，短期目标成为近期目标。只有完成好每一个近期目标和短期目标，最终目标才有可能实现。

2. 功能组合

（1）因果关系。有些目标之间存在着明显的因果关系，如工作能力目标与职务、收入目标，前者是因，后者是果。表现为：工作能力提高—职务提升—收入增加。

通常情况下，内职业生涯目标是原因，外职业生涯目标是结果。一般因果排序为观念更新目标—掌握新知识目标—提高工作能力目标—职务晋升目标—经济收入提高目标。因此要想实现因果组合，就需要我们不断更新知识，树立新观念，然后去实践。这样，我们的实践能力就提高了，随着职务提升，业绩突出，报酬也就会不断增加。

（2）互补关系。即把存在互补关系的目标进行组合。职业生涯目标的互补关系是显而易见的。例如，一名管理人员希望在成为一个优秀的部门经理的同时得到 MBA 证书，这两个目标之间就存在着直接的互补作用，实际管理工作为 MBA 的学习提供了实践的经验和体会，而 MBA 学习则为实际的管理工作提供了理论和方法。再比如高校教师往往同时肩负教学和科研两项任务，教学为进行科研提供了理论基础和方法指导，科研实践又促进了教学内容的丰富更新和质量的提高。

3. 全方位组合

对职业规划目标进行全方位组合是指个人事务、职业生涯和家庭均衡发展，相互促进。这一组合已超越职业的范畴，它涵盖了人生全部活动。要实现这一目标，就要求我们在建立职业生涯目标时，应当通盘考虑自己在个人发展、家庭生活和职业生涯中的各种愿望。事业不是生活的全部，任何一个人都不能离开家庭和休闲娱乐，完美的职业生涯规划不应把生活中的其他内容排斥在外，而是要在生活中的不同目标间建立平衡的协调关系。

拓展阅读

一位从事国际贸易的学生对自己的职业生涯目标进行了规划，将各类目标进行了分解和组合，大家可以参考并制订自己的职业目标。

一、20 到 23 岁

（一）成果目标

通过实践学习，了解国贸专业及法学专业基本知识，顺利毕业，并进入企业工作。

（二）学历目标

取得毕业证书、学位证书、计算机一级证书、四六级成绩单、BEC 中级证书，考取证券从业资格证、会计从业资格证、报关员证、外贸单证员证、外销员证和外贸业务员证等。

（三）能力目标

从事一定的管理工作，做兼职，有一定的实践经验。

二、23 到 29 岁

（一）职务目标

进入企业从事外贸工作。

（二）能力目标

了解企业文化，掌握本职位基本工作，工作在同事中居于突出位置，与同事关系良好，与上级有一定沟通，增加人脉，与业务单位保持工作和私人联系。

（三）经济目标

到 29 岁时，年薪××万。

（四）学历目标

考取国际商务师证。

三、29 到 35 岁

（一）职务目标

企业外贸人员领班。

（二）能力目标

带领团队从事企业内外贸工作，业绩在各团队中居于领先地位，与下属及其他团队人员保持良好关系，参与部门内工作讨论决策，与上级主管及部门经理无障碍沟通，与业务单位紧密联系。

（三）经济目标

年薪××万。

（四）学历目标

获取出国学习的机会。

（五）个人目标

结婚生子。

四、35 到 43 岁

（一）职务目标

企业外贸工作主管。

（二）能力目标

带领手下各个团队制订计划，向上级提交出色的业绩，逐步形成自己的管理理念，向上与公司高层管理人员有一定接触，发展私人关系，初步了解企业运作机制，培养应急处理能力，向下与领班及业务员保持自由沟通，维持私人关系，与业务单位保持紧密联系。

（三）投资目标

开始利用手头闲置资金，投资股票、证券、基金、房地产等，获取利润。

（四）经济目标

年薪××万,投资盈利××万。

（五）学历目标

获取出国学习考察调研机会。

五、43到53岁

（一）职务目标

主管外贸工作的部门经理。

（二）能力目标

打造部门文化,制订部门战略计划,与其他部门保持有效沟通,参与企业重大决策,与高层管理人员保持密切联系,团结部门,与下属保持亲密接触。拓展人脉,与其他企业中高层管理者保持工作上及私人联系,在业界有一定知名度。

（三）经济目标

年薪××万,投资盈利××万。

（四）学历目标

成为高校管理及外贸方面的兼职教授。

其实我们的职业生涯目标不仅仅是为了找到一份工作,而是要制订自己一生的职业规划,使自己一步步走向人生的辉煌顶点。这就要求我们按照上面的目标分解和组合的方法指导,来管理自己未来的职业目标。

三、 "绝知此事要躬行"——落实目标

根据自己的各项目标制定行动计划。这里所指的行动主要是指落实目标的具体措施,这一过程中比较重要的行动方案包括职业生涯发展路线的选择、职业的选择和相应的教育与培训计划的制订。例如,为达成目标,在工作方面,你计划采取什么措施提高你的工作效率? 在业务素质方面,你计划如何提高你的业务能力? 在潜能开发方面,采取什么措施开发你的潜能? 在职业素质方面,计划学习哪些知识、掌握哪些技能、开发哪些潜能等。都要有具体的计划与明确的措施,并且这些计划要特别具体,以便于定时检查。要加强学习、高效行动,学会管理时间和应对干扰,确保行动计划顺利完成。人在不同的职业生涯阶段,行动方案侧重点不同。

（一）学习期：明确需要进行的培训和准备

调查统计显示，60％以上的职业人选择培训"文不对题"，缺少针对性。有的明明知道自己参加完培训也不可能从事相关工作，只是为有朝一日跳槽增加"亮点"；有的没有明确的职业规划，跟风随大流参加培训拿证书；有的只是为转行"投石问路"。由于培训的盲目性很大，45％的人认为学习的时候有收获，可具体工作时收效甚微；感觉"学有所得、非常有益"的人仅占38％，还有17％的人觉得"学着一套、用着一套"。那么，怎样才能增强培训的有效性，防止培训走偏呢？可以依据人才服务中心培训部提出的职业生涯持续发展和增值的观点，在不同的职业发展阶段进行有效"充电"。

（二）探索期：侧重补充知识

人在制订自己培训规划的时候，首先应当考虑的是自己正处于职业生涯的哪个阶段。探索期通常是指就业前的充电选择，应弄清楚两个问题：我想做什么？我能做什么？以此为依据选准一个明确的方向进行充电，充电方式以补充知识为主，此时往往奠定了你选择今后职业发展领域的基础。

（三）立业期：增加专业技能

参加工作以后，培训就由补充知识阶段转向技能培训阶段了。对工作两三年、处于立业期开端的人来说，培训计划的侧重点在于提高自己的专业技能。在制订培训计划的时候，可以从自己的目标岗位来着手。比如你现在是一名店铺的主管，下一步的目标岗位是店铺经理，最简单的办法就是看店铺经理这个目标岗位需要哪些方面的专业技能，而哪些又是自己所缺乏的，制订出具有针对性的培训计划。如果你的下一步职业目标是到另外一家公司寻找相应的岗位，那么你也有必要预先了解这家公司对这个工作岗位有什么特定的要求，例如工作语言、企业文化的改变等，及时通过培训补充自己这方面的能力。

（四）成熟期：转向通用技能

对于那些职业发展已经处于成熟期的职场人士来说，培训的主要目标可能是把自己的专业技能转换为通用技能。举个例子来说，你现在已经是一名店铺的销售经理，下一步的职业发展目标是公司销售总监这个位置。但是作为销售总监来说，不仅要熟悉销售业务，还需要了解产品的市场拓展、客户服务这些领域。对于处于这种位置的人来说，当务之急不是继续发展自己的专业技能，而是需要拓宽职业的跨度，熟悉其他领域的工作。这个时候，你就可以通过一些课程的进修，例如选择管理培训课程，或是向企业申请轮岗，熟悉其他部门的工作，这样才能有助于你尽快地得到理想的职位，也更加容易在新的工作中游刃有余。

（五）高峰期：整合跨行业知识

对处于职业发展高峰期的管理者，如何整合金融、IT、法律等跨行业知识的培训成为新的需求热点。作为企业的高层管理者来说，运筹帷幄不仅表现在企业内部的重大决策上，更多地体现在对企业资本运营和管理、项目投资、融资渠道、股权运作等方面的掌控上。比如，企业打入国际市场，企业管理者急于补充国际标准、行业规范等法律法规知识；企业时刻面临经营的风险和融资的难题，高管则对金融、财会的培训需求比较突出。

第三节　脚踏实地做规划——制订规划书

对于在校大学生，主要任务是实施大学阶段的目标，为职业目标的实现做好准备。可以先确立大学生活总目标，并将其分解为多个具体可行的子目标。在每个阶段，甚至每周、每天都有小目标，并落实到位。本着对自己前途负责的态度，应该勤奋学习、刻苦钻研，不断增长专业知识，培养科学地认识问题、分析问题和解决问题的能力，全面提高自身的综合素质，为未来的事业积聚能量。不但要对自己所学专业的知识和技术熟练掌握，而且要在教师的指导下，广泛涉猎其他学科或某些边缘学科的知识，构建一个以专业知识为核心，基础知识为支撑的，稳固的、宽泛的知识结构，努力把自己培养成复合型人才，适应知识时代的需要。

一、规划书的制订原则

（一）匹配性原则

大学生做职业生涯规划设计时，首先需要建立在"人职匹配"的基本原则之上。所谓"人职匹配"，是指个人的职业定位和职业生涯目标的确定，需要将个人的需求特质（性格、兴趣、能力、价值观、理想、气质等）与职业生涯规划目标职业的需要相匹配，不能"南辕北辙"，要找到最佳的"匹配交集"。

（二）现实性原则

职业生涯规划设计的现实性原则是指在职业生涯目标设定时，不能只看自己适合什么、自己看重什么、自己胜任什么和自己喜欢什么，还要从目标职业的现实需要进行分析与评价。如果所设定的职业生涯目标或所在行业已经进入衰退期,抑或所选择的目标职业属于"夕阳职业",或目标职业的门槛过高,从事该职业的群体过小,都要考虑此职业的客观现实是否真正能够支撑、实现自己的职业发展目标。大学生在做职业生涯规划设计时,要充分做好所选择行业、职业的发展现状和前景的调查分析,以使自己的职业生涯规划符合现实需要。在制订职业生涯规划方案时,要充分考虑社会与组织的需要。有需求,才有位置。

(三) 辅助性原则

大学生职业生涯规划设计是一种自我管理的理念,是一套辅助自我职业发展管理的方法。要使职业生涯规划设计活动富有成效,就必须发挥个人的主体作用,按照职业生涯规划设计的步骤与方法去行动、去实践。职业生涯规划设计仅仅是一种外因,是一种辅助性的方法,大学生必须通过个人的学习与实践,才能把职业生涯意识、就业意识、职业发展规划管理、职业观念、职业素质转化为个人的内在品质。大学生职业生涯规划设计实际上是在职业生涯规划方法与理念的引导帮助下,促进自我认识、自我教育、自我提高的过程。

(四) 发展性原则

发展性原则是指大学生个体在设计职业生涯规划时,不能仅仅局限于个体当前的发展,还要考虑到个体未来的职业发展空间。职业生涯设计要有超前性和预测性。大学生在职业生涯规划设计时要将现实的自我与发展的自我(或称"未来的自我")相结合,将实现今天的发展与明天的发展相结合,为个人的可持续发展奠定坚实的基础。在大学生职业生涯规划中,仅仅从自身实际出发,完成大学阶段基本的学习任务或发展任务是不够的,还必须拓宽视野,放眼未来,根据社会对高素质、高层次人才的需要和适应多种岗位群工作的需要,着力谋求多种能力、多种素质的发展,以时代和社会的基本要求为前提,既要立足校园,又要超越校园,实现大学生规划与未来职业生涯规划相衔接。

(五) 实践性原则

实践性原则是指大学生职业生涯规划不能仅仅是规划,停留在口头上或字面上,而是要用于指导实践,成为大学生生活实践的蓝本。列宁曾经说过,一个行动比一打纲领还重要。大学生职业生涯规划实际上就是大学生生活行动的纲领,如果束之高阁,不付诸行动,将毫无作用。因此,大学生不仅要很好地规划大学生活,还要努力实践该规划,做到真正的知行合一,规划与行动相一致。

拓展阅读

烧开一壶水的智慧

一位青年满怀烦恼,决定去找一位智者。他大学毕业后曾豪情万丈地为自己树立了许多目标,可是几年下来,依然一事无成。

他找到智者时,智者正在河边的小屋里读书。智者微笑着听完青年的倾诉,对他说:"来,你先帮我烧壶开水!"

青年看见墙角放着一把极大的水壶,旁边是一个小火灶,可是没发现柴火,于是便出去找。

他在外面拾了一些枯枝回来,装满一壶水,放在灶台上,在灶内放了一些柴,便烧了起来,可是由于壶太大,那捆柴烧尽了,水也没开。于是他跑出去继续找柴,回来的时候那壶水已经凉得差不多了。这回他学聪明了,没有急于点火,而是再次出去找了些柴,由于柴准备充足,水不一会就烧开了。

智者忽然问他:"如果没有足够的柴,你该怎样把水烧开?"

青年想了一会,摇了摇头。

智者说:"如果那样,就把水壶里的水倒掉一些!"

青年若有所思地点了点头。

智者接着说:"你一开始踌躇满志,树立了太多的目标,就像这个大水壶装了太多水一样,而你又没有足够的柴,所以不能把水烧开,要想把水烧开,你或者倒出一些水,或者先去准备柴!"

青年恍然大悟。

只有删繁就简,从最近的目标开始,才会一步步走向成功。万事挂怀只会半途而废。另外,我们只有不断地捡拾"柴",才能使人生不断升温,最终让生命沸腾起来。

二、SWOT 职业决策分析

在生涯机会评估的工具中,SWOT 分析是最基本的方法,通过它能很容易地知道自己的优点和弱点,并且可以详细地评估出自己所感兴趣的不同职业道路的机会和威胁所在,其中 S 代表 Strength(优势),W 代表 Weakness(弱势),O 代表 Opportunity(机会),T 代表 Threat(威胁)。S 和 W 是内部因素,O 和 T 是外部因素。运用 SWOT 方法对职业生涯机会进行评估时，应遵循以下步骤。

（一）评估自己的长处和短处

列出自己喜欢做的事情和长处，同样，通过列表找出自己不是很喜欢做的事情和短处。通过分析自己的长处和短处，可以做两种选择：一是努力去改正易犯的错误，提高技能；二是放弃那些对不擅长的技能要求很高的职业机会。

（二）找出外部的机会和威胁

不同的行业（包括这些行业里不同的公司）都面临不同的外部机会和威胁，所以找出这些外界因素将有助于评估自己的生涯机会。如果公司处于一个常受外界不利因素影响的因素中，那么这个公司能提供的职业机会很少且具有不确定性。相反，充满了积极的外界因素的行业，将为求职者提供广阔的发展前景。

通过 SWOT 分析方法对职业生涯机会进行评估，全面地从内外部环境对自身的优势与劣势、机会与威胁进行分析，生涯机会前景就会清晰地显现出来。当然，对自身和外界环境的分析是一个渐进的过程，不可能一蹴而就。只有在不断地思考和对信息的充分利用上才能准确地把握，必要的时候还应该去咨询老师或者职业指导专家。

三、 规划书的秘密

很多大学生觉得职业规划太难了，不容易做。有部分同学有一个模糊的规划，但面对现实工作的时候，规划都扔到了一边，对现实工作屈服了。很多人勉强自己做一份不喜欢的工作，一边哀叹，一边将就，结果工作也没做好，自己的想法也没实现，激情与梦想在无聊的工作中，慢慢地被消磨掉了。多年以后，再回头看，许多人会感叹，如果我当年怎么怎么做，现在也会成功了，不会做这个鸡肋般的工作。说到底，这些人就是没有坚决按照自己的职业生涯规划来执行。所以，做一份可行的职业生涯规划是十分必要的。

职业生涯规划并不是一个特别神秘的事情，只要用心，从以下几个步骤做起，便可以做出一个成功的个人职业生涯规划。

（一）制订职业规划的具体步骤

1. 自我评价（知己）

职业生涯规划最基础的工作首先是要知己，即要客观全面地了解自己的人格类型、性格、职业兴趣、能力结构、职业价值观、行业风险、自己的优势和劣势等。只有正确认识自己，才能进行准确的职业定位，才能选定适合自己的职业生

涯路线,才能对自己的职业生涯目标做出最佳选择。客观认识自我方面,我们至少需要完成五个任务:

(1) 喜欢干什么——职业兴趣。

(2) 能够干什么——职业技能。

(3) 最看重什么——职业价值观。

(4) 适合干什么——个人特质。

(5) 自我认知小结。

2. 环境与职业分析(知彼)

职业生涯规划要求个体了解自己,也需要个体对所处环境、职业和闲暇活动等进行探索。只有对这些方面有较为清晰的了解,才能为自身职业发展找到合适的方向。对客观环境和职业的分析,我们至少要完成五个任务:

(1) 家庭环境分析。

(2) 学校环境分析。

(3) 社会环境分析。

(4) 职业环境分析。

(5) 小结。

3. 机会评估

职业生涯规划需要我们在搜集信息基础上,对个人与职业的契合度进行评估,从而找寻最适合自己的职业。在此过程中,我们经常采用 SWOT 分析法来进行机会评估。职业生涯规划中,我们采用 SWOT 分析法进行机会评估,通常有以下两个方面的任务:

(1) 分析自己的优点和不足

你可以用一张 A4 纸在正面列出自己的优点和长处,包括性格、技能、学习经历等,越多越好,并对其重要性进行排序。在纸的反面,列出自己的缺点和不足,同样也是越多越好,也对其进行排序。选出你最强的五项优点和最大的五项不足,这样你就可以对自己的优点和缺点有了明确的了解。当然,你也可以让你的父母、朋友等熟悉你的人为你做分析,这样会更全面和客观。对你的缺点和不足,你可以考虑改进,使之不再成为短板,或者放弃对你不擅长技能要求很高的职业。

(2) 进行行业分析和职业研究

根据自己的优点和缺点,选择一两个你感兴趣的行业和职业进行研究,研究他们所面临的机会和威胁。行业的选择对个人非常重要,俗话说"男怕入错行,女怕嫁错郎",应选择有发展前景的行业。另外一个是职业的选择,虽然大学所学专业对找工作有很大的影响,但是专业不对口的情况也非常常见,选择自己喜欢并且有前途的职业。做行业分析和职业分析是比较辛苦的,需要花大量的时间来搜集、整理、分析资料,不过功课做得越多越深,对自己今后的发展也越有利。

4. 确定目标

职业生涯目标的设定,是职业生涯规划的核心。一个人事业的成败,很大程度上取决于有无正确适当的目标。没有目标如同驶入大海的孤舟,四野茫茫,没有方向,不知道自己走向何方。只有树立了目标,才能明确奋斗方向,犹如海洋中的灯塔,引导你避开险礁暗石,走向成功。

5. 制订行动计划

在确定了职业生涯目标后,行动便成了关键的环节。没有达成目标的行动,目标就难以实现,也就谈不上事业的成功。这里所指的行动,是指落实目标的具体措施,主要包括工作、训练、教育、轮岗等方面的措施。例如,为达成目标,在工作方面,你计划采取什么措施,提高你的工作效率;在业务素质方面,你计划学习哪些知识,掌握哪些技能,提高你的业务能力;在潜能开发方面,采取什么措施开发你的潜能等,都要有具体的计划与明确的措施,以便于定时检查。

6. 评估与调整

要使生涯设计行之有效,就必须不断地对生涯设计进行评估与修正。其修正的内容包括:职业的重新选择,生涯路线的选择,人生目标的修正,实施措施与计划的变更,等等。

(二)大学生职业生涯规划书的撰写

职业生涯规划书主要由封面、扉页、目录和正文四部分组成。

1. 封面:自由设计,可简可繁。主要包括规划书的主标题和规划者的姓名、单位、所学专业等。

2. 扉页:介绍自己的基本情况,如姓名、性别、出生年月、籍贯、身份证号、单位、专业、学号、联系方式等。

3. 目录:将规划书正文内容的标题罗列清楚,最好列到二级或三级标题,注明页码。

4. 正文主要包括以下几项内容:

（1）引言，主要写规划的目的以及自己对规划意义的认识。

（2）自身条件及能力分析结果，包括自己目前所学专业及专业所能从事的职业、职业价值观、性格、职业倾向测评结果、兴趣、爱好、特长、能力及潜力等，并列出由此得出的可能适合自己的职业领域。

（3）环境分析，包括政治环境、经济环境、科技发展、职业发展、组织环境、组织发展战略、人力资源要求、晋升发展机会等方面的分析。

（4）职业生涯发展方向，清楚地写出根据上述分析确定的职业发展方向。

（5）总体目标，再次结合自己的能力和潜力确定人生目标，并用醒目的字体把它写下来。

（6）目标分解，将各阶段目标清楚地写出来。

（7）目标评估，进行自我评估或听取他人的意见。

（8）后记，对帮助完成职业规划书的人表示感谢，表明决心和信心。

大学生的职业生涯规划就犹如钓鱼时选择池塘一样，选对的池塘并不意味着一定是大的池塘，而应该关注的问题是：这个池塘是否有自己想钓的鱼；这个池塘的鱼我是否能够钓起来。只有选对了池塘，我们才可以钓到大鱼，钓到更多的鱼。

拓展阅读

职业生涯规划书撰写常见误区

第一个误区，职业规划就是职业生涯规划；

第二个误区，职业规划就是功利的为找工作而准备；

第三个误区，职业规划就是找到赚钱多的好工作；

第四个误区，职业规划没有变化快，还是走一步算一步好；

第五个误区，职业规划与大学学业是不相关的；

第六个误区，职业规划和日常生活是两码事；

第七个误区，职业测评是可以测出合适职业的；

第八个误区，职业规划是可以通过讲座等速成的；

第九个误区，职业顾问是可以解决职业问题的；

第十个误区，职业规划是大四时才要面临的事情，大一时用不着想。

职业生涯明智选择的 11 个方法

当你做了一个选择，但结果并不好，或者你发现有更好的选择时，你很有可能会后悔。下面是一些应对这个充满选择的世界的方法,其中很多对减少后悔的倾向有直接的作用。

一、把精力集中在最重要的选择上

我们知道,拥有选择的机会对主观幸福感非常重要,但是选择本身也有劣势,选择越多,这些劣势也就越明显。拥有选择的优点是显而易见的,但缺点却以微妙的方式逐渐积累。也就是说,并非某个特定的选择出了问题,而是所有选择共同导致了最后的结果。

放弃选择的机会并不容易。要做到这一点,关键是要意识到,大多数时候对我们最重要的是某个决定导致的主观感受而非客观结果。就算你能得到更好的,如果你在做选择时很不满意,那么就根本没有从中得到好处。很多时候就是因为有过量的选择,才产生更好的客观结果和更糟糕的主观感受。

要应对过量选择带来的问题,首先必须明确究竟哪些选择对生活来说是最重要的,然后把时间精力都集中到重要选择上,其他的则可以放到一边。通过限制选择的数量,我们可以少做一点选择,多一点舒心。不妨试试下面的方法:回顾最近所做的选择,无论大小;逐项列出做以上选择时所用的步骤、花费的时间、所做的研究以及做选择时的焦虑程度;回忆自己做选择时的感受;问问自己花这些功夫去做选择到底得到了什么。这个练习可以让你更深刻地意识到选择的成本,让你放弃某些选择,或促使你建立一个筛选标准,确定需列在重点考虑范围之列的选择,掂量每个选择需花费的时间和精力。

二、成为选择者,而不是捡拾者

出场者是这样一种人:他们知道何谓重要的决定,知道何种情况下不应该做出选择,知道何时应该寻找新的选项,也知道如何选择更能凸显自己的不凡之处。能为自己和他人创造选择机会的正是选择者。不过,面对海量选择时,我们通常会被迫成为捡拾者,只能被动地从已有选项里挑选。做选择者固然好,但要想多点自主选择,少点被动捡拾,我们就要学会在选择时自发地运用固有的习惯、习俗传统以及社会规范。

选择者有时间修正目标,捡拾者则没余地做出调整;选择者有时间避免从众,捡拾者则只能随波逐流。做出明智的决定需要消耗时间专注思考,只有选择者才能做到。当你回顾最近所做的选择时,会更清楚自己付出了多少,也会发现什么是自己真正在意和不在意的东西。你可以少花时间决定无关紧要的事;用省下来的时间问问自己,在人生的重大抉择中,你想要的到底是什么;当你发现现有的选项没有一个符合自己的要求时,不妨思考怎样创造出更好的选项。

三、做一个满足者,而不是最大化者

在选择过量的社会里,最大化者会受更多的苦。最大化者幻想不切实际的期望,他们害怕后悔,不愿失去机会,害怕跟别人比较,当选择的结果不尽如人意时,最大化者将会非常失望。

学会接受"够好"的选择既可以减轻负担又能增加满足感。尽管在客观上,满足者可能不如最大化者做得那么好,但是如果"最好的"可望而不可即,最后还是只能选择"够好的",满足者就会比最大化者感到好受很多。我们必须承认,有时我们确实很难满足于"够好",明明能做得更好却没有行动是很让人懊恼的事情。此外,这个世界上有很多人都在试图说服你,在有"更新更好"的选择时,仅仅选择"够好"是不够的。尽管如此,就算再苛求的人也不至于在生活的各个方面都做一个最大化者,人们至少有那么几个方面会比较容易感到满足。关键是要学会拥有知足常乐的心态,享受这个过程,让它渗透到生活中的点点滴滴,而不是让其任意发展。一旦成为一个懂得满足的有心人,和别人的各种比较就不再重要了,后悔也减少了,这样一来,即便身处这个复杂且选择过剩的社会,内心也会更平静。

然而,要成为一个满足者,需要你慎重地反思自己的目标和雄心,做选择时能够设定"够好"的标准。要知道什么是"够好",需要了解自己,知道自己在乎的究竟是什么。所以你可以回忆生命中那些曾经因"够好"而满足的时刻,仔细想想那些时候你是如何进行选择的;把这些技巧运用到其他选择上。

四、别太在意机会成本

做决定之前想想别的选项并没有错,如果无视这些机会成本,可能会高估最佳选项的优点。可另一方面,我们对机会成本考虑得过多,就会难以满意最终的选择,所以反倒是不要多想那些已经被否决的选项为好。

光是想想那些被淘汰的选项的优点,就会削弱对最终选项的满意度,鉴于此,有人建议我们干脆把机会成本通通忘掉好了。可是如果不跟别的选项比较,我们就无法知道自己所选的到底有多好。比如,所谓的"好投资",就是相比其他投资,这项投资的回报率更高。由于缺少绝对标准,适当考虑机会成本也是必需的。

但也要谨记过犹不及。在这方面,次级决定可以帮上一些忙。当我们决定不去做某些决定时,就不需要考虑什么机会成本。成为满足者也可以有所裨益。

因为满足者对"够好"的东西有自己的标准,和最大化者相比,他们更少依赖选项之间的比较。对满足者来说,所谓"好投资"不过是回报率比通货膨胀率高,其他的就不用劳神思考,不用考虑机会成本,不用去想如果把钱用在别的地方会不会更好。

下面的几句俗语可能有助于减少思考机会成本时带来的失望:除非真的很不满意,否则还是买常用的那款;不要轻易被所谓的"新款或改进版"所迷惑;没"痒"别乱"抓";不用担心选了这个,就没办法拥有其他新东西。

五、做不可逆的选择

当我们可以对某个选择反悔,满足感就会降低,要是某个选择是不可更改的,我们就会采用多种心理机制,使自己将所选择的那个和别的比较时感到好受一点。如果某个决定是可逆的,这些心理机制就没什么效果了。

做重大决策最能体现不可逆选择的威力。寻找终身伴侣跟到商场购物不同,两者不能相提并论。面对更具吸引力的选择,收获幸福和安宁的唯一途径就是对自己说:"我已经选择了自己的终身伴侣,就算那个谁长得再好看,也与我无关。"挣扎于你和伴侣的爱是不是真的,苦恼生活的质量是否达到平均水平,以及总是想你能否做得更好、找到更好,皆是痛苦之源。一旦做了不可逆的选择,你就可以把更多的精力放在改善已有的关系上,而不是进行无谓的猜疑。

六、培养感恩之心

我们对事物的评价很容易受比较的影响,比较的对象甚至可以是虚构的,同一种体验可以好坏并存,而我们是否对其满意,取决于我们关注的是哪一面。如果总是想象有更好的替代品,我们的选择就会显得很糟糕,而当我们想到有比它更差的选项时,我们的选择就会显得很不错。

下意识地用感恩之心看待我们的选择或体验,减少对消极方面的失落感,就能让心情变得更好。

感恩之心并不是自然自发产生的。一般来说,对已经选择的不满会引发我们去想可能的替换选项。要是生活不如意,我们就会想怎么才能过得更好。要是日子过得还不赖,我们就不会想它变差后会怎样。通过训练,我们可以学会更积极地看待事物,对生活中发生的好事也会相应地感觉更好。

感恩也需要训练,如果你给自己定的目标过于笼统,就不会真的去做。不如考虑一下下面的简单步骤:在床头放个记事本;每天临睡前,在本子上记下这一天里发生的值得感恩的五件事,有时可能是大事,例如第一次约会,但大多数时候会是小事,比如看到明媚的阳光穿透寝室窗户洒落房间,听朋友说了一句舒心的话,吃了一条可口的红烧鱼,或者在杂志上读到一篇好文章。

刚开始这样做的时候你也许会觉得很傻,但如果坚持下去,你会发现越来越简单,越来越自然。你还会发现,原来最普通的日子里也有那么多事情值得感激。最终你会发现自己对生活越来越满意,不再渴望找什么"更新更好"的玩意儿来改善生活。

七、告诉自己不后悔

无论是感到自己可能后悔还是真的追悔莫及,后悔带来的刺骨之痛都会影响人们的选择。虽然在很多的时候后悔有其合理性和启发性,但当它强烈地影响了我们的选择时,就该想方设法减少它。我们可以用下面的方法来减少悔意:采用满足者而不是最大化者的标准;在做决定前,减少选项的数量;对决定的好处心存感激,而不要纠结于不好的方面。

生活是如此复杂,任何一个我们以为能改变一切的决定,其实都渺小无比。

八、为适应做好心理准备

我们会适应任何有规律可循之物。生活艰难时,适应能使我们免受困难的冲击。生活不错时,适应就会让我们踏上"享乐跑步机",消耗我们从积极体验中获得满足的能力。我们没有办法阻止适应的发生,我们能做的,就是对不同阶段的体验做出符合实际的期望。

关键是要记住,无论高档音响设备,还是豪华轿车都不会像我们最初体验的那样,源源不断地给我们带来欢乐。只有学会在愉悦感减弱后依然感到满足,当适应发生时才不会感到失望。我们也可以采用满足者的策略,通过减少做决定所花的时间和精力,来减少适应带来的失望。

为了减少失望,更好地适应现象做好心理准备,我们可以试试下面几点:买新车的时候要明白,无论你买的车多好,两个月后,你都不会像现在这样激动;少花些时间去找完美的东西,你就不会因为高昂的搜寻成本而减少人在最终选择中得到的满足感;提醒自己关注现在的事物有多美好,而不是关注它们现在没有原先那么好。

九、控制过高的期望

我们对体验的评价大多受到期望的影响,若想增加选择的满足感,最简单的方法就是不要对它们期望太高。然而说比做容易得多,尤其是在这个鼓励高期望的世界,到处都是选择,以至于让人以为总能找到完美选项。要想把降低期望变得容易一些,你可以减少选项的数量;做一个满足者而不是最大化者;留心那些突如其来的意外事件。

十、学会避免社会比较

我们可以通过与他人比较来评价自己的体验。虽然社会能够提供有用的信息,但也常常会减少我们的满足感。所以少一点比较,我们的满足感就会多一点。类似"少管别人在做什么"的建议很容易说出来,但要做到就不简单了。别人在做些什么显而易见,而我们中大多数好像都很在意地位,因为生活中有些重要资源只有同辈中的优胜者才能获得。然而,社会比较对我们的身心健康会产生影响,所以还是少一点为妙。满足者比最大化者更懂得如何避免社会比较,学会接受"够好",足以降低对他人在做什么的关注。

当用绝对的标准来衡量问题时,人们对结果的感觉会没那么好。不采用绝对标准,是避免社会比较的好办法,所以你应该关注让你快乐以及让你的生活有意义的事物。

十一、把选择的限制看成解放而非束缚

随着我们面对的选择越来越多,选择的自由最终会变成选择的暴政。常规的选择过程花费太多的时间和精力,使每一天都变成煎熬。在这种情况下,我们应该学会把选项的限制看成是解放而不是束缚。社会为选择提供规则、标准和规范,而个人经验则形成习惯。遵循规则使我们得以避免一次又一次地做出费劲的决定,帮我们省时省力,把时间花在那些尚无规矩可循的选择上。

短期来看,初级决定也就是关于生活中什么时候需要深思熟虑,什么时候可以走捷径的决定,为生活增添了一丝复杂性。但长期来看,很多日常的麻烦将因此而消失,我们会发现自己有更多的时间和精力,去思考那些保留下来但还没有做出选择的问题。

想想养在鱼缸里的鱼,生活在受到限制但也受到保护的世界里,小鱼可以去试验、去探险、去创造、去谱写它的未来,而不用担心挨饿或者被吃掉。没有鱼缸也就没有了限制,但小鱼可能要拼尽全力才能活命。有限制的选择和有约束的自由,使得小鱼可以想象各种美妙的可能性。

综上所述,从中我们可以有很多重要收获,其中一些结论并不那么显而易见,有一些甚至违反我们的直觉,比如:想过得更好,就应该在选择的自由上,自愿接受一些限制,而不是完全拒绝束缚;想过得更好,就应该追求"足够好",而不是"最好";想过得更好,就该降低对选择结果的期望;想过得更好,做决定时就不应该给自己留退路；想过得更好，就应该少关注身边的人在做什么。

有些生活中的常识，如选择越多越好，高标准出好结果，有退路总比没有好，正好与上面提到的结论截然相反。我希望告诉大家，这些常识其实是错的，至少在我们做决定时，不是选择越多我们就会越满意。

我们要去了解那些让人不堪重负的选择，因为它们对人类生活方方面面的影响不容忽视。要建立过量选择的档案，我们必须从需求层次的底层开始，慢慢往上走。

课外实践与作业

1. 在生活中采用CASVE循环进行练习，并记录过程。
2. 分享STAR故事（情境—目标—行动—结果）。活动要求：分组进行，在组内分享你曾经最成功的一次决策。

情景模拟

模拟"新员工年终述职"的场景

年终时，大部分企业都会要求员工写一份述职报告，汇报一年的工作情况以及总结工作得失。请同学们任选一个心仪岗位，结合PPT，进行年终述职报告，时长控制在5—10分钟。通过了解心仪岗位的年终述职资料，加深对该岗位的认知，为未来职业生涯规划提前做好相关准备。

提升我的素养

　　旨在引导学生不断提升积极正向、诚信正直的个人修养，养成完善成熟的人格，打造出具有个人魅力的独特品牌；培养学生的领导能力、高效沟通能力、创新能力和团队合作精神。

案例故事导入

　　2018年，小顾进入南京某职业院校学习。大一的时候，她加入了演讲社团，参加了南京市大学生演讲比赛，还策划过校内演讲比赛。她说："演讲比赛让我更加自信，可以更加勇敢地表现自己，并且获得了'优秀毕业生'的称号。"

　　为了接受更高水平的教育，小顾进入韩国明知大学儿童学系学习，并多次获得语言奖学金及优秀外国人奖学金。除校内专业学习，她还利用假期参加英国伦敦大学学院和浙江大学等多所大学联合举办的儿童与青少年创新研究项目，并参加了国际发展教育、科学技术馆的父母—子女相互作用、森林学校的性别平等、气候变化教育的课程设计等专题讲座。在听了世界多所知名高校大学教授的讲课后，她与很多学生一起进行学术交流，开阔了自身的国际化视野，提高了批判性思考能力。

　　后来小顾顺利拿到了韩国中央大学的研究生录取通知，在2024年3月正式开始研究生阶段的学习。回忆奋斗的日子，小顾希望自己能成为更加专业的儿童学研究人才，永远保持好奇心和高度的研究热情，在这个领域里闪闪发光。

大学阶段是大学生学习知识、培养能力、发展智力、丰富阅历、积累经验、准备承担成人责任的过渡期，也是大学生步入社会的准备期。只有不断提升积极正向、诚信正直的个人修养，养成完善成熟的人格，打造出个人魅力的独特品牌，才能顺应时代要求，实现人生梦想。

第一节　打造个人品牌——个人修养

人的内心和谐是和谐社会的一个高境界，是社会和谐的新层次。吴维库博士研究并提出的塑造阳光心态的理论，正是引导人们调整好自己的心态，营造知足、感恩、达观的心理，树立喜悦、乐观、向上的人生态度，通过个人内心和谐，促进社会和谐的一把钥匙。

一、阳光的我——积极正向

（一）心态的力量

故事分享

小王，现任丰镇小学二年级数学老师、班主任。一开始，他曾为了学校和家往返一百多千米的距离而烦恼，也曾为了住宿环境极为破旧而生气，还曾为了周围没有商场饭店而苦恼。这里无论教学设施还是生活食宿条件，与城市都无法相比。然而每当他看到一百多个农村孩子们眼中对知识的渴望，他的心颤抖了，他开始调整自己的心态，理清工作思路，以积极的态度投入具体的教学工作中。对于没有太多教学经验的他来说，带两个班的数学并担任一个班的班主任确实是个不小的挑战。一周18节课，几乎没有什么空余时间休息，家庭作业也只能利用中午午休时间去批改。下午放学后，由于对教案不是那么熟悉，他必须将教案带回去好好研究，以防有漏讲或者错讲的知识点。农村学校的孩子大多是爷爷奶奶照顾，甚至有的孩子成了没人照顾的留守儿童，他试着与每个家长电话沟通，以便了解班级里的孩子。看着孩子们笑得像花一样便是他心里最大的满足。心态的转变让他感受到乡镇支教不仅是一份工作，一份要求他们不断学习和进步的工作，还是一份事业，一份要求当代年轻人不怕吃苦、扎根基层、服务基层的事业。他无比自豪！

什么是健康？1989年世界卫生组织给出了定义：健康是指人的躯体健康、心理健康、道德健康和社会适应性良好。著名心理学家马斯洛曾说过，健康有以下三个标准：足够的自我安全感，生活理想符合实际，保持人际关系良好。

如果你总是抱怨周围的人，你就要调整自己的心态。为什么要调整心态？因为不良情绪对人的健康有巨大的破坏作用。人类所共有的恐惧有六个：怕贫穷、怕被批评、怕得病、怕失去爱、怕变老和怕死亡。贫穷和被批评，经过自身努力可以改变；得病和失去爱，经过自身努力在一定程度上可以改变；变老和死亡不可改变。这六大恐惧大家都有，所以千万不要"把所有问题都自己扛"，力所能及则尽力，力不能及则由他去。我们如果能这样想，情绪就会变好。所以，心态好，能力增强；心态不好，能力减弱。心态就具有这么大的力量，从里到外影响着你。

（二）阳光心态的主要内涵

1. 不能改变环境就适应环境

有一个人练习搬山术，苦练了若干年后，发功搬山，结果发了半天功，发现山没动。他向师父抱怨："我搬不动山。"师父对他说："山搬不过来，你过到山那边去不就行了吗？"

2. 不能改变别人就改变自己

有人想改变80岁老人的习惯，但老人已经养成了固定的习惯，不太可能被改变。家里如果有老人，你应当尽量去适应他们。有一个年轻人是由姥姥带大的，他把姥姥接到家里，他媳妇决心尽孝道，不让老太太干一点活。老太太干了一辈子家务了，一定要干，媳妇就是不让干，结果竟引发了矛盾，后来媳妇改变这个做法，家庭变得和谐多了。

3. 不能改变事情就改变对事情的态度

在现实中，有人常常会感到被别人的语言伤害了。其实在许多时候，并不是别人的语言伤害了你，而是你自己的想法伤害了你自己。如果有人说："你这人真不是一个东西！"你不必跟他生气，可以这样说："你说得太对了，你揭示了人类的本质，人类绝对不是一个东西！你我都一样。"

4. 不能向上比较就向下比较

成功学告诉大家，不想当元帅的士兵不是一个好士兵，不想当船长的水手不是一个好水手。但是，只有一个人能当船长，更多的人和你一样，甚至位置比你更低。如果你这样想，你的心胸就会变得开阔起来。适度竞争产生活力，过度竞争身心疲惫。当生存基础不成问题之后,我们就应保持好心情,努力向上,如果达不到最好,就力争达到更好。天地之大,你只需要一张床;山珍海味很多,你只有一个肚子。何不每天快乐地工作,享受生活呢!

(三)塑造阳光心态的七种方法

1. 改变态度

改变不了事情,就改变对事情的态度。一个人因为发生的事情所受到的伤害,不如他对事情的消极看法更严重。事情本身不重要,重要的是人对事情的看法。改变了态度往往就能产生激情,有了激情就有了奋发向上的斗志,结果往往就会变化。

🔧 故事分享

有一个经典案例是这样的:古时候有甲、乙两个秀才去赶考,路上看到了一口棺材。甲说:"真倒霉,碰上了棺材,这次考试死定了。"乙说:"棺材,升官发财,看来我的运气来了,这次一定能考上。"结果乙考上了。回家以后,他们都跟自己的夫人说:"那口棺材可真灵啊。"

这个案例说明,心态可以影响人的能力,能力可以改变人的命运。保证眼下心情好是保证一天心情好的基础。如果你能保证每天心情好,你就会获得很好的生命质量,享受别人体验不到的精彩生活。

2. 享受过程

享受过程,精彩每一天。怎么享受生命这个过程呢?把注意力放在积极的事情上。生命如同旅游,记忆如同摄像,注意力决定选择,选择决定内容。

🔧 故事分享

有一个年轻人自认为看破红尘了,每天什么都不干,懒洋洋地坐在树底下晒太阳。有一个智者问他:"年轻人,这么大好的时光,你怎么不去赚钱?"年轻人说:"没意思,赚了钱还得花。"智者又问:"你怎么不结婚?"年轻人说:"没意思,弄不好还得离婚。"智者说:"你怎么不交朋友?"年轻人说:"没意思,交了朋友弄不好会反目成仇。"智者给年轻人一根绳子说:"干脆你上吊吧,反正也得死,还不如现在死了算了。"年轻人说:"我不想死。"智者于是说:"生命是一个过程,不是一个结果。"年轻人幡然醒悟,这就叫"一语点醒梦中人"。

3. 活在当下

什么人是最重要的？什么事情是最重要的？什么时候是最重要的？有人可能会说，最重要的事情是升官、发财、买房、购车，最重要的人是父母、爱人、孩子，最重要的时候是高考、毕业答辩、婚礼。这些都不是，最重要的事情就是现在你做的事情，最重要的人就是现在和你在一起的人，最重要的时候就是现在，这种观点就叫活在当下。

⚙ **故事分享**

有一个姑娘挤了一罐牛奶，把它顶在头上，然后就开始胡思乱想了：这罐牛奶可以卖几块钱，这几块钱可以买几只小鸡，小鸡长大了可以下很多的鸡蛋，鸡蛋又可以孵出很多小鸡，小鸡长大又可以下很多鸡蛋，这些鸡蛋卖的钱就够我买一条漂亮的裙子了，我穿上裙子到王宫跳舞，我的舞姿吸引了王子，王子邀请我跳舞，我要显得矜持一些……想到这里，她一歪脑袋，牛奶罐掉在地上摔碎了。

这就是"不会活在当下，就会失去当下"。活在当下，就要学会发现每一件发生在你身上的好事情，要相信自己的生命正以最好的方式展开。活在当下，就应该放下过去的烦恼，忘记未来的忧虑，顺其自然，把全部的精神用来体验眼前这一刻。

4. 情感独立

有人总是为未来担心，忧心忡忡。不要庸人自扰，如果你担心的事情不能被你左右，就随他去吧。情感独立，就是不要把自己的幸福建立在别人的行为上，我们能把握的只有自己。因此，要想让自己内心状态良好，就要学会情感独立。

⚙ **故事分享**

一次，苏东坡和禅师佛印逛寺庙，发现庙里的观音菩萨手里拿着念珠。苏东坡问："人持念珠念观音，观音持念珠念谁？"佛印回答："还念观音。"苏东坡又问："为什么观音还念观音呢？"佛印回答："求人不如求己。"

5. 学会感恩

人的一生中,小而言之,从小时候起,就领受了父母的养育之恩,等到上学,有老师的教育之恩,工作以后,又有领导、同事的关怀、帮助之恩,年纪大了之后,又免不了要接受晚辈的赡养、照顾之恩;大而言之,作为单个的社会成员,我们都生活在一个多层次的社会大环境之中,都首先从这个大环境里获得了一定的生存条件和发展机会,也就是说,社会这个大环境是有恩于我们每个人的。感恩,说明一个人对自己与他人和社会的关系有着正确的认识,没有社会成员的感恩,很难想象一个社会能够正常发展下去。

故事分享

某单位负责人说他招聘大学生时首先看他们孝不孝敬父母,如果他们连父母都不孝敬,也不会忠诚于企业。他会问:"放寒暑假你们都干什么?"应聘者回答:"玩、旅游、休息。"他又问:"经常回家乡吗?"他们说:"经常回啊。"单位负责人接着问:"都干什么呀?"他们说:"找同学吃饭、聊天、一块儿玩。"单位负责人最后问:"在家里都干什么?"他们说:"睡觉、看电视。"单位负责人对这样的应聘者非常不满意:"你们怎么就不提孝敬父母,可以帮父母干点活,讲一些大学的见闻啊。"

6. 感受幸福

即使是在同样的境遇和同样的环境中成长的人,也总有人觉得幸福,有人深感不幸。这代表两种截然不同的态度。所谓幸与不幸,其实都是人的心态而已。

故事分享

两只水桶一同被吊在井口上。

其中一只对另一只说:"你看起来似乎闷闷不乐,有什么不愉快的事情吗?"

"哎,"另一只回答,"我常常在想,这真是一场徒劳,太没意思了。总是这样,刚刚重新装满,马上又空了下来。"

"原来你在烦恼这个啊。"第一只水桶说,"我倒不觉得如此。我一直这样想:我们空空地来,装得满满的回去。"

7. 压力太大的时候学会变通

我们不妨学习中国传统文化中的太极,以柔克刚;学习古币,外圆内方。当然,这样很难,但是我们可以努力。

⚙ **故事分享**

名医张子和曾采用使人发笑疏导法治愈了一个人的怪病。当时有个官吏的妻子,精神失常,不吃不喝,只是胡叫乱写,不少医生使用各种药物治疗了半年也无效。张子和则叫来两个老妇人,在病人面前涂脂抹粉,故意做出各种滑稽的样子,这个病人看了不禁大笑起来。第二天,张子和又让那两个老妇人做摔跤表演,病人看了又大笑不止。后来张子和又让两个食欲旺盛的妇人在她身边进食,妇人一边吃一边对食物的鲜美味道赞不绝口,这个病人看见她俩吃得津津有味便要求尝一尝。从此她开始正常进食,怒气平息,病全好了。

(四)用阳光心态享受生活

1. 要善于发现美

生活中并不缺少美,缺少的是发现。我们要学会欣赏每个瞬间,要热爱生命,相信未来一定会更美好。

2. 要学会放下

该放下的放下,学会谅解、宽容。不原谅别人,等于给了别人持续伤害你的机会。要学会放下,忘记该忘记的,记住该记住的。

⚙ **故事分享**

两个和尚下山化缘,回来的路上遇到了一条河,河边有一个靓丽的女子,女子不敢过河。老和尚有心想去帮她,又怕别人说闲话,小和尚毫不犹豫地把女子背过河去。到了庙里,老和尚说:"出家人不近女色,你为什么要背那个女子?"小和尚说:"我已经把她放在了河边,你怎么还'背'着她啊?"

3. 学会利用现有资源把事情做成,而不是消极等待

利用现有的资源把事情做成,而不是好高骛远、消极等待。生命中的每一步都连接着未来,要把握现在,充分利用现在的条件做点事情。比如,留下一点声音,留下一点思想,或是留下一点财富,充分利用现有的资源使你的价值最大化。

努力提升自我价值,敞开心扉拥抱这个世界吧！为你的选择全力以赴,这样你才不会后悔。你现在努力走的每一步,都是通向未来的进步的阶梯。

4. 服务他人

一个人没多大本事的时候,养自己；本事大了,养家人；本事再大了,造福社会。金钱的价值在于被使用,人的生命价值在于被需要。成功的企业家最终应成为慈善家,多为社会福利事业做贡献；领导者就应该为官一任、造福一方。

生活因为热爱而丰富多彩,生命因为信心而瑰丽明快,心态营造今天,激情创造未来。如果你心情好,你会发现沙漠为你唱歌,小草为你起舞；如果你心情糟糕,你会发现开放的玫瑰在流泪,奔腾的小溪在哭泣,这叫境由心造、相由心生。如果把生活比作一道自助大餐,你吃什么是你自己的选择,你选择什么就得到什么。如果你觉得你是倒霉蛋,你会找到无数事实证明你就是个倒霉蛋；如果你说自己真的很幸运,你会找到无数事实证明你就是个幸运儿。所以,大家带着阳光心态,才能缔造阳光生活,走向阳光未来。

二、 赋能天使——诚信正直

"人无诚信不立；家无诚信不和；业无诚信不兴；国无诚信不宁。"诚信,像清晨一缕温暖的阳光普照着芸芸众生,人们沐浴在诚信的光辉下,它散发的光芒驱散人间的阴影,扫除彼此之间的阴霾。

诚信就像是无声无息的影子,如水中花,镜中月。有人说:"天空中没有留下痕迹,但鸟儿却已飞过。"尽管学校对于作弊的诸多手法提高警惕,但是作弊手法仍是层出不穷,作弊者利用科学手段或替考等不诚信的手段,造成极其不良的后果。一个人在考试中作弊,不仅仅是学习态度、治学态度的问题,更是个人思想品质、人格问题。古语云:"修身,齐家,治国,平天下。"身不修,何以齐家、治国、平天下。考试是一个阶段性的检测,是一次展现自我才华的机会,是验收成果的手段。考试成绩并不能作为检验一个人价值的标准。考试作弊,就是人格问题,是人的价值观念的问题。"勿以善小而不为,勿以恶小而为之",我们必须正确面对考试,不要急于求成,诚信考试。

（一）诚信价值观对个人的意义

评价一个人是否成功,不能只考察他的影响力、成就、激情、毅力、理想、执行能力、沟通能力等因素,而应当首先看他是否拥有正确的价值观。一个人如果拥有正确的价值观,那么他在其他方面越是有经天纬地的才华,他对社会的贡献也就越大;反之,如果他的价值观是扭曲的、邪恶的,那么,他在其他方面的造诣越深,他对社会的危害也就越大。所以说,在一个人的成长和发展过程中,价值观决定了人生的成败,而诚信是最为重要、人人都应具备的价值观!

古语有云:"身不正,不足以服;言不诚,不足以动。"意思是我们为人应该正直、守信,否则所说所做皆不能服众。诚信不仅应该是我们个人的追求,也应是奉献者为人处事的原则,更应是千千万万个中国人所坚定不移的信念。

诚信是社会中重要的齿轮,没有了诚信便没有了责任,而没有责任的社会是可怕的、空洞的。诚信就像堆积木,说出口的承诺是块积木,而承诺的兑现则是堆叠。虎头蛇尾的承诺无法堆叠,满是虚假的承诺容易倾倒,唯有言出必行的人,才能形成稳固的结构;唯有脚踏实地堆叠的人,才能堆出让人仰望的高度。

人无诚信不立,家无诚信不和,业无诚信不兴,国无诚信不宁。然而诚信的养成不是一蹴而就的,只有通过坚持不懈、持之以恒、从小事好事做起的教育和自我意识教育,守信才能化作自觉的行动。良好的诚信教育犹如春风化雨。一个社会无论在什么时候、什么情况下,都要高度重视对公民的诚信引导,不断提高人们的精神境界和道德修养,树立起诚信光荣的社会风气和强有力的舆论氛围,让每一个公民都投入诚信教育之中,让诚信之光渗透到社会的每一个角落。

(二)成功源于诚信的价值观

诚信是植根于一个人灵魂深处的价值观的一种。价值观是每个人判断是非善恶的信念体系,它不但引导我们追寻自己的理想,还决定一个人生活中大大小小的选择。在这个意义上,我们的任何行为,都是自身价值观的流露。

🔧 故事分享

济南工商银行大观园储蓄所赵安同志接待了一对前来存款的夫妻,钱装在一只编织袋中,他们是做水果生意的,钱又散、又乱、又破、又旧。这对夫妻在存款凭条上填写的数目是7.4万元。赵安同志细心地数了两遍,都是8.4万元,于是对这对夫妻说他们数错了,但这对夫妻不信,于是他们又数了一遍,果真是8.4万元,他们对赵安同志诚实不欺的高尚品德十分感激。

诚实守信不仅是做人的准则,也是做事的基本原则。赵安同志在储户不知情的情况下,以自己的诚实表现亮出了一个银行职员的高风亮节。他不仅为这对夫妻挽回了1万元,也为银行树立了良好的社会形象。诚实是一种美德,更是一种力量,我们应以诚待人、以诚处事、以诚供职。

价值观对人的行为和生活选择有着不可估量的影响,它在不知不觉之中就决定了我们选择以什么样的方式度过一生。两千多年前,孟子讲过这样的话:"居天下之广居,立天下之正位,行天下之大道。"今天的中国,已经不再是一个封闭自守、唯我独尊的老迈国家,而是沉着面对世界竞争的少年中国。中国要在这旷古不遇的列国大竞争中胜出,就必须坚守本民族千年传承的道德准则,尤其是诚信这条不可逾越的道德底线。

诚信本身是一种不分时代、不分地域的普遍价值。西方传统中对此也有相应的表达。在现代社会经济秩序高度全球化的背景下,诚信的重要性较之过去有过之而无不及。在这项人类共同遵循的价值指向的基础上,全球范围内基于个人或公司实体的诚信的经济形态才得以滋生、发展。谁最能坚守诚信,谁就能在激烈的商战中赢得信誉并最终获得成功。如果诚信缺失,就算靠着钻营和欺骗暂时牟取蝇头小利,最终也难逃被淘汰出局的命运。

就个人而言,人们常说"做事先做人",诚信是做人的基本准则。否则,就算你认为自己已经具备很多优秀的、能够成功的素质,你也未必会得到他人的尊敬,更不会得到成功企业的重视。在一个先进的企业里,员工最需要具备的素质不是优越的智力,而是诚信。诚信比才干更重要。因此,微软等现代企业在制订选拔人才的标准时,永远将诚信摆在第一位。

诚信要靠教育引导,同样也要靠法治控制。"无规矩不成方圆",可见法治的力量也不容忽视。简而言之,教育与法治齐抓,才能让诚信不仅仅是一种道德要求,更成为一种法律义务,才能让诚信之魂在每个人心中生根发芽,才能最终让整个社会树立起良好的诚信风尚。无论在什么时代,无论在哪一个国家,一个缺乏诚信的、人品有问题的人都不可能成为一个真正有所作为的人。

对公民的诚信教育建设是一个循序渐进的过程,要做到从小事做起,从你我做起。我们是社会主义国家,不仅要发展国民经济,创造出更加发达的物质文明,还要加强精神文明的建设。历史的长河仍在流淌,我们在不断地探索问题、解决问题中迈步前进。只要我们有信心,有勇气,坚持不懈地努力,一定能让诚信之花开满华夏大地,结出累累的硕果,也一定能让我们这个拥有诚信的民族在世界民族之林中流光溢彩!

三、 习惯的力量——人格养成

有句话大家一定知道,"习惯形成性格,性格决定命运",也就是说,决定我们每个人命运的真正的"王者"是我们的习惯。我们可以由改变习惯而改变命运,一个人的习惯,不仅仅决定着事情的成败,还决定着人生的成败。坏习惯多,就会有糟糕的运程和痛苦的生活;好习惯多,就会有亨通的前程和幸福的生活。

我们可以静下来好好观照一下自己:早上醒来后,是习惯继续在床上迷糊一会儿,还是习惯立即起床?起床后,是习惯直接查收工作邮件,还是习惯先洗脸刷牙?吃完早餐后,是习惯一个人发呆,还是习惯和父母孩子聊会儿天……不少人可能认为这些都是很小的事情,根本就无关紧要,殊不知就是这些习惯,累加累积聚集聚合,决定着我们未来的人生道路。

(一)习惯的力量

习惯是思维和行动的真正领导者,它在形成之初是脆弱的,人们几乎感觉不到它的力量所在。但它的力量是巨大的,在不知不觉中,经年累月地影响着我们的行为,所以良好习惯将会影响人的一生,左右成败,坚持下来就意味着能踏上成功的列车。习惯的力量也体现在持之以恒上。水滴石穿,绳锯木断,在坚持不懈的重复过程中显示出巨大的力量。

人的思维很容易跟着习惯走,最初的习惯形成,往往有一种顺其自然的强烈意识,日子一久就难以更改难以转变了。原来这样,现在也这样;你这样,我也这样,可人们很少想到为什么这样,很少想到可不可以与众不同,与过去不同。

无论你做什么事情,态度决定高度,高度决定视野;角度改变观念,观念决定所为;你的尺度把握你的人生,你的人生会更顺畅如意。人的心理若改变,个性也跟着变;个性若改变,态度也跟着变;态度若改变,行为也跟着变;行为若改变,习惯也跟着变;习惯若改变,人格也跟着变;人格若改变,命运也跟着变。

因此,要注意你的行为,因为行动能变成习惯;要留心你的习惯,因为习惯能养成性格。江山易改,本性难移,性格会决定你的命运。

故事分享

美洲沙漠中有一种鼠名叫加鲁鼠,滴水不进,照样生存。它不是不喝水,而是从多汁的草或是仙人掌中获得水分,并在体内贮藏。有人做了一个实验,把一只加鲁鼠圈起来,并将圈定的这块区域内所有植物全都除掉,只剩下光秃秃的沙漠。随着体内水分的减少,加鲁鼠开始躁动起来,不停地撞击挡板,希望能离开这个区域。就在这个时候,那个人在这个区域内人工制造了一个水坑,可令人不解的是,加鲁鼠对这个水坑视而不见。把它放了,它迅速找到一株仙人掌大吃一顿,直到吃够了为止。因为习惯,它认为仙人掌是最好的,难以改变。

(二)好习惯从小培养

有这样一群科学家他们一致认为,自己小时候在学校养成的良好习惯,让他们终身受益。对于我们每个人来说,我们之所以会是我们目前的样子,全是因为习惯的力量。借用圣斗士来打比方,我们每个人的身体里一直都存在两股势力,一股是人们通常认为的好习惯,它引导我们向好的方向前进,可以称之为"光明圣斗士";一股是人们通常认为的坏习惯,它诱惑我们向坏的方向发展,可以称之为"黑暗圣斗士"。在我们的整个人生中,它们在我们的思想领域里进行着一场永恒之战,无休无止。

如果我们想要进步,该怎么办呢?唯一的办法就是要更多地训练、指导、培养、激励"光明圣斗士",同时要尽可能地打击、呵斥、阻止、隔绝、消灭"黑暗圣斗士"。只不过,这个过程曲折而艰难。

每个人都会有偷懒的时候,每个人都有被激怒的时候,每个人都有失态的时候,所不同的是,优秀的人总会迅速从怠惰中走出来,用更多的时间去努力、奋斗;总会迅速从愤怒中走出来,用更多的时间去感恩和感激;总会迅速地从疯癫中走出来,用更多的时间去反省和思考。

每天有数百种习惯在影响着我们的生活,指导着我们早上如何穿衣,如何与孩子说话,晚上如何入睡,习惯影响着我们午餐吃什么,如何工作,是否锻炼。

当我们觉得自己做了一件特别棒的事情时,要知道是因为这个成功的背后的好习惯;当我们觉得自己做了一件受人尊重的事情时,要知道这份尊重的背后的好习惯;当我们觉得自己的生命特别有意义的时候,要知道这份有意义的背后的好习惯。我们每天的工作与生活都需要我们做出很多选择,而这些选择其实都是习惯的结果。所以有人说,如果你的习惯对了,你就会无所不能。

英国古戏剧家德莱顿曾经说过:"所有的习惯以不可见的程度积聚起来,如百溪汇于川,百川流于海。"如同英国法律史学家梅茵所说:"习惯是一条巨缆,我们每天编结其中一根线,到最后我们完全无法弄断它。"

故事分享

袁隆平有一个独特的阅读习惯:诵读。这是他在湖北汉口博学中学读高中时养成的。高一时,学校举行演讲比赛,袁隆平和班里另外两名参赛选手选定好演讲稿,约定早起到宿舍楼顶放声朗读。从那时开始,他发现放声朗读是一种很好的读书方法:可以强化记忆,刺激思维,加深对文章的理解,还可以训练普通话,锻炼肺活量。在西南农学院农学系读书时,袁隆平就经常拿着书到学校旁边的小树林里、小土岗上去读。参加工作后,他也依然保持这一读书习惯。他曾用"思维体操"形容诵读,每次诵读后再投入田间地头研究杂交水稻,总觉得自己的思维会特别活跃,精力也格外充沛。

(三) 改掉坏习惯

有报道称,1978年,全世界75位诺贝尔奖获得者聚会巴黎。有人问:"您是在哪里学到了您认为最重要的东西?"白发苍苍的学者们给出的回答出人意料:"在幼儿园。"再问:"在幼儿园里您学到了什么?"学者们说:"好的生活习惯。比如把自己的东西分一半给小伙伴,不是自己的东西不要拿,东西要放整齐,饭前要洗手,午饭后要休息,做了错事要表示歉意,自己的事情自己做,学习要思考,观察要仔细等。"如果我们想要改变自己,就得从改变习惯开始。习惯一旦形成,就会非常强大,因为它会促生固定的神经回路。查尔斯·杜西格在《习惯的力量》一书中写道:"习惯之所以出现,是因为大脑一直在寻找可以省力的方式。"

习惯的诞生有三个重要的步骤:第一,暗示。存在一个暗示,能够让大脑进入某种自动行为模式,并决定使用哪种习惯。第二,惯常行为。存在一个惯常行为,可以是身体方面的,也可以是思维或情感方面的。第三,奖赏。存在一个奖赏,让大脑辨别出是否应该记下这个回路,以备将来之用。慢慢地,这个由暗示、惯常行为、奖赏组成的回路变得越来越自动化,线索和奖赏交织在一起,直到强烈的参与意识和欲望出现。所以如果我们要想改变旧有的习惯,描述起来很简单,但实际改变起来却往往非常艰难。比如戒烟、戒酒、戒赌等行为,说起来都不是什么大事,但是人在养成习惯后,就很难戒掉。因为习惯的改变不是一次两次的偶然行为,而是要彻底改变那个根深蒂固的神经回路,这需要非常强大的驱动力和自制力,所以做起来十分困难。

"世上无难事,只怕有心人",只要人自主自愿地去改变一个习惯,也是能做到的。虽然过程很辛苦,但是事后会收获巨大的成就感。要做出改变,可以从以下三个方面做起:需要彻底改变现状的决心,需要死扛到底的坚持,需要勇往直前的勇气!下定决心,咬牙坚持,勇往直前,就是一个小小的改变循环,当你把某种行为坚持了一段时间之后,慢慢地它就会成为你的新习惯。

习惯不能被消除,只能被替代。只有当新习惯对我们有足够的反馈奖赏,形成新的神经回路时,"光明圣斗士"才能渐渐地被塑造出来,与之相对的"黑暗圣斗士"也才会逐渐退却。如果我们保持一定的暗示和奖赏,就会慢慢植入一种新的惯常行为,不过这还不够,我们还要相信这种改变,最好融入一个社团或组织,形成信仰,改变才会真正成为现实。

总而言之,想要改变自己的生活,或者说命运,没别的捷径,请从改变自己的习惯开始。没有好的习惯,一切都是无稽之谈。

第二节　成就优秀的自己——职业素养与能力

领导力是指个人在负责的范围内,能充分利用人力和客观条件以最小成本达成工作目标的能力。在一个以社会分工为基础的现代社会,团队不仅需要成员相互配合和协作,同时也需要他人的积极配合和协作。因此,在团队中,无论我们是身处领导职位还是普通职位,都应该具备些或多或少的领导能力。

一、潜移默化的影响——领导力

（一）权力的五种来源

领导力与权力是密不可分的,要达成一定的目标,就必须具备影响他人的权力。权力是促使他人高效行动、实现组织目标的手段。著名组织行为学家佛伦奇·瑞文指出,权力来自五个方面:强制性权力、奖赏性权力、法定性权力、专家性权力和参照性权力。

1. 强制性权力

强制性权力是最为普遍存在的权力基础。拥有强制性权力的人可以要求他人做事,如甲要求乙做某事,乙因受到甲的威胁,虽然不愿做但不得不去做。如果 A 能解雇 B 或使其停职、降级,并且 B 很在乎他的工作,那么 A 对 B 就拥有了强制性权力。强制性权力是建立在惧怕基础上的,一个人如果不服从就可能产生消极的后果。出于对这种后果的惧怕,这个人就会对他人的指令做出反应。

2. 奖赏性权力

与强制性权力相反的是奖赏性权力。如果你能剥夺他人有价值的东西或给他人造成不良的影响,那么你对他就拥有了强制性权力。如果你能带给他人某种积极的利益或帮助他免于消极的影响,那么你对他就拥有了奖赏性权力。比如用金钱、晋升、学习的机会等来吸引下属,让他们愿意服从你的指挥。安排员工去做自己更感兴趣的工作,或者给员工更好的工作环境等,这些都属于奖赏性权力的范围。奖赏性权力不一定要成为领导者才具有,有时作为一名普通员工也可以具有奖赏性权力。

3. 法定性权力

法定性权力代表一个人通过正式组织层级结构中的职位所获得的权力。一个人一旦有了组织的正式任命,就具有了相应的法定性权力。一般而言,职位性权力还包括强制性权力和奖赏性权力。但是法定性权力的涵盖面比强制性和奖赏性权力更为宽泛。这种权力还包括组织成员对职位权威的接受和认可。"名不正,言不顺",如果组织没有赋予你正式的法定性权力,你的奖赏性权力和强制性权力就会大打折扣。

4. 专家性权力

专家性权力是指来源于专长、技能和知识的一种权力。世界的发展日益得益于技术的发展,专门知识与技能也成为权力的主要来源之一。众所周知,医生在治病救人领域里很有权威,因为医生有很强的专家性权力,医生所说的话不能不听,所以大多数人都愿意遵从医嘱。还有一些职业,如计算机专家、会计师、心理咨询师等,他们都是因在某领域中的专业知识与技能,而获得了专家性权力。专家性权力也可以解释为什么大家会选择专家来做广告,媒体大力邀请专家来宣传或澄清事实。

5. 参照性权力

参照性权力是由于对他人的崇拜及希望自己成为那样的人而产生的,其基础是对他人的认同。如果景仰一个人到了要模仿他的行为和态度的地步,那么这个人就拥有了参照性权力。大量的企业为什么要请明星做广告,即使这些明星对产品缺乏专业知识,主要是因为他们对大量的"追星族"有很强的参照性权力。在组织中,如果你拥有了他人认可的个人特点,那么你也就具备了影响他人的能力。

强制性权力、奖赏性权力和法定性权力属于职位性权力,对他人的影响带有强迫性、不可抗拒性等特点。它们主要通过外推力的方式发挥作用。在这种方式的作用下,职位权力对人的心理和行为的影响与激励是有限的。一个领导者可以通过职位获得权力,也能够对下属产生一定的影响力,但这种影响力实际上可能是一种假象或暂时现象。专家性权力和参照性权力属于个人性权力,主要通过内推力的方式发挥作用,对他人将产生持久的影响力。当然作为一个有效的领导者既要有职位性权力,同时也要有比较好的个人性权力。

(二)领导力提升技术

知识、能力等才能因素是形成个人性权力的主要来源。不同类型领导者的具体才能会有所差异,不过不管是行政型领导、经营型领导,还是技术型领导都要具备以下四种技能:概念技能、管理技能、人际技能和专业技能。然而这四种技能对于处于不同层级的领导者来说,重要性是不一样的。

(1)概念技能(战略技能)。即作为一个领导者应该有思想,有想法。有思想的人视野广阔,对他人往往具有很大的内在感染力,总会受到同事和下属的敬佩。古今中外,有思想的伟人身后往往有成千上万的追随者。蒙牛乳业集团的创始人牛根生就是一个很有想法的人,他能够及时把握中国和世界乳制品业发展趋势,提出针对蒙牛乳业集团未来发展的各种大胆设想,提出"先建市场,后建工厂"的经营战略,以及"大胜靠德、大智靠学、大牌靠创"的思想,对蒙牛乳业集团吸引优秀人才起了巨大作用。乔布斯之所以能够成为苹果公司的灵魂人物,就是因为他有很多颇具创意的创新性想法,而且这些想法让苹果公司引领了电子科技产品的发展潮流。

(2)管理技能。领导包含管理性活动,要成为一名合格的领导者,必须具备较强管理技能,如组织能力、计划能力、协调能力、控制能力、决策能力、执行力等。

(3)人际技能。领导是一种通过影响他人来完成组织目标的活动,因此与人交往就成了领导者的主要工作内容,领导者的人际技能包括沟通能力、公关能力、激励能力等。

(4)专业技能。即对本专业领域知识和技能的了解与掌握。

拓展阅读

魅力型领导关键特点

特 点	含 义
富有远见	魅力型领导是未来取向的,他们有远大的目标,认为未来一定会比现在更美好。他们也能够认识到现在的不足,并且能够提出如何克服这些缺陷的设想,而且这些设想往往是令人兴奋的
高度自信	他们对自己的判断和能力充满信心,能在极大的压力下坚持自己的信念,而那些非魅力型的领导在失败与批评面前总是怀疑自己
充满激情、自我激励	他们精神饱满,精力充沛,对实现目标充满激情,而且他们能够用各种方式生动地表达自己的情感和热情,他们不需要别人的鼓励,而是自我激励
善于言辞	他们善于表达自己的思想,擅长运用各种言辞和非言辞的表达技巧,卓越的沟通能力使追随者理解他的愿景,并愿意追随他
愿意冒个人风险	他们敢于冒个人风险,包括经济损失或事业上失败的可能性、组织资源被撤销的可能性、被开除或降职的可能性
环境敏感	他们具有对现实的洞察力,能实事求是地评估组织内的各种环境资源和条件限制,并基于对环境资源的现实评估来制订变革策略和非常规行动

（三）提升个人魅力

魅力是一种使人潜移默化地接受对方影响的素质,对欣赏它、希望拥有它的追随者具有很强的感召力和影响力。个人魅力不仅表现在外形上,更重要的是表现在一个人的内心世界、个人修养、性格等综合素质上。越来越多的研究发现,具有领袖魅力的领导能对下属有更强的感召力和影响力,他们能激励下属付出更多的努力,而且下属会更加喜爱自己的领导,对领导表现出更高的满意度。

故事分享

《诗经》中的《大雅·绵》是一首叙事史诗,描述了周王族十三世祖古公亶父(周文王的祖父)自豳迁岐的辉煌历程和成果,全诗共9章,每章6句。周人早先所居的豳地,遭遇游牧民族的侵扰,古公亶父带领部族迁徙,其过程浓缩在短短的四句诗中:"古公亶父,来朝走马。率西水浒,至于岐下。"

《大雅·绵》全诗以迁岐为中心展开铺排描绘,疏密有致。首先,古公亶父在危急时刻以他的方向感,带领大家找到出路,发现彼岸。古公亶父创业也是从不确定中走来的,前景未明,只有大概的地标——水浒。一开始的追随者只是初步、试探性的小范围追随,并不是全部落。其后,因为他品格中的"仁",引发了进一步、大范围的追随。到达周原后,因其一系列富有远见的作为和成就——制订规划、虔诚占卜、娶妻建交、营建城郭宫室、开渠垦荒、修筑道路、睦邻去敌等,从而使民众逐渐聚集,友邦陆续来归。

(四)采用权变领导方式

"世界上没有两片完全相同的树叶。"每个人做事情的意愿和能力也是不一样的,有的人是想做事,而能力不足;有的人能力很强,但不想做事。对于不同的人,应该采取不同的领导方式。领导生命周期理论认为,下属的"成熟度"对领导者的领导方式有重要作用。对不同"成熟度"的员工应该采取不同的领导方式。"成熟度"是指人们对自己的行为承担责任的能力和愿望的大小。

R1:下属缺乏接受、承担任务的能力和愿望,既不能胜任,又缺乏自觉性。

对于处于 R1 阶段的员工,应该采取命令式领导方式(高任务—低关系)。在这种领导方式下由领导者进行角色分类,并告知下属做什么、如何做、何时何地去完成不同的任务。它强调指导性行为,通常采用单向沟通方式。

R2:下属愿意承担任务,有积极性但没有完成任务所需的技能。

对处于 R2 阶段的员工,应该采取说服式领导方式(高任务—高关系)。在这种领导方式下,领导者既提供指导性行为,又提供支持性行为。领导者除向下属布置任务外,还与下属共同商讨工作的进展,比较重视双向沟通。

R3:下属具有完成领导者所交给任务的能力,但没有足够的积极性。

对处于 R3 阶段的员工,应该采取参与式领导方式(低任务—高关系)。在这种领导方式下,领导者极少简单下命令,而是与下属共同进行决策。领导者的主要作用就是促进工作的开展。

R4:下属能够且愿意去做领导者要他们做的事。

对处于 R4 阶段的员工,应采取授权式领导方式(低任务—低关系)。在这种领导方式下,领导者几乎不提供指导或支持,而是通过授权鼓励下属自主做好工作。

（五）会有效授权

有些领导者明知道授权的重要性而不愿意授权,原因有以下几个方面:对下属不放心;完美主义,认为下属做得不好,还不如自己去做;害怕挑战,担心员工的成长对自己造成威胁;害怕失去控制。有的人习惯于对大小事都清楚,特别担心放权会失去控制。"下君尽己之能,中君尽人之力,上君尽人之智。"诸葛亮身为蜀汉丞相,多才多艺,工作勤勤恳恳,每日早起晚睡,各种事务都要亲自处理,亲自过问,以致积劳成疾,过早离开人世。

现代社会,面对复杂的工作,即使是能力超强的领导者也不可能独揽一切。授权的好处在于能帮助领导者从琐碎的事务中解脱出来,专门处理重大问题;赋予下属一定的权力,调动员工工作积极性;有利于发现人才、锻炼人才和培养人才;充分发挥员工的专长,弥补领导者自身才能的不足,提高团队的整体效能。因此,作为一名领导,要知道如何授权。

1. 客观认识下属

有效授权的关键一步是要对下属的能力、成熟度、心理素质等有个客观的了解,力求将权力和责任授权给最合适的人。

2. 考虑被授权者的兴趣

如果所授的权力是被授权者感兴趣的,那么被授权者就会对工作充满热情,乐于完成工作。

3. 明确权责,使权责一致

若是职责不清,各司其职,就会不断发生摩擦,相互"扯皮"或"掣肘",这是授权的大忌。所以授权者必须向被授权者明确授权事项的目标和范围,明确被授权者的权力及其所应承担的义务与责任。

4. 要有监控

授权不等于放权,授权者要通过跟踪、控制、反馈等方式了解下属工作进展情况,或者提供支持,或者对偏离目标的行为及时纠正。

5. 有些工作是不能授权的

对于涉及有关全局的工作,如决定组织目标、重大政策等不可授权。

二、你们都很棒——高效沟通

（一）高效沟通是成就一生的首要能力

绝大多数的职场人士对沟通技巧有着迫切的需求，其中不乏外资企业的职员，学历均在本科以上，更有不少是拥有博士学位的中层管理人员。那么为什么会有这么多的职场人士对沟通技巧有着如此迫切的需求呢？原因就在于几乎每家公司的招聘启事都会提及对沟通能力的要求。沟通能力逐渐成为成功应聘职场的首要要素，也越来越成为职场人士取得成功的必要条件。因此无论你的职位高低，无论你从事何种行业，高效沟通能力都将会是你的利器，也是最具生产力的资源，拥有高效沟通能力更是每个职业人士的职场梦想。

从定义上来讲，沟通是用任何方法彼此交换信息，即指一个人与另一个人以视觉、符号、电话、电报、收音机、电视或其他工具为媒介交换信息的方法。每个人每天每时每刻都会遇到沟通问题，到单位见面打招呼是沟通，和朋友、客户相互发电子邮件是沟通，上下级、同事之间，部门与部门、公司与公司之间还是离不开沟通。很多时候人们做事情只注重事物的客观道理，但往往容易忽视处理方法。因为人与人之间存在差异，这就是沟通存在的道理。由于沟通在我们生活当中无处不在，从某种意义上讲，沟通已经不再是简单的口才问题，也不再仅仅是一种职业技能，而是一种生存方式。

对于职场人士来讲，没有良好的沟通将是致命的。如果你是一般职员，缺乏良好的沟通，个人可能丧失职场竞争力，无法完成预期的业绩或者目标。例如，在公司你容易因为缺乏沟通引起误解，上司会对你有所保留；和客户不能良好沟通，很有可能影响业务，甚至丢失客户。如果你正处于职业生涯的上升状态，由于平时和同事之间的沟通不好造成人际关系不佳，有可能因此失去晋升的机会。如果你是中高层的管理者，沟通不畅通使公司的宗旨不能很好地向下级传达，跨部门之间的沟通不理想可能会影响整个公司的进度，导致公司整体业绩的下滑。因而在竞争激烈的职场，不管是身为职员还是管理者，几乎每时每刻都要面临沟通的问题，与客户、上司、同事、下属等，口头或书面交流占据了他们的大部分工作时间。沟通技巧的高低往往决定了一个人职业生涯最终能达到的境界，更重要的是商业社会的运转离不开有针对性的和高效率的沟通。企业对经济环境和竞争对手的了解、战略决策的制定执行、顾客满意度的提高等都直接取决于沟通的质量。

良好的沟通不仅能保证你的交流顺畅,也会为你的工作表现加分。当人们认识到沟通的重要性,沟通的原理、艺术、技巧便开始成为一种培训方式被人们接受,也就出现了沟通课程供不应求的火爆场面。

根据调查显示,职场沟通问题主要体现在:部分人员现阶段遭遇到特殊的沟通难题;较多人谋求整个职业生涯的高效沟通技巧;存在对下属的沟通与激励困难;存在与上司的沟通与交流障碍;有个人沟通问题,也有组织内沟通渠道不畅;有语言交流能力弱,也有非语言沟通技巧不擅长。

那么,沟通成功和失败的原因是什么呢?其实,大部分时候人与人处于不同的沟通平台,如果每个人都想着自己的道理,按照自己习惯的方式与人沟通,往往会产生双方不满意的结果,这是矛盾的根本。

🔧 故事分享

一位父亲去女儿幼儿园参观孩子们的书画比赛,他看到一幅《陪妈妈上街》的画,里面没有高楼大厦,没有车水马龙,有的只是数不清的大人们的腿。他感到很奇怪,最后是幼儿园老师帮他解开了疑惑:幼儿园的孩子身高几乎还不到大人的腰部,他们上街看到的除了大人的腿还能是什么?于是他想,孩子们上街时看到的只是大人们的腿,这是身高决定的;同样的道理,公司员工能看到的只是自己的工作、利益和前途,并不是每个人都像总裁一样思考公司的未来,这是环境决定的。因此,不要指望别人都和你的见识一样。之后,他开始加深与员工的交流,公司的业绩也随之突飞猛进。

沟通中"沟"是手段,"通"是目的。怎样才是真正"通"了呢?"通"就是对方被你影响了,甚至按你的意思做事情了,就是"通"了。如果沟通以后,对方没有"通",那就只被你"沟"了一下而已,没有达成沟通目的。因此关键在于"我们说什么并不重要,别人听到什么才真正重要"。这需要更高的技巧,与人交流要求我们巧妙地听和说,而不是无所顾忌地谈话。成功的沟通者要具备以下的素质:

1. 讲出来,尤其是坦白地讲出来你内心的感受、感情、痛苦、想法和期望,而绝不是批评、责备、抱怨、攻击。

2. 不批评、不责备、不抱怨、不攻击、不说教,反之只会使事情恶化,成为沟通的刽子手。

3. 互相尊重,只有给予彼此尊重才有沟通,若对方不尊重你时,你也要适当地请求对方的尊重,否则很难沟通。

4. 绝不口出恶言,恶言伤人,避免祸从口出。

5. 不说不该说的话,否则往往要花费极大的代价来弥补,甚至还可能造成无可弥补的终生遗憾!所以沟通不能够信口雌黄、口无遮拦;但是完全不说话,有时候也会变得更恶劣。

6. 有情绪时不要沟通,尤其是不能做决定。情绪中的沟通常常无好话,既理不清,也讲不明;尤其在情绪中,很容易冲动而失去理性,做出情绪性、冲动性的"决定",这很容易让事情不可挽回,令人后悔!

7. 理性地沟通,不理性不要沟通。不理性只会相互争执,不会有结果,更不可能有好结果,所以这种沟通无济于事。

8. 觉知,一切都需要觉知。如果自己说错了话、做错了事,而不想造成无可弥补的伤害时,最好的办法是什么?"我错了",这就是一种觉知。

9. 说对不起。说对不起,不代表自己真的犯了什么天大的错误或伤天害理的事,而是一种软化剂,使事情终有缓和的余地,甚至于还可以创造"天堂"。

10. 等待转机,如果没有转机,就要等待。当然,不要以为等待就会有成果,最终还是要你自己去努力,若不努力,你将什么都没有。

11. 耐心,等待唯一不可少的是耐心,有志者事竟成。

12. 智慧。智慧使人不执着,而且福至心灵。

(二)想要良好的人际关系,你得学会高效沟通

人际关系由许多的因素组成,最主要的两项是:信任和沟通。很多的经验告诉我们,有时候没有信任也可以沟通,但是如果没有好的表达也达不到良好的信任。交往中我们渴望得到对方的理解,同时对方也希望我们能理解他的心理,这是我们都必须要解决的问题,所以这时就需要一个有效的沟通。

在管理当中,很多人认为"沟通"是只要人际交往当中不隐瞒、真实地表达本来的意思就好了,其实这是不够的。确实,真诚的交往是良性沟通的第一步,但是没有达成共识的沟通也会让沟通达不到效果,所以沟通是需要讲究艺术以及方法的,沟通是一门需要技巧来掌握的本领。

良好的人际沟通不是天生就有的,它来自不断的学习和丰富的社会实践。所谓只有不说的事,没有说不清的事,每一个人,经过刻意的训练,都可以做到有效地沟通,为自己的成功打开一道心灵之门。以下是提高沟通能力必不可少的几个步骤:

1. 树立信心

沟通效果的好坏,和说话者的心理素质是分不开的。心理素质良好的人,在沟通当中就能表达顺利,而且容易得到预期的效果;而一个心理素质差的人,也许就无法表达清楚,又或者在双方的交流中难以应付,有时还会引起别人的误会。当众说话紧张,是很多人都存在的现象,只是程度的不同,这也是一种正常的心理。所以在沟通中调整自己的心态,树立信心,摆脱自卑与恐惧是非常必要的。不妨在沟通前就给自己一些好的暗示,假装自己是相当自信的,表现出毫不畏惧的样子,这样持之以恒,那些假装也会慢慢变成事实,最后就真的不再恐惧。你会发现,当你克服了恐惧和焦虑,很多从前会失败的事,现在却成功了,你也会在当众说话中获得信心,那些你曾经难解的窘况,也会变成一些愉快的挑战。

2. 增长知识

那些说话水平高的人,无疑就是有着丰厚的知识积累的人,因为积累丰富,所以表达的时候也容易达到最佳的效果。因为交谈的对象会是不同的人,对不同的人,也会有不同的知识要求,我们应当掌握的知识包括:处世知识、世事知识、文化知识、专业知识。

处世知识大多都是日常生活中的,诸如称呼、访友、求职、待客、赴宴、送礼、馈赠、寒暄、探病、致歉、打招呼、问候、介绍别人、介绍自己等一些日常生活中所要经历的事情,这些就需要我们不脱离社会生活,耳濡目染,根据不同的需要,选择合适的处世言辞,最主要是要把握文明、礼貌、得体、合适的原则。

世事知识是一些关于常识、经验、教训、风土、人情、习俗等。想要丰富自己的语言修养,实现与人沟通的目的,这些知识也是必备的。一个不谙世事的人,说话就会容易制造笑话,也让人听来幼稚。这需要我们入乡随俗,在社会实践中多多学习,逐步感悟。

文化知识是人类社会物质财富和精神财富的总和,像天文、地理、历史、文学、艺术、哲学、经济、法律等。掌握这些知识会让我们的语言更为生动,更具吸引力与感染力。日常生活中应多看书,好书能陶冶情操、提升修养、开阔眼界。只有不断地汲取这类知识,你的言辞才会有不竭的生命力,更好地去打动人。

专业知识是社会上每个行业都会具有的一种知识。一个人无论处在哪个行业,都必须要掌握那个行业的专业知识,才可以在人际交往中发挥自身的优势,展现个人独有的特色。在不断地学习和实践中获取专业的知识,会更有利于本行业言语的交际。

良好的沟通关系中，要学会用 80％的时间来倾听，20％的时间来说话，在20％的说话中，要将 80％的时间用来问问题，问一些简单的问题，让别人容易接受和回答，不要在沟通当中指出错误，不赞同别人的观念时，也要听明白别人要表达的真正意思是什么。沟通的目的是要努力和对方达到一致性，和对方的频道一致，所以你的声音和肢体语言都要让对方感觉你所讲的和所想的一致，否则对方就无法接收到正确的信息。

三、 不竭的动力——创新能力

创新是一个常谈常新的话题，是当今社会时尚给力且不可缺失的关键词。创新是什么？从大的方面考量，它是一个国家和民族进步的灵魂；从具体工作来说，它是推进经济社会发展的不竭动力；从个人层面来讲，它是提出新方法、新观点的思维能力，是创造和革新的意志、勇气和智慧，是一种科学的发展精神。创新能力大小，关乎事业兴衰、关乎发展快慢、关乎个人整体素质和工作质量高低。

领袖毛泽东在一篇题为"不搞科学技术，生产力无法提高"的文章里指出：科学技术这一仗，一定要打，而且必须打好。过去我们打的是上层建筑的仗，是建立人民政权、人民军队。建立这些上层建筑干什么呢？就是要搞生产。搞上层建筑、搞生产关系的目的就是解放生产力。现在生产关系是改变了，就要提高生产力。不搞科学技术，生产力无法提高。

邓小平同志在他的《中国要发展，离不开科学》里说：实现人类的希望离不开科学，第三世界摆脱贫困离不开科学，维护世界和平也离不开科学。科学技术是第一生产力。

江泽民执政时实施科教兴国的战略。"科教兴国，是指全面落实科学技术是第一生产力的思想，坚持教育为本，把科技和教育摆在经济社会发展的重要位置，增强国家的科技实力及向现实生产力转化的能力，提高全民族的科技文化素质，把经济建设转到依靠科技进步和提高劳动者素质的轨道上来，加速实现国家繁荣强盛。"

习近平同志曾指出，创新是一个民族进步的灵魂，是一个国家兴旺发达的不竭动力，也是中华民族最深沉的民族禀赋。因此我们的各级党员干部要把增强创新发展的能力、增强破解发展难题的能力放到素质能力建设的前沿位置，坚决摒弃满足现状、四平八稳、因循守旧、不思进取的观念和积习。创新需要胆识，需要魄力，需要实践。凡是有利于转型发展的思路，都要勇于探索，大胆实践；凡是有利于转型发展的事情,都要下定决心、排除阻力去干;凡是有利于转型发展的措施,都要勇敢地去尝试,不能遇到问题先看"过去怎么办",应思考"应该怎么办"。要善于运用改革的办法、创新的精神破解发展难题,推动各项工作,努力使自己的眼光更远一些、视野更宽一些、思考更深一些、举措更实一些。

(一)创新意识和创新能力是大学生素质教育的核心

创新意识和创新能力是人的综合能力的外在表现,它是以深厚的文化底蕴、高度综合化的知识、个性化的思想和崇高的精神境界为基础的。心理学领域的最新研究也表明,创新意识和创新能力是一种认识、人格、社会层面的综合体,涉及人的心理、生理、智力、思想、人格等诸多方面,并且和这些方面相辅相成,创新意识和创新能力能巩固和丰富人的综合素质。

(二)创新意识和创新能力是大学生获取知识的关键

在知识经济时代,知识的增长率加快,知识的陈旧周期不断缩短,知识转化的速度猛增。在这种情形下,知识的接受变得并不重要,重要的是知识的选择、整合、转换和操作。学生最需要掌握的是那些包容面广、迁移性强、概括程度高的核心知识,而这些知识并非是靠言语所能传授的,它只能通过学生主动地"构建"和"再创造"而获得,这就需要大学生的创新意识和创新能力在其中主动地发挥作用。

(三)创新意识和创新能力是大学生终身学习的保证

随着高等教育规模的不断扩大,高等教育职能正在由精英教育向素质教育转化,学习也正由阶段教育向终身教育转化,学习将成为个人生存、竞争、发展和完善的第一需要。在知识无限膨胀、陈旧周期迅速缩短的情况下,大学生的社会职业将变得更加不稳定。在创新意识和创新能力的指引下,大学生有能力在毕业之后,利用各种有利条件,根据所从事的工作不断完善自身的知识和能力结构,更好地达到完善自我和适应社会的目的,从而为终身教育打下坚实的基础。

四、 折不断的筷子——团队合作

雷锋曾经说过一滴水只有放进大海里才永远不会干涸,一个人只有当他把自己和集体事业融合在一起的时候才最有力量。1999 年,美国圣迭戈大学管理学教授斯蒂芬·罗宾斯首次提出了"团队"的概念。团队是指为了实现某一目标而由相互协作的个体所组成的正式群体。

团队与团体不同,主要区别体现在四个方面:第一在目标上,团队是集体绩效,而团体是分享信息;第二在责任上,团队是共同承担的,而团体不具有共同责任;第三在技能上,团队是互补,而团体是随机;第四在效果上,团队是正面的,而团体是中性的(有时负面)。团队合作是指团队成员之间为了达成既定目标所显现出来的自愿合作和协同努力的精神。团队合作是保证团队能正常运转、产生"1+1＞2"效果的根本。如今随着社会分工日益精细,团队合作的重要性越来越凸显。

(一)学习团队合作精神

1. 向自然界学习团队合作

自然界是一个充满神奇的地方,在漫长的进化过程中,生物发展出了各种维持其物种生存的法则和方法。以前人类认为自己是万物之灵,可以征服自然。然而无数的事实告诉我们,人类需要与自然界保持和谐共处,同时还需要向自然界学习,"道法自然"。其中,狼、大雁和蚂蚁身上所体现出来的团队合作精神,在今天这个强调竞争的社会中,尤其值得我们学习和效法。

2. 向狼群学习团队合作

在广阔的草原上,大雪过后,大地白茫茫的一片,此时许多动物都已进入冬眠。由于狼群很少储存食物,所以它们必须出去寻找食物。然而在这样的环境下寻找食物是非常困难的,往往奔波忙碌数天仍然一无所获,而此时狼群必须保存自己的体力。因为如果狼群不尽量保存自己的体力,连续的劳累加上饥饿和严寒的折磨,它们很可能就会丢掉性命。聪明的狼群在此时采取单列行进的办法,一头接着一头,这样它们就能保证消耗最少的体力。跑在最前面的狼必须在厚厚的雪地上踩出第一行脚印,这样后面的狼就能节省许多体力。

再来看看狼群捕猎时的场景。狼群在围猎时,有严格的战术和纪律。每头狼都有自己的任务,任何狼都不能擅离职守。有些狼做先锋,负责骚扰猎物;跑得快的狼负责围追或堵截猎物;强壮的狼去猎杀强壮的猎物;弱小的狼去猎杀弱小的猎物。一切任务都分配得井然有序。同时狼群不但懂得彼此合作,而且会与其他动物合作,如与乌鸦合作。当乌鸦在高空中发现受伤或死亡的猎物时,它就会把消息传递给狼群,并引导它们到达猎物所在地。捕获猎物后,狼群用尖锐的爪子撕开猎物的躯体,然后与乌鸦分而食之。正是这种合作精神,让它们双方在适者生存、优胜劣汰的自然环境中生存下来。羚羊是草原上跑得最快的动物之一,奔跑速度每小时 70～100 千米,狼的奔跑速度约每小时 60 千米。然而羚羊为什么常常成为狼群的盘中餐呢?除了羚羊本身弱小之外,最主要的原因是它们没有互相保护的团队精神。遇到敌人袭击时,羚羊就会分散逃跑,分散开的羚羊即使跑得再快,也逃不过狼群的围追堵截。

3. 向大雁学习团队合作

每到秋季来临,天空中就会有成群结队的大雁向南方迁徙。南飞的雁群是一支完美的团队。首先,雁群是由许多有共同奋斗目标的大雁组成。其次,在团队中,它们有明确的分工与合作。当中途停下休息时,它们中有负责觅食、照顾年幼或老龄大雁的青壮派;有负责雁群安全的巡视放哨的大雁;有负责安静休息、调整体力的领头雁。在雁群进食的时候,巡视放哨的大雁一旦发现有敌人靠近,便会长鸣一声发出警示信号,群雁便整齐地冲向蓝天,列队远去。而那只放哨的大雁,在其他大雁进食的时候不吃不喝,非常警惕,恪尽职守,具有牺牲精神。再次,在迁徙过程中,大雁总是结队而行,队形一会儿呈"一"字形,一会儿呈"人"字形。为什么大雁会这样编队飞行呢?原来这样编队飞行能产生一种空气动力学效应。研究表明,一群编成"人"字形或"一"字形飞行的大雁,要比那些单独飞行的大雁提高 22% 的速度,多飞出 12% 的距离;"人"字形队形可以增加雁群 70% 的飞行范围。在飞行过程中,雁群还时常大声嘶叫,以相互激励。通过共同振动翅膀来形成气流,为后面的队友提供了"上乘之风"。如果在雁群中,有任何一只大雁受伤或生病而不能继续飞行,雁群中会有两只大雁自发地留下来守护照看受伤或生病的大雁,直至其恢复或死亡,然后再加入新的雁阵,继续南飞直至目的地,完成它们的迁徙。

4. 向蚂蚁学习团队合作

单个蚂蚁虽然是弱小的,但只要联合起来,就是世界上最厉害的团队。英国科学家曾经做了这样一个实验,把一盘点燃的蚊香放进一个蚁巢。开始巢中的蚂蚁惊恐万状,约 20 秒后,许多蚂蚁见难而上,纷纷向火冲去,并喷射出蚁酸,可一只蚂蚁喷射的蚁酸量毕竟有限,因此一些"勇士"葬身火海,但他们前仆后继,不到一分钟,终于将火扑灭。存活者立即将"战友"的尸体移送到附近的一块"墓地",盖上一层薄土,以示安葬。一个月后这位科学家又把一支点燃的蜡烛放到原来的那个蚁巢进行观察。尽管这次"火灾"更大,但蚂蚁这次却有了经验,迅速调兵遣将,协同作战有条不紊。不到 1 分钟,烛火即被扑灭,而蚂蚁无一遇难。科学家认为蚂蚁创造了灭火的奇迹。蚂蚁面临灭顶之灾的非凡表现,实在令人震惊。

我们再来看看蚂蚁团队在面临生死时,紧密合作的场景。在南美洲的草原上,天气酷热,山坡上的草丛突然起火,无数蚂蚁被熊熊大火逼得节节后退,火的包围圈越来越小,渐渐地蚂蚁似乎无路可走。然而,就在这时出人意料的事发生了:蚂蚁们迅速聚拢,紧紧地抱成一团,然后像滚雪球一样飞速滚动,逃离火海。在噼里啪啦的烧焦声中,一些居于火球外围的蚂蚁被烧死了,但更多的蚂蚁却绝处逢生。在面对洪水肆虐的时候,蚂蚁也会迅速抱成团,随波漂流。蚁球外层的蚂蚁,有些会被波浪打入水中,但只要蚁球能上岸,或能碰到一个大的漂流物,蚂蚁们就得救了。

故事分享

小陈大学毕业后留在了南京。一家广告公司招工的时候,小陈通过笔试和面试后被留了下来。试用期间,总经理对同时应聘的五个人说:"试用期满,将在你们中间选一名业务主管。"听了总经理的话,小陈雄心勃勃,发誓要当上业务主管。然而,要想当上业务主管就必须战胜四个同事。他想,短短三个月里要凸显自己的业绩仅靠埋头苦干是不行的,必须凭借聪明才智,苦干加巧干才行。此后,小陈开始利用网络的优势进入广告设计网,博览别人的设计创意并频频跟网络设计高手交流。但是,这个方法其他四个同事同样能做到,如果是在同一起跑线上公平竞争,自己的优势不一定能凸显出来。

为了确保自己能超过他们,小陈开始向四个同事学习,而他们向小陈请教问题的时候,他每次都把自己独特的见解藏起来,只说一些能在网上查询到的观点。

试用期满,小陈的业绩果然比其他四个人突出。小陈想,业务主管一职肯定非我莫属。然而,总经理的决定却让小陈大跌眼镜。小陈不仅没能当上业务主管,还被公司淘汰了!面对总经理的决定,小陈质问他为什么。总经理平和地说:"我们公司之所以能有今天,主要靠的是团队合作精神,因此,在我们公司,能跟同事共同提高的人才是最理想的人选。"原来,总经理对小陈的所作所为一清二楚。小陈离开公司的时候,总经理拍着他的肩膀语重心长地说:"记住,跟同事共同提高比只向同事学习受欢迎。"

(二)协调个人团队关系

运行良好的蒸汽机,需要各齿轮之间的良好配合,不管是大齿轮还是小齿轮,哪个坏了都不行。组织也一样,每个员工只有相互配合、合作,才能起到"人心齐，泰山移"的效果。如果每个员工只是从自己的角度去思考问题，不配合、不合作、甚至内耗，那么组织就会是一盘散沙，势必影响整个组织的效能，导致"1＋1＜2"的后果。

1. 团队5P

团队是为了实现某一目标，由两个或两个以上的人所组成的群体。团队不同于团体，也不同于群体，更不同于团伙。团队的构成要素可总结为5P，即目标（Purpose）、定位（Place）、职责职权（Power）、计划（Plan）、人（People）。

（1）目标。团队有一个既定目标，为团队成员导航，使成员知道往何处去，没有目标这个团队就没有存在的价值。

（2）定位。分为组织定位和个体定位。组织定位是指团队在组织中处于什么位置，由谁选择和决定团队成员，团队最终应对谁负责；个体定位是指作为成员在团队中扮演什么角色。

（3）职责职权。整个团队在组织中拥有什么样的决定权？比方说财务决定权、人事决定权等。

（4）计划。目标最终的实现，需要一系列具体的行动方案。

（5）人。人是构成团队最核心的要素，两人或两人以上就可以组成团队。团队的其他四个要素都需要"人"这个要素去承担、实施和实现。

2. 个人与团队之间的关系

（1）树木与森林之间的关系。团队是由一个一个人组成的，没有人就没有团队，同样，没有森林作为后盾，单个的树也难成活。独木难成林，没有了团队的支持，就不可能成就一番大事业。

（2）水滴和大海之间的关系。相传佛教创始人释迦牟尼曾问他的弟子："一滴水怎样才能不干涸？"弟子们面面相觑，无法回答。释迦牟尼说："把它放到大海里去。"一个人永远不能离开自己的团队，即便是在团队里高高在上，也要明白是团队带给了你个人光环，个人与团队就如同水滴与大海。千万不要觉得团队没了你不行，离开团队你就是无源之水，无本之木，无根之浮萍。

（3）合作共赢关系。团队目标的实现需要各个成员通力合作，个人的发展也要依赖团队。当今社会是一个强调合作的社会，不管是在企业还是在科研单位，都讲究团队合作。作为个体，不管你是身居高位还是普通职位，单凭个人是无法完成一个项目的。组织命运和利益包含着每一个员工的命运和利益，没有哪个员工可以使自己的利益与组织脱节。"大河有水小河满"，只有整个组织获得更多利益,个人才有可能获得更多利益。

(三) 突破团队合作障碍

其实团队合作的重要性几乎每个人都明白,但团队之间要愉快合作却不是件容易的事情。因为任何人都有感情——喜或怒、自信或不自信、友好或嫉妒,我们会对公平或不公平、正确或错误的事情做出自己的主观判断;我们还会出于维护自身利益考虑,而消极合作甚至拒绝合作。这些都会成为团队合作的障碍。美国著名管理学家兰西奥尼在其著作《团队的五种机能障碍——领导力之预言》中提出五种障碍,即缺乏信任、惧怕冲突、欠缺投入、逃避责任和无视结果。那么,如何突破这些障碍呢?

1. 突破缺乏信任障碍

信任是建立一个完美、团结、强大团队的前提。俗语说"用人不疑,疑人不用",这句话说的其实就是信任的问题,然而在现实工作中,存在种种彼此不信任的现象:领导与下属之间,领导与领导之间,同事与同事之间,因为彼此的不信任而相互猜忌、相互戒备,自然无法有效地合作。

在缺乏信任的团队中,成员会有如下表现:相互隐藏自己的缺点和错误;不愿请求别人帮助,不愿给别人提出建设性的反馈意见;不愿为别人提供自己职责之外的帮助;轻易对别人的用意和观点下结论而不去仔细思考;不愿承认和学习别人的技术和经验;对别人报有不满和怨恨;寻找借口,尽量减少在一起的时间。

信任是团队合作的心理基础,是打造高绩效团队至关重要的条件。当然,信任感的建立需要一个过程,为增强团队成员之间的信任感,可以采取一些积极措施,例如在选择团队成员时,成员间应具备互补的技能和任务,而非多人同时拥有互相竞争的技能和任务;在组建团队初期,可以通过各自介绍背景、经历等加深互相了解,澄清潜在的误解;团队绩效不是归功于个人,而是归功于团队;定期的、开放的沟通和反馈,可以有效地建立和提高信任感;通过一些集体活动来加深团队成员之间的联系和感情。

2. 突破惧怕冲突障碍

传统观点认为,所有的冲突都是不良的、消极的,它常常被看作破坏合作、非理性的同义词。在传统观点看来,冲突是有害的,是应该避免的。然而,越来越多的事实表明,如果为了维持表面的一团和气,有了问题也不商量、解决,就会导致一些显而易见的问题没有人提出来。

惧怕冲突团队中的成员主要表现如下:避免讨论容易引起争论的问题,即使这些问题对于企业成功是非常必要的;不能正确地处理团队成员之间的意见和建议;把时间和精力用在形式主义上。由于惧怕冲突,大家就缺少了必要的争论与思想交锋,团队也得不到发展。然而冲突的相互作用观点认为不仅要接纳冲突,还要鼓励冲突。一定水平的冲突可以使团队保持旺盛的生命力,团队成员也会变得善于自我批评和不断创新。其实富有成效的冲突对于团队来说是必要的。

冲突分为两种:功能正常的冲突与功能失常的冲突。功能正常的冲突能提高群体的工作绩效,具有建设性;而功能失常的冲突则阻碍了群体工作绩效的提高,具有一定的破坏性。功能正常的冲突允许个体发表与众不同的看法和思想,鼓励持不同意见的人各抒己见,这种冲突对事不对人;而功能不正常的冲突往往对人不对事,对他人批评甚至进行攻击。当然,即使是对事不对人的冲突,也要保持在一个合理的水平。冲突水平太高或太低都会引起冲突功能失常,导致团队绩效降低。不同的冲突情境,其团队内部特征不同,团队绩效也不同。

3. 突破欠缺投入障碍

如果团队少了必要的争论,有问题大家也不说,那么团队成员就会变得欠缺投入,只会众口一词,达成表面上的统一。但实际上,大家还是各执己见,思想不统一,问题还是问题,没有多大改善,也没有彻底解决。

欠缺投入的团队往往具有如下特征:指令和工作任务日益模糊;经常反复讨论,无法做出决定;团队成员会对已经做出的决定反复提出质疑;由于不必要的拖延和过分的分析而错失良机;团队成员缺乏自信,惧怕失败。而能够全力投入的团队则完全相反,他们能够制定明确的工作方向和工作重点,广泛听取全体成员的意见,善于从失误中学习,抢在竞争者前利用机会,毫不犹豫地前进,必要时果断地调整工作方向,毫不犹豫。

如何克服团队缺乏投入呢?首先,需要强调一切都面向团队,每件事都应有个人的承诺,工作的进展和成功完全由其兑现的承诺来衡量。其次,确定最终期限,确保每个阶段工作目标的落实,还要在团队中进行及时反馈。最后,注意说服团队成员接受不确定性。其实不确定性本身也蕴含了大量学习机会。只要对意外和不利情况及时进行分析和处理,团队仍可以从不确定性中获得最佳结果,增加团队成员承担相应风险的信心。

4. 突破逃避责任障碍

由于缺乏积极投入,不能达成共识,所以在遇到问题时,团队成员就会选择逃避责任，于是就出现了各家自扫门前雪的情况。等到问题出来了，也很少有人主动站出来承担责任，主动解决问题，最终问题越拖越严重。

逃避责任的团队成员表现如下：成员对于团队中工作表现突出的成员心怀怨恨；甘于平庸；缺乏明确的时间观念；把责任压在团队领导一个人身上。

为了避免团队里出现逃避责任的不良倾向，首先要明确公布工作目标和标准，让表现不佳的成员感到压力，使其改进工作。其次要定期进行工作成果回顾，一旦发现问题，要明确地向成员指出。当然这么做的目的不是要惩戒表现较差者，而是为他们提供各种帮助，保证团队成员努力工作并倾尽所能兑现承诺。最后进行基于团队的嘉奖，关键成员会因其卓越的贡献而得到其他成员的尊重和认可，有助于团队树立模范典型。

5. 突破无视结果障碍

无法互相问责给第五种团队障碍创造了生长条件。在团队成员将其个人需求（如自负心理、职业发展或者表彰奖赏），甚至其小团体的需求置于团队总体目标之上时，漠视结果就产生了。如果大家都无视团队结果，只顾自己埋头干，那么团队也很容易解体。有这么一则故事：天鹅、狗、鱼和虾想一起拉动一辆装东西的货车，四个家伙套上车索，拼命用力拉，可车子还是不动。原来，天鹅拼命向云里冲，狗努力向后倒推，鱼和虾则直接向水里拉。虽然天鹅、狗、鱼和虾各自都很努力，但它们都以自己的利益为先，无视整个团队的共同利益，团队自然无法取得进步，解体只是迟早的事情。

如何克服无视结果障碍，确保成员把努力重点放在团队发展上呢？首先要公布团队目标。向成员公布目标的团队，其成员往往更具有热情，也更希望取得成就。而那种仅仅声称"我们会尽力而为"的团队，其成员往往会无意识地为自己的失败做好准备。其次，给予基于团队成就的奖励。奖励以团队成果为准，与特定集体绩效相关联；同时，还要奖励为团队成就做出突出贡献的成员。

🔵 补充知识链接

领导者的权力基础来自强制性权力、奖赏性权力、法定性权力、专家性权力和参照性权力。同样的权力，不同的人运用起来效果可能不一样，这就是人们所说的权术问题。

权术通常被看成是一种负面的东西。其实，权术只是运用权力的技术。运用得当,可以很好地起到提高领导效能的作用。研究发现,合理化、友情、结盟、谈判、硬性指标、高层权威和规范是人们常用来影响上级和下属的策略。

一、合理化

这是一种比较常用的表达方式,也就是说领导者用事实和数据来表达想法,想办法让下属觉得这是合情合理的,从而接受其想法。

二、友情

在提出一个要求或请求之前,尽量表现出友好或者谦虚的态度,先对下属进行表扬、肯定,让下属对领导有好感。

三、结盟

争取组织中他人的拥护,使他们支持其想法和要求。

四、谈判

双方坐下来,以双赢的理念进行谈判,这种方式给下属一种平等的感觉,有利于问题的解决。

五、硬性指示

直接使用强制的方式,如提醒、命令等来运用领导权力。

六、高层权威

从上级那里获得支持,来强化领导要求。

七、规范

运用组织制定的奖惩规定,如薪资、绩效评估或晋升等来行使领导权力。

拓展阅读

我们要做怎样的大学生

一、我们要坚守人性的本真,做一名"有骨"的大学生

每一位步入大学校园的人可能都曾被长辈忠告:进入大学就如同进入了社会,长点心眼,小心被骗。也许在大学里,虚情假意容易,真心实意要难;油嘴滑舌容易,平实质朴要难;耳濡目染容易,洁身自好要难。

但是,当面对大学生活带来的种种狡猾、世故、浮躁、委屈、甚至气愤时,当我们走进这个世界,遇到低俗、平庸和无耻时,请保持内心的本真,不要在心理上产生一种深深的厌恶感。"人之初,性本善,性相近,习相远",善良、正直、纯真、高尚,是我们每个人与生俱来的"风骨"。

做一个好人不难,难的是始终在纷繁复杂的时代里激浊扬清,守望心灵深处的那片净土,做一辈子好人。

二、我们要坚守治学的本真,做一名"有血"的大学生

每个职业都有融入人血脉的元素,对于学生而言,这种元素就是学习。因此,无论是专科生、本科生、硕士生抑或博士生,虽然侧重点不同,但终究殊途同归,我们注定与学术为友,与读书为伴。

诚然,在治学求知的道路上,我们会感受到独上高楼的孤寂,会品尝到为伊憔悴的痛楚,会体会到抽刀断水的迷茫,但是只要我们始终坚守着那份"衣带渐宽终不悔"的初心,始终秉持着那份"咬定青山不放松"的坚韧,始终投身于那份"莫向光阴惰寸功"的奋斗,就一定会见到"守得云开见月明"的光景,就一定会嗅到"梅花香自苦寒来"的芬芳,就一定会实现"欲上青天揽明月"的壮志。

三、我们要坚守成长的本真,做一名"有肉"的大学生

结束了高考这场硝烟弥漫的战争步入大学校园,意味着我们每个人都顺利驶上了成长的"快车道"。大学时期,是我们在生理、心理、智商、情商、世界观、人生观、价值观等各个方面加速成长并最终成形的关键时期,因此能否在大学这条"快车道"上安全平稳地行驶,决定着日后我们能否最终抵达人生巅峰,而我们健康成长保驾护航的要义,就是要事事讲规律、时时懂规则、处处守规矩。

我们要把握成长的规律,既不好高骛远也不故步自封,我们要懂得做事的规则,既不随心所欲也不墨守成规,我们要坚守做人的规矩,既不无法无天也不畏手畏脚。

成长路上追逐梦想的脚步,容不得半点马虎,每一步都要坚定而从容,每一步都要笃实而厚重。

四、我们要坚守青春的本真,做一名"有型"的大学生

"生活不止眼前的苟且,还有诗和远方的田野",许巍阅尽沧桑的声调伴着晓松看破红尘的词曲唱出了无数年轻人的心声,青春应该充满着徜徉的诗意和梦幻的远方。

在大学,青春是活力的化身,平均学分绩点 4.90 的"女神"学霸也可以当十大歌星,半年收到 9 所名校 offer 的"名校收割机"也有属于自己的校园唯美爱情故事;在大学,青春是奉献的化身,青奥会"小青柠"用微笑书写着属于中国的"最美名片",支教团用汗水浇灌着未来世界的"最强大脑";在大学,青春是创造的化

身,这里有坐拥千万元风投的创业小达人,也有在科研领域取得世界级研究成果的"中国大学生自强之星标兵"……在大学,每一名同学都将拥有属于自己的广阔舞台,去张扬年轻的个性,去释放活力的青春!

只是追求卓越的道路从不会一帆风顺,欲求收获,就必问耕耘。思想上的天马行空总有些纸上谈兵的不切实际,态度上的随波逐流总有些消极避世的懒散怠慢,学术上的投机取巧总有些冠冕堂皇的弄虚作假,生活上的矫揉造作总有些逢场作戏的假意虚情。

作为一名当代大学生,我们要保持善良纯真的心灵,在这个纷繁复杂的世界里众人皆醉我独醒,不忘初心方始终;我们要拥有独立思考的头脑,始终牢记我们只生产知识,而不做知识的搬运工;我们要练就勤劳灵巧的双手,将"纸上得来终觉浅,绝知此事要躬行"内化于心,外化于行;我们要迈开丈量世界的步伐,在"青春须早为,岂能长少年"中心系天下,胸怀无限未来。

从今天起,让我们共同踏上新的征程,坚守本真,追求卓越,不忘初心,继续前进!

📓 课外实践与作业

撰写成就故事:回忆一下自认为比较成功三件事,如兼职、人际、艺术、运动、研究、社团、爱好、旅游、家庭活动、学业成绩、课外活动等。尽可能详细描述这三件事,完成后仔细分析每一项成就体现出的技能并列出来。值得提醒的是,这些"成就故事"不一定是工作或学习上的,也可以是课外活动或家庭活动中发生的,它们不必是惊天动地的大事,只要符合如下两条标准即可:(1)你喜欢做这件事的感受;(2)你为完成这件事所带来的结果感到自豪,如果你还获得了他人的认可和表扬,那就更好了。

⚙ 情景模拟

模拟"与领导沟通"的场景

2—3人一组,通过以下情景模拟,学习与领导沟通的方法,提高组织内部沟通的能力。

(1)领导布置任务时,如何回复领导;

(2)执行中的任务,如何与领导汇报;

（3）如何找领导审批方案；

（4）如何拒绝领导。

管理我的行动

此模块旨在引导学生通过职业生涯体验,在实践中不断评估和调整职业规划,积极高效管理自己的规划行动。

案例故事导入

农　夫

有一位勤劳的农夫在一块无人肯播种的荒地上辛苦劳作,过路的人看到他在这块堆满了砖头、瓦块和锈铁、地下生满树根的瘦土里挖田,便嘲笑他说:"喂,老头,你是在挖金子吧!"农夫一声不吭,埋头苦干,清除了砖头、瓦块和锈铁,铲除了地下盘绕的树根,然后开始整理、施肥。一晃几年过去了,到了收获时节,农夫满怀喜悦地在田里收获。这时一位赶着牛车的年轻人对老农喊道:"喂,老大爷,你哪辈子积了大德,上天恩赐了你这么一块肥沃的土地。"农夫擦了一下脸上的汗水,大声回答:"年轻人,上天恩赐我这块宝地时,人家都在骂我是个老傻瓜。"

感悟:许多人只看到别人成功后的显赫、富足,而从不过问他成功之前的艰辛和苦累,当你不行动的时候,你永远不知道行动后的收获。目标任务的达成,关键在于开始行动。

第一节　工作"影子"扮演——职业生涯体验

职业生涯体验强调学生依靠真实或仿真工作情境体验职业以获取职业知识和技能,确立职业生涯发展方向,实现科学世界与生活世界的对接。这种体验式活动,不仅促进学生全面发展,更对学校教育发展具有重要价值意蕴。

一、生涯体验内涵

生涯体验是一种生涯历程,它在生活世界的展开构成生涯个体独特的生活,生活是生涯寻求其意义的活动。个体不仅自身是一个整体,还存在于一个更大的世界中,他通过自己的生涯活动与世界发生关系。

生涯体验活动的最终目的在于通过体验活动帮助学生加深对生命的感悟,了解自己的职业目标,了解社会,掌握必要的生存技能,增强承受挫折的能力、适应能力,树立自信心,练就职业技能,培养自我职业意识和责任心,提升合作与协调能力、沟通与公关能力,锤炼良好的心理素质等,进一步认识、感悟生涯的意义和价值,学会关心自我、关心他人、关心社会,从而树立积极的人生观、职业观和人生规划的意识,深入思考自己未来的职业生涯道路。

人生无时不在选择,每个人都必定要在不同的时期做出不同的选择。在三岔路口,未来之路应如何决策,如何选择,如何实现?通过生涯体验活动,每位学生在体验中感悟人生,体验人生不同阶段的抉择。生涯体验过后,每位学生都有各自的收获,人生前行的脚步将更加坚定。

拓展阅读

体验与学习

体验和学习是紧密联系且不可分的。从诸多方面来看,体验和学习指的是同一件事情,因此,体验学习实际上是同一思想的同义反复,正如国外学者所言:"我们发现脱离体验谈论学习没有任何意义。体验不能被忽略,它是所有学习的核心思考点。学习源自体验,只有当学习者进行了体验,至少某种程度上进行了体验,学习才会发生。只有通过转化学习者的体验,这些外部影响因素才能起作用。"

通过体验，在体验中学习对每个学习者来说都是一种最基本与自然的学习方式。学生体验生活就是体验文化，学习实际上是熏陶式的、潜移默化式的，而非规定性的、确切的。体验本身即学习，学习离不开体验，二者是统一的、一致的，二者可以统称为体验学习。

体验学习是一种以学习者为中心的、从体验和反思中获得进步的学习方式。体验学习是学习者将自己的身心投入与外部世界或内部世界的交往中，生成情感与意义的一种个性化学习方式。具体来说，体验学习有以下一些基本特点：

一、体验学习是一种主体性学习

体验意味着主体的觉醒、心灵的唤醒。凡体验者都有主体意识，那种缺少主体意识的体验是一种"虚假的体验"。体验使知识进入生命领域，真正的体验学习是学习者将客观知识"活化""生命化"，或者是将客观知识在个体身上"复活"，使其成为个人经验的有机成分，成为"我的知识"。因此，体验学习意味着学生亲自参与知识的建构，亲历过程并在过程中体验知识和情感。

二、体验学习是一种交往性学习

凡人都是交往者，体验发生在交互作用、相互交流的过程之中。体验学习实际上是一种交往性学习。如人与自然的交往、人与社会（包括人与人）的交往、人与自我的交往（如孤独的心灵体验、内心世界的独白与对话）等，总体上表现为物质性交往与精神性交往的统一。

三、体验学习是一种过程性学习

过程是通往结果的大道，结果是过程的自然到达。学习的旨趣不是先在于结果，而是先在于过程之中。我们去过黄山，强调的是"结果"；我们经历、感受了"黄山"，强调的是"过程"，后者的意义常常大于前者。体验学习是在游泳中学习游泳，在学习中学会学习，是一种强调过程的学习方式。

四、体验学习是一种个性化学习

美国著名学者维纳·艾莉指出："我个人的知识体系中包含大量的对自己来说独一无二的体验和回忆。这些体验过滤了我所知道的和理解的而形成独特的风格。"我们可以把自己的个人知识看成一张认识的"网"，许多想法、感觉、概念、思想和信仰都在这里交织在一起。由此可以说，体验学习实际上是主体根据自己的"理论框架"进行的一种个性化学习方式。它的基本假设是学生对知识的理解过程并不是一个"教师传授——学生聆听"的传递活动，学生获取知识的真实状况是学生在亲自"研究""思索""想象"中感悟知识，形成个人化的理解。

五、体验学习是一种反思性学习

体验需要反思,反思产生问题、探究、创造。古希腊哲学家认为,思维起源于惊奇和怀疑。惊奇是创造之父,杜威将反思视为"怀疑"和"探究"的一个连续体。维纳·艾莉指出:"提问是知识的种子,真正的知识始于问题。"诗人但丁说:"我爱知识,也爱怀疑。"这些论述都为体验学习指明了方向,都说明了体验学习与反思学习的密切关系。

六、体验学习是一种实践性学习

体验离不开实践,体验学习意味着在实践中、通过实践学习。对学生来说,是通过体验"教学活动"的每一个片段而获得成长;对教师来说,是在教学活动中学习教学,"在游泳中学会游泳"。因此体验学习也是一种实践性学习方式。

七、体验学习是一种情境性学习

体验总是发生在某种特定的情境之中,体验的情境愈独特,愈真实,愈能引发人深刻的体验,乃至高峰体验。杜威在他创立的"五步教学法"中认为,"创设使人感到疑惑、困难的教育情境",是体验生成的首要环节,而体验是与一个人的直接经验和生活世界分不开的。体验学习与情境有关,要根据学习目标、内容和学生的特点,创设情境开展教学活动,这个情境可以是真实的,也可以是模拟的,并且考虑学习者学习方式的差异而创设不同取向的学习环境,灵活根据活动情况变化而改变这些环境,以满足不同学习者的需要,让他们通过观察、反思、抽象、概括,最后把体验运用到新的情境中解决问题。

八、体验学习是一种内在学习

内在学习是人本主义心理学区别于行为主义外在学习的一种学习理论。马斯洛认为外在学习是单纯依赖强化和条件作用的学习。其着眼点在于灌输而不在于理解,属于一种被动的、机械的、传统的教育模式。在他看来,目前学生浸透着外在学习的态度,并且像黑猩猩对逗弄者的技巧做出反应那样,对分数和考试做出反应。"在体验世界中,一切客体都是生命化的,都充满着生命的意蕴和情调。"体验学习反对外在学习,青睐内在学习,它是一种依靠学生内在驱动、充分开发潜能、达到自我实现的学习,是一种自觉的、主动的、创造性的学习方式。

九、体验学习是一种意义学习

意义学习是通过理解所学材料的意义而进行的学习。与"机械学习"相对。在运用有关知识经验的基础上把握事物内在、本质的联系,达到理解事物的目的。美国心理学家奥苏伯尔认为,意义学习就是学习者将符号代表的新知识与认知结构中已有的相应的观念建立起实质性的和非人为的联系。学习理论认为,学习都会关注结果,与最初的学习理论相比,当下的学习主张是强调自主、合作、亲历、经验与人性化的学习。如此,我们就会理解,让学习真正发生的前提是让学生有真正的学习经历,即学生在课堂上对学习的内容必须是亲历的和有体验的,有体验的学习才是有意义的学习。

二、 生涯体验意义

(一)提升学生社会适应力

社会适应力是人生发展中最基本的能力,是个体融入社会、接受社会的表现。《国家中长期教育改革和发展规划纲要(2010—2020 年)》明确提出要丰富学生社会实践,强化实践、创新能力培养,促进学生主动适应社会,开创美好未来。生涯体验强调学生在体验多种职业属性和职业价值的基础上,主动思考并及时表述交流,增强职业规划能力、深度学习能力、处事能力和人际关系能力,提前感知,适应社会。

(二)激发学生主动发展意识

人的主动发展意识是个体实现生命价值获取幸福人生的内在保证,培养个体主动发展的能力被定义为教育开发人的生命潜能的最本质的任务。职业体验促进学生确立主动发展、完善自我的发展动机,明确自我发展方向,主动寻求自我发展策略,实现人生价值。

(三)促进学生形成正确的职业价值观

职业价值观是一个人对职业的认识、态度以及职业目标的追求和向往,是未来职业选择的指向标。职业认知是对职业价值的认识、理解和评价,以及在此基础上形成的职业能力,它是对未来从事职业的主观态度和从业行为的内在依据。职业体验具有较强的职业代入感,学生在体验职业过程中融入个人情感,走进职业情境,确立自己的职业目标和职业理念,获取职业价值观,对将来所要从事的职业做出自我判断,初步实现人生理想。

拓展阅读

教授与文盲

从前,有一位满脑子都是智慧的教授与一位文盲相邻而居。尽管两人地位悬殊,知识水平性格有天壤之别,可两人有一个共同目标:尽快富裕起来。

每天,教授大谈特谈他的致富经,文盲在旁虔诚地听着,他非常钦佩教授的学识与智慧,并且开始按照教授的致富设想去实现。

若干年后,文盲成了一位百万富翁,而教授还在空谈他的致富理论。

感言:目标再伟大,如果不去落实,永远只能是空想。成功在于意念,更在于行动。制定目标是为了达到目标,目标制定好之后,就要付诸行动去实现它。如果不化目标为行动,那么所制定的目标就成了毫无意义的东西。因此,成功始于心动,成于行动。最后的结果不取决于你想了多少,而取决于你做了多少。

三、 生涯体验形式

(一)工作影子

工作影子(Job Shadowing)指为了进一步了解你感兴趣的工作,跟在某位业内人士后面工作一天或几天的经历,是职业生涯体验的形式之一。

在工作影子体验过程中,学生可以轻松地了解不同的工作,并帮助他确定最喜欢的职业。例如,学生可以跟随医生在医院进行巡视;观察老师指导课程;与建筑师一起查看建筑计划等,具体取决于学生跟随的"影子"。这种方式可以帮助学生明确未来想要从事的职业。

故事分享

香港特区政府2018年首度举行的"与司局长同行"计划反应踊跃且正面,林郑月娥在2018年《施政报告》中公布2019年会扩大计划的规模,以涵盖行政长官及更多高级官员,令更多学生受惠。

2019年的计划分两期举行,并易名为"与香港同行"计划。计划涵盖的官员包括副局长、常任秘书长及部门首长,获选的学生会成为政府高级官员的一天"工作影子",近距离体验官员的工作和政府的运作模式。计划旨在让官员与学生分享职业生涯的经验,了解学生对不同议题、人生目标,以至对未来计划的想法,并从中启发学生以正面的价值观从不同角度思考,鼓励他们各展所长,积极向上。

香港特区政府前政务司司长兼扶贫委员会主席张建宗表示:首届计划十分成功,充分体现本届政府对加强与青年人交流的承诺。我和我的"工作影子"在互动过程中能坦诚交换意见和分享生活体验,了解对方的看法。计划扩大规模后,能提供更多机会让政府高级官员与学生直接交流。他鼓励学生把握这个难得的机会,报名参加这一具有启发性的计划。

扮演工作影子时,你所做的事情很大程度上取决于影子发生的位置。一般来说,工作影子会在正常工作日跟随一个工作人员,通常其称为导师。活动方面主要涉及倾听和观察,有时也会提供机会让学生执行一些简单的工作职责。例如,我们平时在医院看病,可能只会与医生讨论不同的疾病和治疗方法,却无法进行某些特殊职业技能的训练,比如抽血或自己检查病人。但在工作影子体验中,学生将看到导师的日程表,他们在不同职责上花费的时间,在白天与他们交谈的人以及他们使用的知识和技能等。通常,学生在一个工作场所内可以专注于观察一项工作或多个工作,并有机会与其他工作人员交谈,向他们询问有关其工作和职业道路的问题。

工作影子通常持续一天,为了能够更深入地了解某个职业或企业,有些情况下也可以持续数天。学生只需找到一个愿意在工作时间提供接待机会的单位,就可以参与工作影子活动,所以它可以在一年中的任何时间进行。但由于大多数人周一至周五工作,在暑假或周末不在校的时间更容易安排工作影子体验。

工作影子的最大好处是它可以让学生直接观察不同的工作,这样不仅可以更好地了解不同的职业所需,还可以帮助学生确认该职业是否真的是自己喜欢的。例如,一直梦想成为一名记者的学生,在工作影子体验中发现作为记者要做的采访和编辑工作是自己没有意识到的、不喜欢的工作;另外,学生也有可能会发现一个比自己原先想象的更有趣的工作。

工作影子对于大学生来说是一个很好的机会,可以以无风险的方式,让他们在选择职业之前了解不同的工作,知道哪些是自己喜欢或不喜欢的工作,而不是等到大学毕业后才知道自己在为不喜欢的职业做准备。在做工作影子时,学生将有机会与该领域的专业人士交谈。在工作影子体验中,虽然学生会将大部分时间集中在导师身上,但也会与机构其他工作人员进行互动和交谈。因此,学生可以利用这个机会向工作人员询问,了解他们的工作内容,喜欢或不喜欢工作中的哪些地方,以及想要进入该职业领域要做哪些准备。与专业人士建立联系可以让学生更容易获得该领域的实习或工作机会。如果想在自己期待的工作地点有一个很棒的工作影子体验,可以试着与该地方的工作人员建立并保持联系,如每隔几个月向他们发送一封电子邮件,提及自己阅读或了解的与他们的工作相关的内容,每年约谈一次,讨论职业领域和目标,或申请实习。

工作影子可以提供很好的经验,但如果学生遇到负面的经验或导师,可能会使他远离自己以前真正感兴趣的工作。当遇到一个糟糕的工作影子经验,需要明白,这只是自己在一个地方待过了一天,它并不代表整个职业生涯。所有人都可能会有糟糕的职业经历,即使拥有相同职位的人也经常会有完全不同的工作经历。所以当遇到这种情况时,可以尝试换另一个工作影子地点,找类似的工作,或者在同一个地方,找另一个导师。拥有第二个工作影子可以帮助学生确定是否真的不喜欢某个职业,或更加确定是否是自己期待的工作。

扮演工作影子之前需要了解该公司做什么项目,雇用了多少人,何时成立以及公司的目标和使命陈述,准备好介绍自己和自己的职业目标。如果不确定自己的职业目标也没关系,如果被问到,可以表达自己仍在收集信息。提前准备一些想问的问题,这些问题可以是关于工作本身,如自己感兴趣的职业领域的建议。具体可参考以下问题:

1. 是什么原因导致你选择这份工作?
2. 你对这份工作有什么看法?你有什么不喜欢的?
3. 是什么让一个人在这份工作上取得成功?
4. 我可以参加哪些课程来帮助我做好这方面的工作准备?
5. 哪些技能对这项工作有用?

之后,将感谢信发送给带领自己的导师,并提及自己在体验中学到的一些内容,如描述自己做了什么,喜欢什么或不喜欢什么以及收获了什么。

(二)生涯人物访谈

生涯人物访谈,是通过与一定数量的职场人士(通常是自己感兴趣的职业从业者)交流而获取关于一个行业、职业和单位"内部"信息的一种生涯体验活动。通过访谈,了解该职业岗位的实际工作情况,获取相关职业领域的信息,进而判断你是否真的对该工作感兴趣,实际上是一次间接、快速的职业体验。

生涯人物访谈是大学生职业选择和职业定向的一个自助平台,是在校期间职业生涯规划的一个环节,是一种获取职业信息的有效渠道,目的在于使学生了解和认识社会需求、职业需求、职业环境及基本状况,帮助求职者(尤其是在校大学生)检验和印证以前通过其他渠道获得的信息,并了解与未来工作有关的特殊问题或需要,如潜在的入职标准、核心素质要求、晋升路径和工作者的内心感受等,这些信息是通过大众传媒和一般出版物得不到的。通过生涯人物访谈,还能正确认识自己的优势和不足,从而制订更加合理的大学学习、生活计划。

生涯人物访谈的操作流程有以下几步。

第一步,认识和了解自己。

加强对自己的了解和认识,可以借助一定的工具,如霍兰德职业倾向测试、职业能力测量表、职业价值观自测量表或测评软件分析自己的兴趣、性格、技能和工作价值观。

第二步,寻找生涯人物。

结合自己的兴趣、技能、工作价值观、教育背景和已掌握的职业知识列出未来可能从事的几个职业,然后在每个职业领域寻找三位以上的在职人士作为生涯人物。生涯人物可以是自己的亲人、老师和朋友,可以是他们推荐的其他人,也可以借助行业协会或某个具体组织的网页来寻找其他职场人士。生涯人物的职业应是自己向往的,每个职业领域的生涯人物应结构合理,既有初入职场的人士,也有工作了一定年限的中高层人士。正式访谈前,对生涯人物的信息掌握得越全面越好,姓名、职务和联系方式是必须的,也可以从生涯人物的讲话、文章或者大众传媒和单位网页上获得信息,要尽可能地收集和熟悉。

第三步,拟定访谈提纲。

结合目标职业信息设计访谈问题,对生涯人物的访谈可以围绕以下要点进行:行业、单位名称、职业(职位)、工作的性质类型、主要内容、地点、时间、任职资格、所需技能、市场前景、行业相关信息、工作环境、工作强度、福利薪酬、工作感受、员工满意度等。

第四步,预约并实地采访。

预约方式有电话、QQ 和电子邮件等,其中电话最好。预约时首先介绍自己,然后说明找到他的途径、自己的采访目的、感兴趣的工作类型以及进行采访所需要的时间(通常 30 分钟左右),确认采访的日期、时间和地点。访谈方式可以是面谈、电话访谈、QQ 访谈,最好是面谈。

面谈前为自己准备个"30 秒的广告",因为在访谈过程中生涯人物可能会问采访者的职业兴趣和求职意向。采访者一般可以用已经从其他渠道了解的生涯人物的好消息轻松打开话题,之后就可以按设计好的问题开始访谈了。遇到生涯人物谈兴正浓时,采访者要乐于倾听,给生涯人物留出提供其他信息的机会。在访谈结束时,请生涯人物再给自己推荐其他相关的生涯人物。这样就可以以滚雪球的方式拓展自己的职业认知领域。另外面谈前应征求生涯人物的意见,视情况对谈话进行录音，或书面记录，或不记录；面谈一定要守时、简洁，不浪费他人时间；访谈结束后，对于不允许访谈现场记录的内容应迅速补记；采访结束后一天之内，要通过合适的方式表示感谢。

第五步，访谈结果分析。

在一个职业领域采访三个以上的生涯人物后，用职业信息加工的观点来分析，对照之前自己对该职业的认识进行比较，找出主观认识与现实之间的偏差，确定自己是否适合这一行业、职业和工作环境，是否具备所需能力、知识与品质，形成书面总结报告，进而详细制订大学期间的自我培养计划。如果访谈结果与自己之前的认识出现严重脱节，就有必要进入另一个职业领域开展新一轮生涯人物访谈。

除了工作影子和生涯人物访谈，大学生还可以通过见习和实习的形式体验职业生活，可通过撰写"职业典型一日"的方式进行梳理。

第二节　行动管理日志——评估与调整

评估与调整是指在实现职业生涯目标的过程中，根据实际情况自觉地总结经验和教训，修正对自我的认知，确定最终职业目标。评估与调整的过程就是注意内外环境的变化，不断审视自我、调整自我、修正策略和目标、反馈评估的过程，以确保个人职业生涯规划的有效性。

一、 生涯幻游——10 年后的你

生涯幻游是经典的后现代咨询技术，运用于生涯规划中，可以帮助大学生发现自己潜在的价值观，以及重新发现自己的人生愿景。具体如下。

生涯幻游表单

一、我 28 岁时从事的工作的描述

1. 我 28 岁时从事的工作是＿＿＿＿＿＿＿＿＿＿＿＿＿＿＿＿＿＿。

2. 我 28 岁时从事的工作内容是＿＿＿＿＿＿＿＿＿＿＿＿＿＿＿＿。

3. 我 28 岁时从事工作的场所在＿＿＿＿＿＿＿＿＿＿＿＿＿＿＿＿＿。

4. 我 28 岁时工作的场所周遭环境＿＿＿＿＿＿＿＿＿＿＿＿＿＿＿＿。

5. 我 28 岁时工作的场所周边人群＿＿＿＿＿＿＿＿＿＿＿＿＿＿＿＿。

二、我 28 岁时生活形态的描述

1. 我 28 岁时婚姻状态是已婚？未婚？其他＿＿＿＿＿＿＿＿＿＿＿＿＿＿。

2. 我 28 岁时家中成员有子女＿＿＿＿＿＿＿＿＿＿＿＿＿＿＿＿＿人。

3. 我 28 岁时居住的场所在＿＿＿＿＿＿＿＿＿＿＿＿＿＿＿＿＿＿＿。

4. 我 28 岁时居住的场所周遭环境＿＿＿＿＿＿＿＿＿＿＿＿＿＿＿＿。

5. 我 28 岁时居住的场所周边人群＿＿＿＿＿＿＿＿＿＿＿＿＿＿＿＿。

三、请说明下列问题

1. 我在进行生涯幻游过程时，中断于＿＿＿＿＿＿＿＿＿＿＿＿情境。

2. 我在进行生涯幻游过程时，印象最深刻的画面是＿＿＿＿＿＿＿＿。

3. 我在进行生涯幻游过程后，比对现在环境最大不同为＿＿＿＿＿＿。

4. 我在进行生涯幻游过程后，我的感觉为＿＿＿＿＿＿＿＿＿＿＿＿。

四、我在进行幻游过程后，我未来生涯会如何

1. 我认为我未来会从事＿＿＿＿＿＿＿＿＿＿＿＿＿＿＿＿＿职业。

2. 我认为我的未来会与幻游过程相关吗？＿＿＿＿＿＿＿＿＿＿＿。

拓展阅读

生涯幻游操作案例：《未来典型的一天》

前提：充分放松

让我们一起坐上时光隧道机，来到 10 年后的世界，也就是××年时的世界，请算一算，此时你是多少岁？容貌有变化吗？请你尽量想象 10 年后世界的情形，越仔细越好。

好，现在你正躺在家里卧室的床上，这时候是清晨，和往常一样，你从睡梦中醒来，先看到的是卧室里的天花板。看到了吗？它是什么颜色？

接着，你准备下床。尝试去感觉脚趾头接触地面那一刹那的温度，凉凉的？还是暖暖的？经过一番梳洗之后，你来到衣柜前面，准备换衣服上班。今天你要穿什么衣服上班？穿好衣服，你看一看镜子。然后你来到了餐厅，早餐吃的是什么？一起用餐的有谁？你跟他们说了什么话？

接下来，你关上家里的大门，准备前往工作的地点。你回头看一下你家，它是一栋什么样的房子？然后，你将搭乘什么样的交通工具上班？

你快要到达工作的地方，首先注意一下，这个地方看起来如何？好，你进入

工作的地方,你跟同事打了招呼,他们怎么称呼你?你还注意到哪些人出现在这里?他们正在做什么?

你在你的办公桌前坐下,安排一下今天的行程,然后开始上午的工作。早上的工作内容是什么?跟哪些人一起工作?工作时用到哪些东西?

很快地,上午的工作结束了。中餐如何解决?吃的是什么?跟谁一起吃?中餐还愉快吗?

接下来是下午的工作,跟上午的工作内容有什么不同吗?你在忙些什么?

快到下班的时间了,或者你没有固定的下班时间,但你即将结束一天的工作,下班后你直接回家吗?或者要先办点什么样的事?或者要做一些什么样的活动?

到家了。家里有哪些人呢?回家后你都做些什么事?晚餐的时间到了,你会在哪里用餐?跟谁一起用餐?吃的是什么?晚餐后,你做了些什么?跟谁在一起?

睡觉前,你正在计划明天参加一个典礼的事。那是一个颁奖典礼,你将接受一项颁奖。想想看,那将会是一个怎么样的奖项?颁奖给你的是谁?如果你将发表得奖感言,你打算讲什么话?

该是上床的时候了,你躺在早上起床的那张床上。你回忆一下今天的工作与生活,今天过得还愉快吗?是不是要许个愿?许什么样的愿望?

渐渐地,你很满足地进入梦乡。安静地睡吧!一分钟后,我会叫醒你……

(一分钟后)我们渐渐地回到这里,还记得吗?你现在的位置不是在床上,而是在这里。然后,你慢慢地醒过来,静静地坐着。

二、评估内容与方法

计划往往赶不上变化,这要求我们要做好职业目标的评估和调整,及时了解情况的变化,通过对实际情况和目标的实现程度进行分析,做好职业目标的考核、修改和调整,确保可行性,才能实现职业目标。对职业生涯与发展规划进行修正的内容包括:

1. 职业生涯目标评估(是否需要重新选择职业)。
2. 职业生涯路径评估(是否需要调整发展方向)。
3. 实施策略评估(是否需要改变行动策略)。
4. 其他因素评估(身体、家庭、经济状况以及机遇、意外情况的及时评估)。

评估的方法主要有反思法、调查法、对比法、求教法。评估要点首先要抓住最重要的内容,接着分离出最新的需求,然后找到突破方向,最后关注最弱点。管理学中有个著名的木桶理论,即一只沿口不齐的木桶,其容量的大小,不取决于最长的那块木板,而取决于最短的那块木板。

🍵 拓展阅读

职业生涯成功的标准

职业生涯成功被界定为个人在工作经历中,逐渐积累和获得的积极的心理感受以及与工作相关的成就,可分成客观职业生涯成功和主观职业生涯成功。客观职业生涯成功是指个体在职业生涯中获得的,能由公正的第三方可观察、可衡量、可证实的成果。主观职业生涯成功是指个体从他(她)认为重要的维度,对自己职业生涯内心的理解和评估。

一、客观标准

职业生涯成功的客观标准,从本质上讲,主要集中在社会认可的"较高的薪金和职位"上,其他指标可以随"薪金和职位"的获得而拥有。毋庸置疑,将可感知和证实的"薪金和职位"作为客观成功的标准,使我们对职业生涯成功的评价具有了可操作的评价依据,同时也有助于人们明确职业追求的目标。

但片面地追求客观成功,往往会导致职业价值观的扭曲以及其他一系列不良后果;另外,客观成功标准的局限性还在于,它忽视了职业生涯成功个体、民族、社会、时代的差异性,忽视了其评价标准所应具有的多元性和层次性。

二、主观标准

在强调客观成功标准的同时,不能忽视主观成功的标准。事实上,很多人在获得客观成功时,主观心理上却伴有失败感,因为"薪金和职位"并不能满足人的全部需要。

主观职业生涯成功在大多数时候,可操作化的指标是指"工作或职业满意度"。成功不仅仅是一个社会的客观问题,也是一个人的主观问题。有些被社会认可的成功经理人,其实对自己的职业生涯并不满意。如果从主观职业生涯成功的标准来看,他们常常认为自己是失败的。因此,对于衡量职业生涯成功的标准,应当引入个人的自我实现和工作意义成分,具体包含自我认同、工作满意和精神满足等主观成功的评价指标。职业生涯成功主观标准的重视和提出,弥补了以客观标准片面地衡量职业生涯成功的某些不足。尽管如此,主观成功标准也有其自身的局限性,主观上的工作满意和精神满足只是一种个人化的心理感受,"职业满意度"并不能真正反映主观成功的本质内涵。

客观职业生涯成功与主观职业生涯成功是职业生涯成功的两个方面,只考察客观成功或是只考察主观成功都是片面的,我们应从"主客统一"的角度去评价职业生涯成功,同时兼顾主观、客观两方面,二者缺一不可。

三、 反馈与修正

通过评估与修正,应该达到下列目的:

1. 对自己的强项充满自信。
2. 对自己的发展机会有一个清楚的了解。
3. 找出关键的、有待改进之处。
4. 为这些有待改进之处制订详细的行为改变计划。
5. 以合适的方式答复那些给予反馈的人,并表示感谢。
6. 实施你的行动计划,确保你能获得显著的进步和成就。

拓展阅读

分析反馈修正方案

分析基准	我的人生价值是什么 环境是否有利于我的成长 成长最大的障碍在哪里 我现有的技能与条件有哪些
职业目标与标准	我处于职业生涯哪一阶段,这一阶段有什么特点 可行的生涯方向是什么 为什么这个目标对我而言是最有可能的目标 如何判断自己的成功
生涯策略	职业生涯发展内部路线与外部路线是什么 如何进行相应的角色转换 如何进行相应的能力转换 对我而言还有什么不能解决的问题
生涯行动计划	执行计划是否能做到长期计划—年度计划—月计划—周计划—日计划的分解 我将分别在何时进行上述每一行动计划 有哪些人将会/应当加入此行动计划

（续表）

生涯考核	我什么做得好 我什么做得不好 我还需要什么？是需要学习，需要扩大权力，还是需要增加经验 怎样应用我的培训成果 需要用什么资源 我现在应该停止做什么 我现在应该开始干什么 培训和准备的时间如何安排
生涯修正	职业的重新选择 职业生涯路线的重新选择 人生目标的修正 实施措施与计划的变更等

试　错

　　心理学家利维森认为："早期选择不能永远决定未来的职业生涯。形成一种成熟的职业观是一个复杂的社会心理过程，贯穿于整个求职期。大多数人的确在17岁至29岁之间做过第一次严肃的选择，然而这只是对兴趣和价值观的一种初步确定，他们还需要更多的时间和更多的选择过程，重新在许多兴趣中分出真伪，找到合乎其兴趣的职业。"

　　当然，很多人都通过多次选择才能最终找到适合自己的职业。但是，这并不能成为我们不负责任、随性而为的借口。人生与实验室的试验不同，是不可逆转的，而且每一次选择对未来都会产生不可逆转的影响。虽然"失败是成功之母"，但失败并不必然导向成功。

　　实验室里的"试错"过程是将所有的可能性全部演示一遍，排除错误的可能性，最后得出正确的结论。爱迪生发明电灯时说："我并没有失败过一万次，只是发现了一万种行不通的方法。"但是，职业生涯变数太多，不可能一一试验。另外，如果选择的方向不正确，再多的试错过程都是徒劳的。一个内向的人如果想成为成功的销售员，会有更多失败的磨砺。一个没有天赋的小提琴手可能尝试过无数错误和失败，还是难以望见成功者的项背。

　　詹姆斯曾经是"试错"法的崇拜者。从年轻时开始频繁跳槽，频繁转换职业，一直到年老。"我无法了解自己到底适合做什么工作，只好换来换去，希望能在工作过程中找到自己的兴趣所在。"他一生中从事过40种职业，在100多家公司工作过,平均一年换两家公司。"每当受到打击时,我就对自己说我的选择也许又错了,我不适合这个行业。我必须调整,否则我会荒废了自己。于是又匆匆忙忙地跳到另外一个行业,但是至今我都无法确定自己适合做什么工作。"当"试错"成为一种心理惯性时,就很难从失败中获得经验了,相反却会成为一个自我逃避的借口。

尽管职业的发展对个人的知识和经验提出了更高的要求,但是这并不意味着一定要通过频繁转换职业来获得。"试错"不过是获得职业经验的一种方式,而且必须遵循规则才有意义,即每次选择都必须指向一个正确的方向,否则如同南辕北辙,再多的选择都是徒劳无功的。

课堂活动

1. 我的长期目标_____。

2. 为了做到这一点,我还需要以下信息和帮助_____
_____
_____。

3. 为了实现这一目标,在这一个月内我应该做的事有_____
_____
_____。

课外实践与作业

1. 访谈 2—3 名参加工作的师兄或师姐,请他们谈谈刚刚参加工作时的辛苦与快乐,以及给新人的相关建议,以便为自己跨入社会做更好的心理和资源准备。

2. 思考:作为新时代大学生,应将自己的职业奋斗目标同民族复兴的伟大目标结合起来,将小我融入大我,用实际行动诠释当代青年的责任与担当。你将如何做到这一点?

情景模拟

模拟解决工作中冲突的场景

在工作中,职场冲突的产生是不可避免的。2—3 人为一组,在下列冲突情景中任选一个,学会化解工作中的矛盾与冲突。

（1）单位领导临时交办的工作任务和你正在做的工作有交叉,产生矛盾冲突时,你将如何解决？

（2）工作中和同事产生正面冲突了怎么办？

附　录

全国大学生职业规划大赛获奖作品

题目:勤学以安身,笃行以立业
　　　——嵌入式硬件工程师的成长之路

学校:泰州学院

姓名:曹　昊

勤学以安身，笃行以立业
——嵌入式硬件工程师的成长之路

一、播种——职业目标的选择

我的父亲是勤劳朴实的农村电工，我从小耳濡目染，逐渐对各种电路和元器件也产生了浓厚的兴趣，工程师的种子自此埋下。高考填志愿时，我看到一批优秀的科技企业因"卡脖子"的技术问题被制裁，于是决定报考电气工程专业。

我校电气工程是江苏省本科高校产教融合型品牌专业，特色在于面向产业发展的嵌入式专业培养模式。启蒙老师曹健教授给我讲述了嵌入式教育者郭天祥老师的事迹。郭天祥老师以实验室为家，躬耕单片机的事迹深深吸引我、激励我，成为一名优秀的嵌入式工程师就成了我的目标。

从智能制造到智能城市，从物联网到人工智能均需以嵌入式系统为主要载体。据统计，2022 年中国嵌入式系统市场规模约为 8624 亿元，从细分市场份额来看，硬件占据了 88.09％的市场份额，嵌入式系统市场机遇巨大（如图 1）。

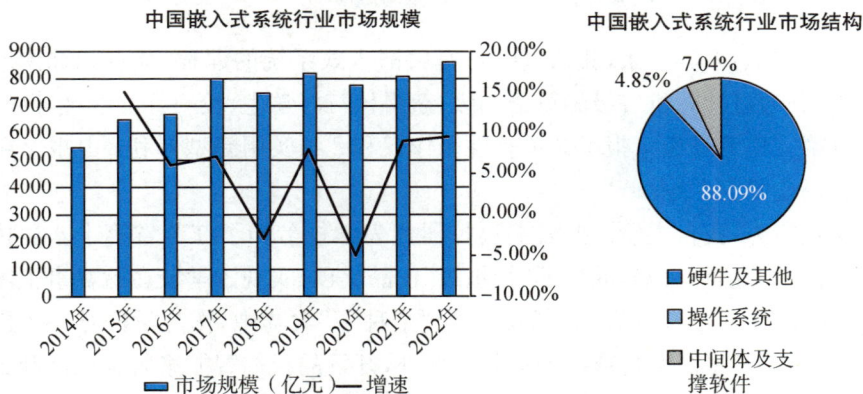

图1 嵌入式系统市场规模和市场结构

××公司是嵌入式系统产业联盟理事长单位，其硬件技术负责人多次指导我，嵌入式人才需要具备极强的专业性和综合性，其侧重点在于实践操作。如图 2 所示，我将职业方向进一步聚焦于嵌入式硬件工程师，对比岗位招聘要求，以任务为驱动、项目为载体进行学习和实践，以期增强岗位胜任力。

嵌入式硬件工程师岗位要求-对比找差　　　　具体实施计划

```
就业          专业        精通嵌入式CPU及其常用的
能力          知识        外设接口

                          熟悉硬件工程领域项目执行

                          了解嵌入式软件开发环境基础

              实践
              能力
```

课程学习(数字电路、模拟电路、单片机原理及其应用、程序设计基础等)
课题申请(电路设计分析、单板开发和调试、传感器检测和信号处理实践领域)
专业竞赛(挑战杯、互联网+、全国大学生电子设计大赛等)

```
通用          具备较强的战略思维能力和极强的合
素质          作沟通能力
```

作为负责人,带领团队
申报校级课题
作为团支书,带领同学
打造优秀班级

```
职业          具备较强的自驱力和责任心
道德

              学习能力强、敢于挑战和尝试技术领域
```

深入学习劳模精神、劳动精神、工匠精神(我校劳动教育品牌项目)
深入学习实践专业技术,磨练工作能力与意志

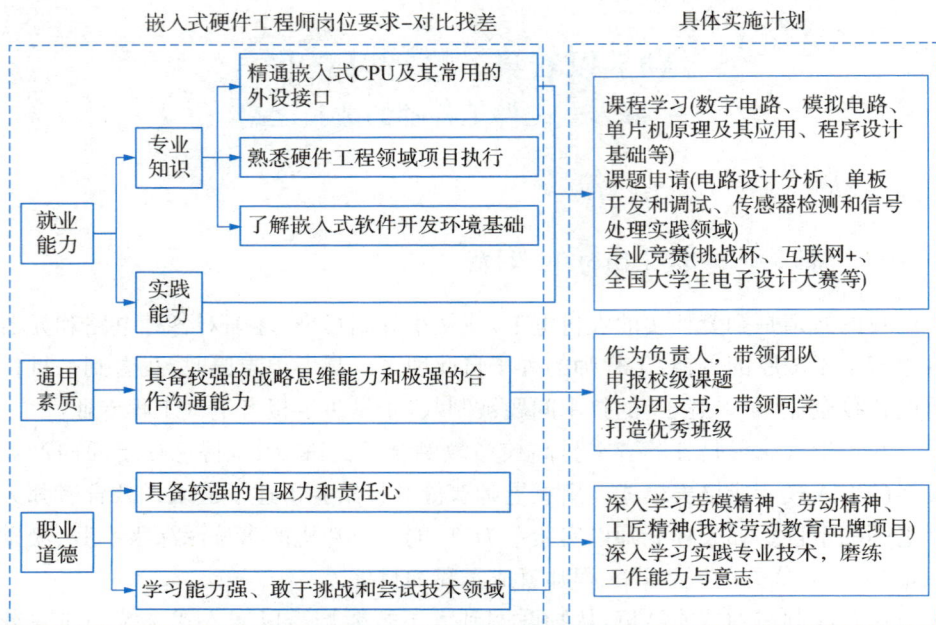

图2　对比岗位要求制订具体计划

二、安身——行动过程和阶段性成果

专业知识:入学以来,我认真学习有关嵌入式系统的课程,绩点和综测班级第一,顺利通过计算机二级和英语四级,获得校三好学生、校一等奖学金等荣誉。我还以第一作者身份申报了2项软件著作权和2项实用新型专利,申报2项省级创新创业研究课题。

实践能力:我自主研发的云端温控器代表学校参加了江苏省第十八届挑战杯"黑科技"专项赛决赛,取得了"行星级"作品奖项,实现了学校在此赛事上零的突破;在2023年度江苏省高校创新创业"金种子"大赛中,作为学校唯一入围的队伍,获得了三星级孵化项目的称号。此外,开发的云端智能家居温控器和云端温控育种箱等多项嵌入式系统产品已经落地。为了将所学知识和技术经验转化成职业的能力需求,我在电商平台上开设PCB板设计网店,下单人数已超过百人,浏览量破5万且仍在持续增长,完成的数十项嵌入式系统设计又一次丰富我的实践经验。

表 1　阶段性行动成果汇总

专业能力	状态	
软著:《高精度工业测温仪采集系统》	已授权	均为第一作者
软著:《基于 STC 单片机的云端温控系统》	已受理	
专利:《一种基于涂鸦云平台的智能温控育种箱》	已受理	
专利:《一种基于 STC8H 单片机的智能家居温控系统》	已受理	
课题:《基于云平台的高精度测温系统研究》	在研	
课题:《云端温控核心智能家居管家系统研究》	在研	
实践能力	状态	
产品:云端智能家居温控器	已完成	均为团队负责人
产品:云端温控智能育种箱	已完成	
竞赛:江苏省第十八届挑战黑科技行星级项目	已取得	
竞赛:江苏省 2023 年金种子创新创业大赛三星级项目	已取得	
设计:PCB 电路板设计网店	在营盈利	
综合素质	状态	
自身:一等奖学金、三好学生、优秀学生干部等	已取得	已获成果
任职:班级团支书、带领班级获得 2023 江苏省先进班集体	已取得	
经历:泰州超锐智能科技有限公司、野田河文化传媒工作室	在营盈利	

　　通用素质:作为智能温控项目的负责人,从团队的组建到项目的设计开发,从技术实施到最后的答辩展示,我都是实际组织者和具体执行者,每一步我都事必躬行,最终实现产品从 0 到 1 的突破;作为班级团支书,我协助班主任管理班级、服务同学,带领班级取得了 2023 年江苏省省级先进班集体的荣誉,获得班级同学的一致好评。

　　在奔跑中我提高了专业知识,锻炼了实践能力,提高了综合素质,对比硬件技术工程师招聘要求,我发现自身能力与职业目标所需能力更加契合,如图 3 所示,坚定了我要成为一名优秀的嵌入式硬件工程师的信心。

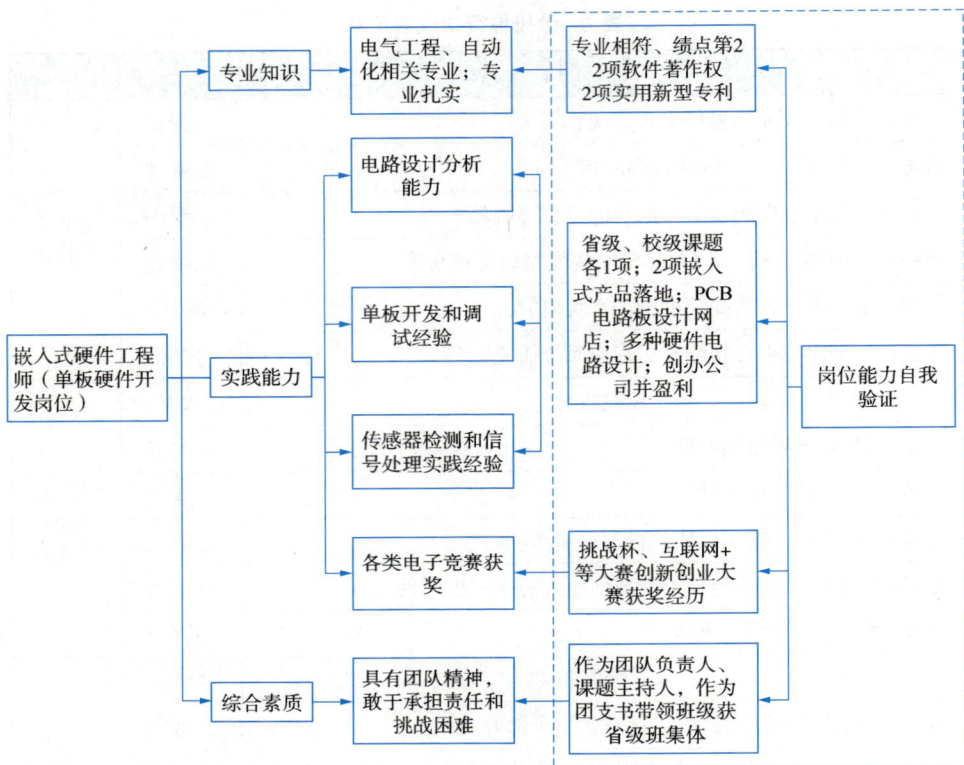

图 3　岗位胜任力及自我分析验证

三、 立业——行动计划和动态调整

　　硬件要靠专业,更需要积累经验,深耕是成为优秀嵌入式硬件工程师的关键所在。目前最主要的不足就是缺少真实的企业生产实际经历。

　　我将专注于嵌入式硬件领域,力求掌握更加扎实的理论知识和丰富的实践经验。接下来的行动计划和动态调整如图 4 所示。首先,我争取在大三到校企合作单位实习,以弥补欠缺的一线生产加工经验;其次,我争取在大四考取控制相关专业的研究生,进入更高层次的学校进行专业学习和实践锻炼。

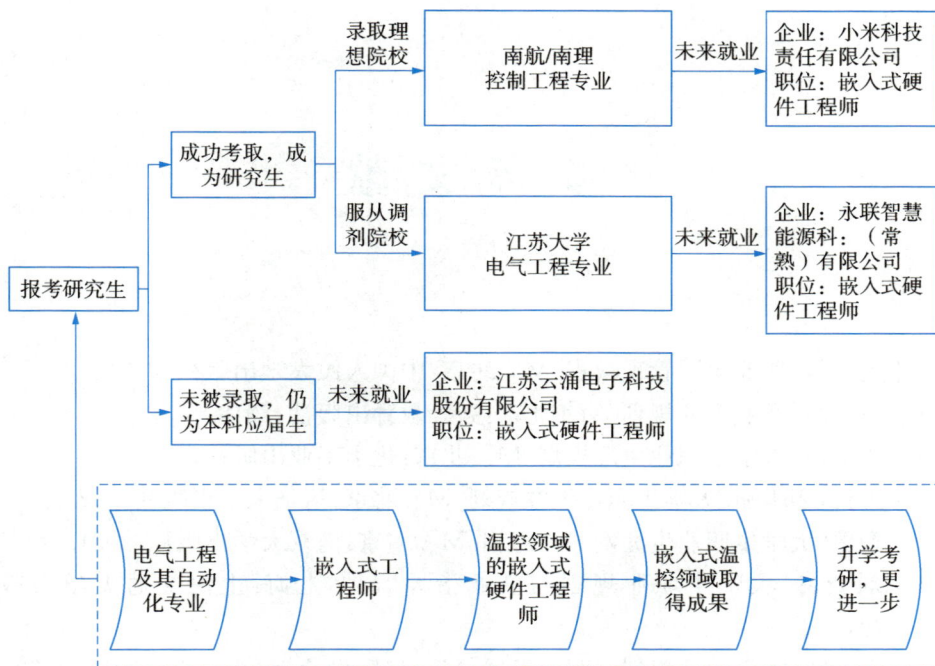

图 4　未来行动规划及评估调整

　　成长是一个逐步聚焦的过程，从最初填报电气工程专业的笃志前行，到立志成为嵌入式工程师的远大抱负，再到成为嵌入式硬件工程师的深耕精进，我将朝着我的职业目标不断前进。

参 考 文 献

［1］周文霞. 职业生涯管理教程［M］. 北京：中国人民大学出版社，2021.

［2］曹鸣歧. 职业生涯规划［M］. 北京：高等教育出版社，2019.

［3］张德琦. 大学生职业生涯规划［M］. 北京：化学工业出版社，2020.

［4］王科，姜雪丽. 大学生职业生涯规划［M］. 北京：清华大学出版社，2021.

［5］陶勇. 大学生职业生涯发展与规划［M］. 南京：南京大学出版社，2021.

［6］刘新良. 大学生职业规划与就业指导［M］. 上海：上海交通大学出版社，2020.

［7］谢宝国. 大学生涯规划与职业发展［M］. 2版. 北京：教育科学出版社，2023.

［8］胡楠，常雪瑞. 大学生职业发展指导教程［M］. 北京：人民邮电出版社，2021.

［9］赵世磊，吴梦军. 大学生职业生涯规划［M］. 北京：北京理工大学出版社，2022.

［10］张瑞颖. 就业导向下的大学生职业生涯规划与管理研究［M］. 北京：中国书籍出版社，2021.

［11］王志凤. 大学生职业生涯规划与发展［M］. 北京：高等教育出版社，2016.

［12］费俊峰，董巍峰，徐军海. 大学生职业生涯规划［M］. 上海：上海交通大学出版，2021.

［13］于海波，董振华. 职业生涯规划实务［M］. 北京：机械工业出版社，2018.

［14］孙鑫，李华. 大学生职业生涯规划与就业指导［M］. 北京：中国电力出版社，2019.

［15］李亚慧，韩燕. 大学生职业生涯发展规划［M］. 北京：中国劳动社会保障出版社，2020.

［16］寇北辰. 职业道德修养［M］. 北京：经济管理出版社，2020.

［17］杨柳.创客志:中国创业经典案例研究·草根创业逐梦令［M］.深圳:海天出版社,2018.

［18］葛俊杰.心·行·动未来:大学生生涯规划与求职手册［M］.南京:南京大学出版社,2020.

［19］韩丽霞,郑志慧,王妍.大学生职业生涯规划实用教程(慕课版)［M］.北京:人民邮电出版社,2018.

［20］苏春海.大学生职业生涯发展读本［M］.南京:江苏凤凰教育出版社,2018.

［21］王丹中,沈雪萍.职业发展与就业指导［M］.南京:南京大学出版社,2020.

［22］沈长生.职业生涯规划与就业指导［M］.北京:中国人民大学出版社,2020.

［23］苏文平.大学生职业生涯规划与发展［M］.北京:中国人民大学出版社,2019.

［24］陈亚鸿,沈新华,陆亚玲.高职学生职业发展与就业指导［M］.南京:南京大学出版社,2018.

［25］金树人.生涯咨询与辅导［M］.北京:高等教育出版社,2007.

［26］吴沙.遇见生涯大师［M］.北京:北京大学出版社,2017.

［27］钟谷兰,杨开.大学生职业生涯发展与规划［M］.2版.上海:华东师范大学出版社,2016.

［28］虞莹.云梯:从新人到达人的职场进化论［M］.北京:电子工业出版社,2017.

［29］甘诺,王成杰.大学生职业规划与生涯管理［M］.南京:南京大学出版社,2019.

［30］张硕秋.大学生职业生涯发展与指导［M］.北京:清华大学出版社,2020.